ÉTHIQUE ET CULTURE RELIGIEUSE

Places publiques

MANUEL DE L'ÉLÈVE A
1er cycle du secondaire

FIDES

DIRECTION ÉDITORIALE
Bertin Dickner
Marie-Andrée Lamontagne

RÉDACTRICE
Sylvie Drolet

DIRECTRICE DE LA PRODUCTION
Carole Ouimet

DIRECTION ARTISTIQUE
Gianni Caccia

MISE EN PAGES
Robert Dolbec

ILLUSTRATEURS
Marie-Andrée Bureau
Normand Cousineau
Stéphan Daigle
Geneviève Després
Jean-Michel Girard
Stéphane Jorish
Alain Reno
Daniel Sylvestre

RECHERCHE ICONOGRAPHIQUE
Gianni Caccia
Carole Ouimet
Mathilde Veauvy-Charron

LIBÉRATION DES DROITS
Sylvie Brousseau

CORRECTEURS D'ÉPREUVES
Yvan Dupuis
Bruno Ronfard

ÉDITEUR DÉLÉGUÉ
Michel Maillé

ENSEIGNANTES CONSEILS
Emmanuelle Frenette
Diane Leblanc

EXPERTS CONSEILS
Christian Bouchard
Alain Gignac
Georges Leroux
Victor Sheitoyan

REMERCIEMENTS
Nous remercions également toutes les enseignantes
qui ont collaboré de près ou de loin à l'élaboration du
présent manuel.

ISBN 978-2-7621-2838-3
Dépôt légal: 3e trimestre 2009
Bibliothèque et Archives nationales du Québec
© Éditions Fides, 2009

Les Éditions Fides reconnaissent l'aide financière du
Gouvernement du Canada par l'entremise du Programme
d'aide au développement de l'industrie de l'édition
(PADIÉ) pour leurs activités d'édition.

Les Éditions Fides remercient de leur soutien financier le
Conseil des Arts du Canada et la Société de développement
des entreprises culturelles du Québec (SODEC).

Les Éditions Fides bénéficient du Programme de crédit
d'impôt pour l'édition de livres du Gouvernement du Québec,
géré par la SODEC.

IMPRIMÉ AU CANADA EN JUILLET 2009

POUR TOUTE QUESTION OU TOUT COMMENTAIRE
SUR LES ENSEMBLES DIDACTIQUES :

Éditions Fides

306, rue Saint-Zotique Est
Montréal (Québec) H2S 1L6

Téléphone : 514 745-4290 poste 275
Courriel : ecr@fides.qc.ca

CRÉDITS PHOTOS

© IStock Photos Inc. : p. 8, 11a, 11b, 12a, 12b, 19b, 26, 27, 39a, 39b, 40, 41a, 41b, 47, 49a, 49b, 50, 67, 68, 70, 82, 87, 91, 113b, 116a, 116b, 116c, 116d, 117, 120, 122b, 122c, 122d, 123a, 123f, 124, 129b, 130a, 132, 139a, 144, 145, 147, 152b, 158a, 158b, 159, 160, 161a, 161b, 162a, 162b, 163a, 164a, 164b, 180a, 180b, 180c, 181a, 181b, 181c, 184b, 185, 188, 189a, 189b, 191, 192, 193a, 193b, 194, 195, 197, 198a, 201b, 203, 205b, 206, 212, 213a, 213b, 216a, 217b, 224b, 225a ; © The Granger Collection, N Y : p. 13, 71b, 83, 90, 99c, 104a, 128a, 128b, 131b ; © Katherine Blind : p. 14 © akg-image : 18a, 19a, 63b, 123b ; © akg-images/Schütze/Rodemann : 18b ; © Sophie Bassouls/Sygma/ Corbis : p. 22, 84 ; © Daniel Roussel : p. 30, 37a ; © Photo12.com-Ann Ronan Picture Library : p. 32 ; © Hulton-Deutsch Collection/Corbis : p. 36, 54c, 61a, 194a ; © Bibliothèque et Archives nationales du Québec/ P322,56,D3-16 : p. 37b ; © John Van Hasselt/Corbis : p. 38 © Christinne Muschi/Reuters/Corbis : p. 44 © Eric Fougere/VIP Images/Corbis : p. 45, 55 ; © Bettmann/Corbis : p. 52a, 52b, 62a, 64a, 64b, 94a, 95, 98, 121, 123e, 194b ; © Reuters/Corbis : p. 53 ; © Corbis : p. 54b, 125 ; © Roger-Violett : p. 57 ; © Alain Reno/photos Maison d'Izieu : p. 58, 59 ; © David Lefranc/Kipa/Corbis : p. 60 ; © Alain DeJean/Sygma/Corbis : p. 61b ; © Leonard de Selva/Corbis : p. 62b ; © Flip Schulke/Corbis : p. 63a ; © Robert Skinner/La Presse : p. 65 ; © Collection Andrée Gendron : p. 69 © The Metropolitan Museum of Art/Art Resource, N Y : p. 71a, 214 ; © Musée des sciences et de la technologie du Canada/ (photos CN000654 4t CN001898 : p. 72a, 138a ; © Musée du Bas-Saint-Laurent, Rivière-du-Loup Fonds Marie-Alice Dumont, NAC d8 193 www.mbsl.qc.ca : p. 72b ; © Fondation Thérèse-F. Casgrain/ Bibliothèque et Archives Canada/PA-126768 : p. 73a ; © Collection Clio de 9 à 5 : p. 73b , 103a, 137 ; © Christie's Images/Corbis : p. 74a ; © Musée McCord : p. 74b (M316), 78a (I-37457), 78b (M18-683), 79a (MP-0000.300), 79b (I-13789.1), 100a (M984.53), 100b (M5255), 101 (M198-83), 102 (M4777.6), 104b (I-31655.0.1), 114a (VIEW3371), 152a (M93) ; © Musée national des beaux-arts du Québec, collection MNBAQ 47.128, don d'Alice Caron. Restauration effectuée par le Centre de conservation de Québec/Photo Patrick Altman : p. 75a ; © Musée national des beaux-arts du Québec, collection MNBAQ 69.440, achat/Photo Jean-Guy Kérouac : p. 75b ; © Archives des Éditions Fides/Photo Philippe Panneton : p. 76 ; © Archives de l'Université McGill/Photo Peter Paterson : p. 80 ; © Bibliothèque et Archives nationales du Québec/P174,S6,D4739, 1953 : p. 92 ; © Musée national des beaux-arts du Québec, collection MNBAQ 34.12, achat en 1923/Photo Jean-Guy Kérouac : p. 93 © Roland Laneuville, p.m.é. / Société des missions étrangères : p. 94 b ; © Archives du Monastère des Ursulines de Québec (1/P, 3, 19, 44.) : p. 97 ; © J. E. Livernois vers 1880, Bibliothèque et Archives nationales du Québec, Direction du Centre d'archives de Québec, Fonds J. E. Livernois, P560,S2,D1,P1761 : p. 99a ; © Collection Les Prêtres de Saint-Sulpice de Montréal. Portrait de Jean-Jacques Olier, Anonyme, XIXe siècle, huile sur toile, 128,2 x 94,3 cm, Photo MBAM / Christine Guest : p. 99 b ; © Archives/La Presse : p. 103b ; © Erich Lessing/Art Resource, N Y : p. 105a, 202b, 219, 220a ; © Art Resource/N Y : p.105b ; © Bibliothèque et Archives nationales BAnQC-SHS-P90-67734 /Jeunes séminaristes : p.107a ; © Archives du Monastère des Augustines de Québec : p. 107b, 108a, 108b, 109 ; © M. Baumel, o.s.b. : p. 110a, 110b, 111 ; © Collection des hospitalières de Saint-Joseph de l'Hôtel-Dieu de Montréal : p. 112, 113a ; © Archives historiques du CHU Sainte-Justine : p. 114b ; © Sandro Vannini/Corbis : p. 122a ; © akg-images/Werner Forman : p. 122e ; © akg-image/Johann Brandstette : p. 122f ; © Gianni Dagli Orti/Corbis : p. 123c ; © Elio Ciol/ Corbis : p. 123d ; © Wolfgang Kaehler/Corbis : p. 129a ; © Source Prêtres de Saint-Sulpice/Edgar Contant : p. 130b ; © Archives du Musée acadien du Québec à Bonaventure : p. 131a ; © William Gottlieb/Corbis : p. 133 ; © Bibliothèque et Archives nationales du Québec, Centre d'archives de Québec : Fonds Donat-C. Noiseux (1942, E6,S7,SS1,P9165) : p. 138b ; © Atelier d'histoire d'Hochelaga-Maisonneuve : p. 139 ; © Musée acadien de l'Université de Moncton : p. 141 ; © Musée national des beaux-arts du Québec, collection MNBAQ 45.41, achat/ Photo Patrick Altman : p. 142 ; © Francis G. Mayer/Corbis : p. 146, 151, 186 ; © Kevin Fleming/Corbis : p. 148 ; © nono : p. 149 ; © Philippe Lissac/Godong/Corbis : p. 150a ; © The Gallery Collection/Corbis : p. 150b ; © Mylène Leroux : p.163b ; © James Duhamel : p. 173a ; © Yves Renaud : p. 173b ; © Stefano Bianchetti/Corbis : p. 178 ; © HIP / Art Resource, N Y : p. 183, 221b, 225b ; © akg-images / Denise Bellon : p. 184a ; © Réunion des Musées Nationaux/ Art Resource, N Y : p. 187 ; © Owen Franken/Corbis : p. 196, 207 ; © Christine Osborne Pictures/www.copix.co.uk : p. 198 ; © Galen Rowell/Corbis : p. 199 ; © Werner Forman/Corbis : p. 201a ; © Regis Duvigneau/Reuters/Corbis : p. 202a © Geoffrey Clements/Corbis : p. 204 ; © Chris Rainier/Corbis : p. 205a ; © Alinari Archives/Corbis : p. 216b ; © Summerfield Press/Corbis : p. 217a ; © Bildarchiv Preussischer Kulturbesitz/Art Resource, N Y : p. 218b, 220b, 221a ; © Jean-Jacques Cournoyer (2001) : p. 222 ; © Mimmo Jodice/Corbis : p. 223a ; © Giraudon/Art Resource, N Y : p. 223b ; © Cameraphoto Arte, Venice/Art Resource, N Y : p. 224a ; © Georges Pierre/Sygma/Corbis : p. 229 (photo) ; © 1954 Les Éditions Montmartre SARL et les Éditions Jacques Brel ; copyright renouvelé ; les droits des Éditions Montmartre SARL aux États-Unis et au Canada sont contrôlés par Universal Music Corp. ; tous droits réservés, par permission seulement : p. 229 (texte).

Toutes les précautions ont été prises pour identifier les détenteurs de droits. Néanmoins, en cas d'erreur ou d'omission, les rectificatifs nécessaires seront apportés à une prochaine édition.

Table des matières

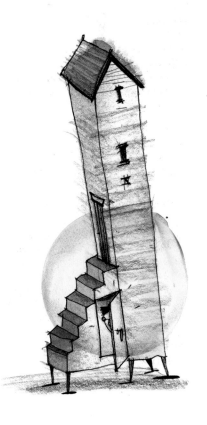

Présentation

Places publiques : tel est le titre de ton manuel. Pourquoi ? Parce que belles et nombreuses sont les places où ce livre te donne rendez-vous. Ne résiste pas à l'envie de les visiter. Tu y apprendras des tas de choses qui te permettront de mieux comprendre la société où tu vis, ses valeurs ou son patrimoine religieux. Tu te familiariseras avec d'autres cultures et d'autres religions. Tu y découvriras d'autres façons de voir le monde. Tu y apprendras à réfléchir sur les grandes questions de l'existence comme la liberté ou les valeurs de la société.

Tous ces éléments font partie du programme Éthique et culture religieuse, qui vise à favoriser un meilleur vivre-ensemble entre tous les membres de la société. Ainsi, ce programme t'aidera à faire preuve d'ouverture, de curiosité et de sens critique devant des façons de penser ou d'agir différentes des tiennes. Il te rendra apte à réfléchir sur des questions éthiques. Il te donnera une meilleure compréhension du phénomène religieux dans ses diverses manifestations. Enfin, il t'invitera à pratiquer le dialogue selon des règles éprouvées et fécondes.

Le programme d'éthique et culture religieuse est ambitieux, nécessaire, original et, surtout, passionnant. Parce que tu sauras décrire, faire des liens, mettre en contexte, trouver des repères, prendre la mesure des enjeux éthiques d'une question ou mener une recherche approfondie, tu seras l'acteur d'apprentissages renouvelés. Des exemples ? À bien y penser, sais-tu ce qu'est la liberté ? Et l'autonomie ? Qu'est-ce qui a pu motiver l'action de bâtisseurs comme Jeanne Mance, en Nouvelle-France, au XVIIe siècle ? En quoi les dix commandements, tirés de la Bible, ont-ils influencé certaines valeurs universelles comme l'amour du prochain ou le respect de la vie ? Pourquoi les anges sont-ils associés au bien et le diable, au mal ?

Ce ne sont là que quelques-uns des sujets traités dans ton manuel, dans l'optique du programme Éthique et culture religieuse. Mais ne va surtout pas lire ce manuel comme un livre ordinaire, de la première à la dernière page. Lis-le plutôt comme un réservoir de sujets, d'extraits choisis de textes littéraires, de connaissances et de réflexions. De plus, ce manuel est conçu de manière à assurer un dialogue constant entre ton professeur, tes camarades et toi, à susciter vos commentaires, à guider votre réflexion. Ne vous en privez pas.

Ton manuel fait abondamment appel à des extraits de grands textes, certains sacrés, d'autres littéraires, certains anciens, d'autres contemporains. Chacun de ces extraits a été choisi en raison de son intérêt, mais aussi de ses qualités littéraires. La lecture d'un extrait t'aura peut-être donné envie de lire l'œuvre au complet pour mieux en saisir la richesse. Tant mieux. De plus, tu trouveras dans ton manuel la plupart des éléments documentaires nécessaires à ta réflexion. Sur ce point aussi rien ne t'empêche d'aller plus loin si tu en as la curiosité.

Dans chaque chapitre, quatre rubriques viendront rythmer tes découvertes.

Réflexion faite...

La rubrique « Réflexion faite » te met sur la piste de quelques questions soulevées par ta lecture. Ces questions veulent d'abord s'assurer que tu as bien compris le passage lu. Elles t'invitent aussi à poursuivre une réflexion d'ordre éthique, à approfondir ta compréhension d'un aspect lié à la culture religieuse ou encore à acquérir une maîtrise de la pratique du dialogue dans toutes ses facettes.

Imaginons un instant

La rubrique « Imaginons un instant » t'invite elle aussi à réfléchir. Mais elle le fait en abordant les sujets de manière inusitée. Par exemple, peux-tu imaginer un monde sans amitié ? Est-ce seulement possible ? Le fait d'essayer de concevoir un monde sans amitié n'est-il pas un bon moyen de comprendre ce qu'est vraiment l'amitié et son rôle dans ton existence ? Nul doute que cette rubrique te réservera de nombreuses surprises…

Allons plus loin

La rubrique « Allons plus loin » te propose de faire un exercice qui te donnera l'occasion d'en apprendre davantage, tout en acquérant une meilleure connaissance de l'éthique, de la culture religieuse et des procédés du dialogue. Cette rubrique est à la fois un point de départ et un point d'arrivée.

Pour prendre la parole

La rubrique « Pour prendre la parole » te fournit des outils pour mieux dialoguer. Les formes de dialogue, les moyens pour élaborer un point de vue et les moyens pour interroger un point de vue te sont là rappelés ou présentés sous forme de définitions accompagnées d'exemples. Tu trouveras ces définitions regroupées dans trois tableaux synthèses, insérés entre chacune des parties de ton manuel.

Bien. Qu'attends-tu maintenant pour tourner la page ?

I L'**a**mitié

Un lien avec les autres

Dans ce premier chapitre portant sur l'amitié, tu feras la rencontre d'auteurs qui parlent de l'amitié et de personnages qui la vivent. Montaigne n'oubliera jamais La Boétie et Anne cherche encore l'Amie. Sophie est inconsolable de voir Carina s'éloigner. Harry, lui, n'a pas un seul ami à l'école. Quant à Hans, il croit avoir trouvé l'ami idéal.

Le thème de l'amitié est un sujet propice à une réflexion sur la **liberté** : est-on libre de choisir ses amis ? sur quoi reposent les choix que nous faisons ? Et à une réflexion sur les **limites** de cette liberté : en amitié y a-t-il une limite à la liberté de chacun ? l'amitié impose-t-elle des responsabilités ? autorise-t-elle tous les comportements ?

L'amitié parfois profonde qui nous lie à certains nous conduit aussi à réfléchir aux notions de **dépendance** et d'**autonomie** : l'amitié exige-t-elle de se vouer entièrement à l'autre ? comment rester soi-même tout en respectant l'autre ? comment éviter de dépendre de l'autre ?

Attention ! Connais-tu toutes les facettes de l'art de dialoguer ? Pour les découvrir, plonge-toi dans la rubrique « Pour prendre la parole » des pages 40-41, 116-117 et 168-169. N'oublie pas : tous les textes de ce chapitre t'aideront à organiser ta pensée, à interagir avec les autres et à élaborer un point de vue étayé.

Qu'est-ce que l'amitié ?

As-tu déjà pris le temps d'essayer de répondre à cette question ? Nous utilisons souvent le mot ami, mais sait-on vraiment ce qu'est l'amitié, ce qu'elle suppose ?

Le mot ami peut être employé dans des contextes différents où il n'a pas toujours le même sens ni la même intensité. Par exemple, lorsque deux personnes qui ne se connaissent pas, ou se connaissent peu, utilisent le mot ami dès leurs premières rencontres, ce ne saurait être de l'amitié. Pourquoi alors s'adresser à quelqu'un en lui disant « Dis-moi, mon ami… » ou « Eh l'ami !... » ? Cela peut être une façon d'amadouer son interlocuteur, à moins que l'emploi du mot ne soit ironique et que l'interlocuteur soit tout sauf un ami.

Deux élèves se chamaillent dans un corridor de l'école. Un adulte intervient et s'adresse plus précisément à celui qu'il croit être l'instigateur de la dispute. Que penser de la réponse qu'il reçoit : « Ne vous inquiétez pas, monsieur, c'est mon ami » ?

Quand un professeur s'adresse à toi et te demande, en montrant l'élève assis à tes côtés : « Prête donc un stylo à ton ami », il ne pense pas vraiment que cet élève est ton ami. Il laisse plutôt entendre que les élèves s'entendent bien et qu'il existe entre eux une forme de camaraderie. Et celle-ci n'est-elle pas indispensable à la bonne ambiance de la classe ?

Dans certains cas, le mot ami exprime un sentiment de manière voilée. Tu es à la maison et tu parles avec chaleur d'un ami ou d'une amie. Soudain, tu surprends le sourire complice de ton père ou de ta mère. Aussitôt, tu t'empresses de dire : « Mais non, c'est rien qu'un ami (ou une amie) ! » Dans le langage courant, l'ami n'est pas l'amoureux.

Mais alors, qu'est-ce au juste que l'**amitié** ?

Assurément, l'amitié est un sentiment peu banal, qui nous pousse à apprécier une autre personne, à rechercher sa compagnie, à vouloir connaître ses goûts et ses idées, et à recevoir en retour la même affection.

Mais comment choisissons-nous nos amis ? Pourquoi certains ont-ils beaucoup d'amis, alors que d'autres n'en ont pas ? L'amitié procure beaucoup de joie, elle peut aussi être source d'inquiétude et de peine. Par amitié, nous faisons parfois des gestes qu'il aurait été préférable de ne pas faire. Nous admirons nos amis, parfois nous les envions. Sommes-nous responsables de ce qu'ils font ou de ce qui leur arrive ?

Si l'amitié nous invite à aller vers l'autre, elle est aussi l'occasion de chercher pour soi-même des réponses à toutes ces questions.

*****
amitié : sentiment d'affection, de sympathie qu'une personne éprouve pour une autre (dictionnaire Larousse)

Imaginons un instant

… un monde sans amitié.

Dans un monde sans amitié, la vie en société serait-elle la même ? Quelles en seraient les conséquences sur la vie à l'école ? Sur ta propre vie ? Quel rôle joue l'amitié dans les rapports humains ?

Le point de vue d'un philosophe

Aristote est un philosophe et un savant grec qui a vécu dans l'Antiquité de 384 à 322 avant l'ère chrétienne. Il s'est intéressé à bien des sujets qui concernent les hommes, comme l'éthique et la recherche de la vie bonne. Il nous a laissé, entre autres textes, quelques réflexions sur l'amitié. Aristote estimait en effet que l'amitié est un sentiment essentiel à tout être humain : « Elle est ce qu'il y a de plus nécessaire pour vivre », écrit-il.

Timbre à l'effigie du philosophe Aristote

Aristote distinguait trois formes d'amitié.

L'amitié fondée sur le **plaisir** : Aristote nous dit que l'amitié est parfois le fait des circonstances, du hasard. Il arrive en effet que certaines amitiés se nouent en raison d'un contexte particulier, sans nécessairement se transformer en relation intense et de longue durée. Sans doute as-tu déjà rencontré des gens, au cours d'un voyage par exemple ou d'une fête de famille, avec qui tu as passé de bons moments, avec qui tu as eu du plaisir, quelques jours ou le temps des vacances. Cette amitié est agréable, procure de la joie, mais n'est pas la plus belle forme d'amitié selon le philosophe.

L'amitié fondée sur **l'utilité** : il arrive que nous fréquentons des gens pour le bien qu'ils nous font, pour les avantages que cette amitié nous procure. À bien y réfléchir, cette forme d'amitié est assez courante. Nous avons besoin des autres, et les sentiments qui nous poussent vers eux visent souvent la satisfaction de nos propres besoins. Tu as peut-être autour de toi de ces amis dont la présence à l'école t'apporte quelque chose, t'aide à faire ce que tu as à faire. Cette amitié est donc fondée sur l'intérêt que chacun peut y trouver. Elle n'est pas, selon Aristote, la forme la plus noble de l'amitié.

L'amitié fondée sur la **vertu** : l'amitié parfaite est plus rare et plus lente à se former. Elle est dénuée de tout intérêt personnel et vise toujours le bien de l'autre. Cette amitié nous amène à considérer l'ami comme un autre soi-même et donc à vouloir son bien en toute chose. Le véritable ami nous dit ce que nous devons savoir sur nous-mêmes et nous aide à cheminer, nous permet de progresser. Cet ami, si tu en as un, tu le garderas sûrement longtemps. Au cours d'une existence, on ne noue pas souvent d'amitiés aussi profondes.

Réflexion faite...

Crois-tu que l'amitié soit un sentiment essentiel à tout être humain ? Justifie ta réponse.

Aristote distingue trois formes d'amitié, ayant chacune leur raison d'être. Quelles sont les limites de l'amitié fondée sur le plaisir ? Et celles de l'amitié fondée sur l'utilité ? Selon toi, qu'est-ce qui rend l'amitié fondée sur la vertu si rare ? Quelles sont les responsabilités liées à cette forme d'amitié ? Comment s'exerce la liberté des individus dans chacune des formes d'amitié décrites par Aristote ?

Montaigne et La Boétie : une amitié exemplaire

Tu ne connais probablement pas Montaigne. Michel de Montaigne est un écrivain français du XVIe siècle (1533-1592). Il a écrit un ouvrage intitulé *Essais*, dans lequel il fait part de ses réflexions sur ses lectures et sur sa vie.

L'écrivain français Michel de Montaigne, gravure du XIXe siècle

Montaigne a été magistrat, c'est-à-dire fonctionnaire dans l'administration publique, une bonne partie de sa vie. Il a aussi voyagé, a beaucoup lu, s'est beaucoup intéressé aux êtres humains. À l'âge mûr, il s'est retiré dans son domaine pour se consacrer à l'étude, à la lecture et à l'écriture de ses « essais », c'est-à-dire aux réflexions qui sont venues sous sa plume à partir de ses expériences personnelles. Tout cela, pour Montaigne, avait un but : mieux comprendre quel homme il est au juste.

Dans ses *Essais*, Montaigne raconte ainsi son extraordinaire amitié pour l'un de ses contemporains, Étienne de La Boétie. Hélas, un jour son grand ami meurt, et Montaigne éprouve un profond chagrin. Personne ne peut remplacer l'ami perdu.

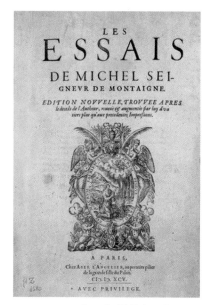

Page titre de l'édition de 1595
des *Essais* de Montaigne

L'extrait qui suit a été écrit plus de vingt-cinq ans après la mort de La Boétie. Lis-le très attentivement et tu y découvriras une belle définition de l'amitié. Tu observeras au passage que Montaigne écrit dans la langue française du XVIᵉ siècle. Il utilise des mots, des expressions et des tournures de phrases qui ne sont plus les nôtres, mais que tu sauras comprendre sans trop d'effort. Et pour les mots les plus obscurs, reporte-toi à la définition qui en est donnée dans la marge.

Ce que nous appelons ordinairement amis et amitiés, ce ne sont qu'**accointances** et familiarités nouées par quelque occasion ou commodité, par le moyen de laquelle nos âmes s'**entretiennent**. En l'amitié de quoi je parle elles se mêlent et confondent l'une en l'autre, d'un mélange si universel, qu'elles effacent et ne retrouvent plus la couture qui les a jointes. Si on me presse de dire pourquoi je l'aimais, je sens que cela ne se peut exprimer, qu'en répondant : « Parce que c'était lui ; parce que c'était moi. »

Il y a, au delà de tout mon discours et de ce que j'en puis dire particulièrement, ne sais quelle force inexplicable et **fatale**, médiatrice de cette union. [...]

MONTAIGNE, *Essais*, édition présentée, établie et annotée par Pierre MICHEL, livre I, chapitre XXVIII, « De l'amitié », Paris, Livre de poche, 1972, p. 269 ; © Librairie Générale Française

*

accointances : liaison familière, lien amical

s'entretiennent : sont liées l'une à l'autre

fatale : voulue par le destin

Réflexion faite...

Reconnais-tu dans ce texte de Montaigne les trois formes d'amitié dont parlait le philosophe Aristote ? Toutefois, à la fin de l'extrait, Montaigne propose une explication qu'Aristote n'aurait pas faite sienne. Quelle est-elle ? Comment expliquerais-tu cette belle formule pour définir l'amitié : « parce que c'était lui ; parce que c'était moi » ? Qu'exige une telle amitié de chacun des amis ? Est-il donné à tous de connaître ce type d'amitié ? Justifie ta réponse. Ce modèle d'amitié est-il enviable ? Pourquoi ?

L'histoire de Sophie

Cela fait déjà plus de trois semaines que l'école a repris. Sophie ne s'habitue pas du tout à sa nouvelle école. Tout lui manque de son école primaire : sa classe, sa meilleure amie, son professeur de musique. Elle aurait voulu rester là-bas. Une année encore au moins.

Si seulement sa copine Carina avait pu venir avec elle. Carina est partie vivre avec son père au début de l'été. Elle a dû déménager et fréquente maintenant une autre école, dans une autre ville. Sophie pourra passer quelques fins de semaine avec elle, mais c'en est fini des fous rires dans les couloirs et des rendez-vous à la récréation ou après l'école.

Rien ne va dans cette nouvelle école. Tout y est trop. Trop grand, trop fréquenté, trop long, trop vide, trop intimidant. Sophie n'a pas d'amis et n'en aura pas, croit-elle. Même les professeurs lui semblent trop savants et trop distants !

Pourtant, son frère Vincent, qui l'accompagne tous les matins et sait de quoi il parle, est convaincu que leur école est super. Lui, il est en 3e secondaire, il aime son école et a des tas d'amis. En plus, il fait partie de l'équipe de soccer et il est un excellent joueur !

Sophie n'en peut plus. Comme elle n'a personne à qui parler, elle a décidé de commencer à tenir un journal, un joli cahier à rayures bleues et vertes, que son grand-père lui a offert pour son anniversaire. Sophie s'applique. Elle écrit quelques phrases, puis dessine dans les marges. Parfois, elle colle sur les pages blanches des photos. Hier, elle a collé la photo de son chat, tout gris, qui la regarde d'un air

apitoyé. Sur la page voisine, dans un cadre orné de fleurs, est reproduit un saxophone, son instrument favori. Sophie joue de la flûte, mais rêve de jouer du saxophone. Il est beau ce journal, mais ce qu'il raconte est déprimant.

Je n'aime pas l'école. Il y a trop de monde ici et personne ne s'intéresse à moi.

Je ne suis pas certaine que personne ne s'intéresse à Sophie, mais assurément personne n'ose l'aborder.

Je suis laide et je n'ai pas d'amis.

Franchement, elle exagère. Sophie a de beaux yeux que personne ne voit parce qu'elle a toujours le visage baissé. C'est une grande timide, Sophie. Depuis la rentrée, ce qui n'arrange rien, elle est toujours enrhumée. Elle a constamment les yeux larmoyants et un mouchoir sous le nez. Pas facile d'approcher quelqu'un qui est dans cet état!

Mon frère se moque de moi. Il ne comprend rien à rien.

C'est un peu injuste pour Vincent d'écrire cela. Vincent ne se moque pas de Sophie, mais il aimerait bien qu'elle s'intègre un peu mieux. Et puis, lorsqu'il la croise dans le couloir avec ses amis, il fanfaronne, car il craint qu'on ne ridiculise sa petite sœur. Mais comment lui dire cela?

J'ai parlé de mon problème à ma prof de français, mais elle n'a pas compris. Elle dit que c'est normal et que je vais m'habituer. Moi je sais que je ne m'habituerai pas.

C'est vrai que les adultes ne comprennent pas toujours ce qui se passe dans la tête et le cœur de ceux qu'ils appellent les jeunes. Les adultes essaient de comprendre, mais n'y parviennent pas toujours. Les jeunes doivent répéter, parfois aussi utiliser d'autres mots.

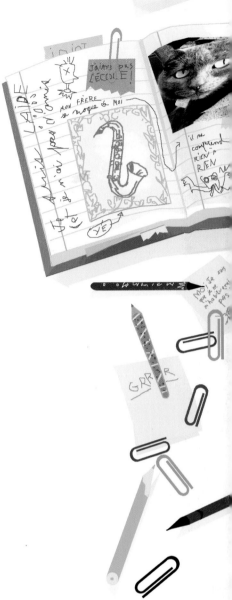

J'ai pu parler à Carina aujourd'hui. Je lui ai tout raconté et je lui ai confié mon intention d'abandonner l'école. Dommage qu'elle ne soit pas ici ! Si mon amie était avec moi, plus personne ne m'embêterait !

Évidemment ! Carina, c'est la grande amie, la confidente, celle à qui l'on confie ses secrets, celle qui comprend tout. Les choses ne se seraient pas passées de la même manière si Carina n'avait pas déménagé.

J'ai entendu des filles dans la cour dire que j'étais conne. Elles ont raison, demain je ne vais plus à l'école !

Lorsque la mère de Sophie est entrée dans la chambre de sa fille ce soir-là, tandis que cette dernière faisait ses devoirs sur la table de la cuisine, elle a trouvé son journal intime ouvert à cette dernière page, bien en évidence au pied de son lit. Elle a jeté un œil sur le texte, puis est ressortie, très inquiète.

Réflexion faite...

Sophie est-elle responsable du rejet dont elle se sent victime ? S'agit-il vraiment de rejet ? Dans cette histoire, Sophie fait-elle preuve d'autonomie ? Carina a-t-elle une responsabilité vis-à-vis de son amie ? Doit-elle préserver le secret de son amie ? Sophie est-elle libre de ne plus fréquenter l'école ? Cette décision améliorerait-elle la situation ?

Pourquoi Sophie entreprend-elle la rédaction d'un journal ? La mère de Sophie a-t-elle eu raison de lire le journal intime de sa fille ? Selon toi, la formule de Montaigne « parce que c'était lui ; parce que c'était moi » pourrait-elle s'appliquer à l'amitié entre Sophie et Carina ? Justifie ta réponse.

Le *Journal* d'Anne Frank

Anne Frank en 1940

Née en 1929, Anne Frank est juive allemande. En 1933, alors qu'Adolf Hitler est porté au pouvoir et ordonne des mesures discriminatoires contre les Juifs, Anne et sa famille quittent l'Allemagne pour se réfugier à Amsterdam, aux Pays-Bas. Les Frank y mènent une vie paisible jusqu'à la Seconde Guerre mondiale, qui débute en 1939.

En 1940, l'armée allemande occupe les Pays-Bas. Les persécutions contre les Juifs commencent. Le pire est à craindre pour Anne et sa famille. Le jour de son treizième anniversaire, en juin 1942, Anne reçoit en cadeau un cahier dont elle fait aussitôt son journal et à qui elle décide de tout confier. Un mois plus tard, menacés directement par les Allemands, les membres de la famille Frank trouvent refuge dans une annexe située à l'arrière de l'entreprise familiale et inutilisée. Les Frank sont entrés dans la clandestinité. Ils vivent enfermés jour et nuit, soutenus par quelques amis qui leur apportent de la nourriture. Pendant ce temps, Anne rédige son journal. Elle raconte sa vie quotidienne et commente les événements qui secouent le monde.

Un matin, en août 1944, un officier allemand se présente sur les lieux de l'entreprise et exige d'être conduit au refuge. Anne et les siens ont été dénoncés. Ils sont arrêtés et envoyés, avec des dizaines de milliers d'autres Juifs, dans des camps de concentration en Allemagne. En tout, plus de six millions de Juifs y périront.

Épuisée, malade, privée de tout, Anne Frank meurt en mars 1945. Elle a quinze ans. Seul son père échappe à la mort. À son retour aux Pays-Bas, Otto Frank découvre le journal de sa fille, précieusement conservé par une amie de la famille. Il est ému et impressionné par les qualités de l'ouvrage. Il fait tout pour qu'il soit publié. Le *Journal* d'Anne Frank est aujourd'hui très connu. Il a été traduit en plusieurs langues et a fait l'objet de nombreuses adaptations. Il est un témoignage bouleversant sur la Seconde Guerre mondiale et ses conséquences pour les Juifs.

Voici un extrait des premières pages, dans lesquelles la petite Anne explique les raisons pour lesquelles elle souhaite se confier à son journal.

Sculpture de Mari S. Andriessen réalisée en 1977 en mémoire d'Anne Frank et installée devant l'immeuble, à Amsterdam, où celle-ci a vécu cachée pendant une partie de la guerre

Samedi 20 juin 1942

C'est une sensation très étrange, pour quelqu'un dans mon genre, d'écrire un journal. Non seulement je n'ai jamais écrit, mais il me semble que plus tard, ni moi ni personne ne s'intéressera aux confidences d'une écolière de treize ans. Mais à vrai dire, cela n'a pas d'importance, j'ai envie d'écrire et bien plus encore de dire vraiment ce que j'ai sur le cœur une bonne fois pour toutes à propos d'un tas de choses. Le papier a plus de patience que les gens : ce dicton m'est venu à l'esprit par un de ces jours de légère mélancolie où je m'ennuyais, la tête dans les mains, en me demandant dans mon apathie s'il fallait sortir ou rester à la maison et où, au bout du compte, je restais plantée là à me morfondre. Oui, c'est vrai, le papier a de la patience, et comme je n'ai pas l'intention de jamais faire lire à qui que ce soit ce cahier cartonné paré du titre pompeux de «Journal», à moins de rencontrer une fois dans ma vie un ami ou une amie qui devienne l'ami ou l'amie avec un grand A, personne n'y verra probablement d'inconvénient.

Me voici arrivée à la constatation d'où est partie cette idée de journal : je n'ai pas d'amie.

Pour être encore plus claire, il faut donner une explication, car personne ne comprendrait qu'une fille de treize ans soit complètement seule au monde, ce qui n'est pas vrai non plus : j'ai des parents adorables et une sœur de seize ans, j'ai, tout bien compté, au moins trente camarades et amies, comme on dit, j'ai une nuée d'admirateurs, qui ne me quittent pas des yeux et qui en classe, faute de mieux, tentent de capter mon image dans un petit éclat de miroir de poche. J'ai ma famille et un chez-moi. Non, à première vue, rien ne me manque, sauf l'amie avec un grand A. Avec mes camarades, je m'amuse et c'est tout, je n'arrive jamais à parler d'autre chose que des petites histoires de tous les jours, ou à me rapprocher d'elles, voilà le hic. Peut-être ce manque d'intimité vient-il de moi, en tout cas le fait est là et malheureusement, on ne peut rien y changer. De là ce journal. Et pour renforcer encore dans mon imagination l'idée de l'amie tant attendue, je ne veux pas me contenter d'aligner les faits dans ce journal comme ferait n'importe qui d'autre, mais je veux faire de ce journal l'amie elle-même et cette amie s'appellera Kitty.

La famille Frank avant leur vie clandestine vers 1940

L'immeuble, à Amsterdam, où s'est cachée la famille Frank de 1942 à 1944 et aujourd'hui devenu musée

ANNE FRANK, *Journal*, traduit du néerlandais par Philippe NOBLE, Nicolette OOMES et Isabelle ROSSELIN-BOBULESCO, Paris, Le Livre de Poche, 2002, p. 14-15; © 1992, 2001, Calmann-Lévy

Réflexion faite...

Pour quelle raison, Anne Frank entreprend-elle la rédaction d'un journal intime ?

Qu'attend-elle de l'amitié ?

À quoi attribue-t-elle sa difficulté à trouver l'Ami ou l'Amie qu'elle espère ?

Selon toi, le journal intime peut-il remplacer un ami, jouer le même rôle qu'une amie ? Justifie ta réponse.

Serait-il juste de dire qu'Anne n'a aucune amie ? Pourquoi ?

Est-elle responsable de cette absence d'amitié ? Justifie ta réponse.

Compare la situation d'Anne Frank à celle de Sophie. Y a-t-il des ressemblances ou des différences entre les deux situations ?

Allons plus loin

À cette étape de notre réflexion sur l'amitié, faisons le point à l'aide d'un exercice. Tu te souviens de Sophie ?

Le désarroi de Sophie

- ◉ Sophie vit une rentrée scolaire plutôt difficile. Elle envisage sérieusement de ne plus aller à l'école. Elle semble pourtant bien entourée.

- ◉ Face au malaise ressenti par Sophie, où se situe la responsabilité de chacun (Sophie, Vincent, Carina, le professeur de français, la mère de Sophie, les camarades de classe de Sophie) ? Quels sont les gestes que chacun pourrait faire pour améliorer la situation ?

- ◉ Explique la responsabilité de chacun des personnages dans cette histoire et propose pour chacun d'entre eux des gestes à faire. Prépare les arguments nécessaires pour défendre ton opinion lors d'une discussion en classe.

- ◉ L'histoire de Sophie illustre aussi l'importance de l'amitié. En quoi le fait d'avoir des amis ou de ne pas en avoir peut-il influencer notre vie ?

- ◉ En tenant compte de la discussion qui a eu lieu en classe, imagine une suite à l'histoire de Sophie, dans laquelle l'amitié joue un rôle déterminant. Pour rédiger ton texte, tu peux choisir le point de vue du narrateur, celui de Sophie ou d'un autre personnage.

- ◉ Pourquoi ne pas aussi rédiger avec un ou deux autres élèves de ta classe un texte dialogué, que vous pourriez ensuite présenter à la classe sous forme de saynète ?

L'amitié et la différence

Tu connais sans doute le personnage de Harry Potter. Peut-être as-tu lu toutes ses aventures ou vu les films dont il est le héros. Mais te souviens-tu de la description que l'auteur, J. K. Rowling, a faite de lui lorsqu'elle nous l'a présenté ?

Peut-être était-ce parce qu'il vivait dans un placard, en tout cas, Harry avait toujours été petit et maigre pour son âge. Il paraissait d'autant plus petit et maigre qu'il était obligé de porter les vieux vêtements de Dudley qui était à peu près quatre fois plus gros que lui. Harry avait un visage mince, des genoux noueux, des cheveux noirs et des yeux d'un vert brillant. Il portait des lunettes rondes qu'il avait fallu rafistoler avec du papier collant à cause des nombreux coups de poing que Dudley lui avait donnés sur le nez. La seule chose que Harry aimait bien dans son apparence physique, c'était la fine cicatrice qu'il portait sur le front et qui avait la forme d'un éclair. Aussi loin que remontaient ses souvenirs, il avait toujours eu cette cicatrice et la première question qu'il se rappelait avoir posée à sa tante Pétunia, c'était : comment lui était-elle venue ?

– Dans l'accident de voiture qui a tué tes parents, avait-elle répondu. Et ne pose pas de questions. [...]

À l'école, Harry n'avait pas d'ami. Tout le monde savait que la bande de Dudley détestait Harry Potter, avec ses vêtements trop grands et ses lunettes cassées, et personne n'avait envie de déplaire à la bande à Dudley.

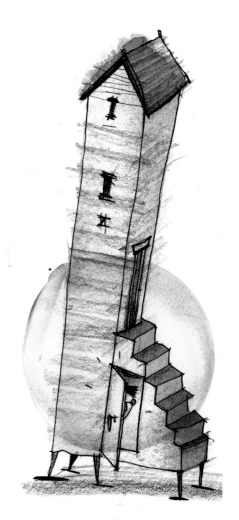

J. K. ROWLING, *Harry Potter à l'école des sorciers*, traduit de l'anglais par Jean-François MÉNARD, Paris, Gallimard Jeunesse, Folio junior, 1998, p. 25, 35 ; © JKRowling traduction J. F. Ménard, © Gallimard Jeunesse

Réflexion faite...

Pourquoi Harry n'avait-il pas d'amis ? Ces raisons sont-elles suffisantes pour justifier son isolement ? Lorsqu'on a un ami, se préoccupe-t-on de son apparence ? Choisit-on parfois ses amis en fonction de leur apparence ? Si oui, pourquoi ? Deux jeunes gens peuvent-ils être différents et être amis ? Comment expliquer cela ? Que fait-on pour avoir des amis ? Pour garder un ami, est-on prêt parfois à renoncer à une partie de sa liberté et de son autonomie ? Justifie ton point de vue.

L'amitié entre deux adolescents

L'écrivain Fred Uhlman s'est fait connaître dans le monde entier par un récit sobre et émouvant intitulé *L'Ami retrouvé*. Ce court récit raconte l'histoire d'une amitié qui s'est nouée dans les années précédant la Seconde Guerre mondiale.

Hans Schwarz, fils unique d'un médecin juif, a seize ans et fréquente l'école la plus renommée de Stuttgart, en Allemagne. Il n'a pas d'ami jusqu'au jour où un garçon issu d'une noble famille protestante, Conrad Graf von Hohenfels, arrive en classe. Cette amitié, qui va se nouer en dépit de tout ce qui sépare les deux garçons, répond à un idéal exigeant que la guerre va briser. En effet, Hans et sa famille seront contraints à l'exil pour échapper à la folie destructrice du nazisme.

L'écrivain allemand Fred Uhlman, en 1985

Je regardais fixement cet étrange garçon, qui avait exactement mon âge, comme s'il était venu d'un autre monde. Non parce qu'il était comte. Il y avait plusieurs « **von** » dans ma classe, mais ils ne semblaient pas différents de nous, qui étions des fils de marchands, de banquiers, de pasteurs, de tailleurs ou d'employés des chemins de fer.

[...]

Le moindre de ses mouvements m'intéressait : sa façon d'ouvrir son cartable ciré, celle dont il disposait, de ses mains blanches et d'une irréprochable propreté (si différentes des miennes, courtes, maladroites et tachées d'encre), son stylo et ses crayons bien taillés, celle dont il ouvrait et fermait son cahier. Tout en lui éveillait ma curiosité : le soin avec lequel il choisissait son crayon, sa manière de s'asseoir – bien droit, comme si, à tout moment, il dût avoir à se lever pour donner un ordre à une armée invisible – et celle de passer sa main dans ses cheveux blonds.

[...]

Je ne puis me rappeler exactement le jour où je décidai qu'il fallait que Conrad devînt mon ami, mais je ne doutais pas qu'il le deviendrait. Jusqu'à son arrivée, j'avais été sans ami. Il n'y avait pas, dans ma classe, un seul garçon qui répondît à mon **romanesque** idéal de l'amitié, pas un seul que j'admirais réellement, pour qui j'aurais volontiers donné ma vie et qui eût compris mon exigence d'une confiance, d'une **abnégation** et d'un loyalisme absolus.

Fred UHLMAN, *L'Ami retrouvé*, traduit de l'anglais par Léo LACK, Paris, Gallimard, Folio, 1971, p. 19, 21, 27 ; © Gallimard

 « **von** » : en allemand, particule du nom de famille qui indique l'appartenance à la noblesse

romanesque : digne d'un roman

abnégation : renoncement, sacrifice

Réflexion faite...

Qu'est-ce qui à première vue sépare Hans et Conrad ?

Qu'est-ce qui fascine Hans, chez Conrad, et l'incite à vouloir être son ami ?

Pourquoi Hans dit-il que son idéal de l'amitié est romanesque ?

Qu'attend Hans de l'amitié ?

Devrait-il chercher à obtenir l'amitié de Conrad ? Pourquoi ?

Selon toi, comment Hans pourrait-il attirer l'attention de Conrad ? Comment devrait-il s'y prendre pour gagner son amitié, malgré ce qui les sépare ?

Allons plus loin

Terminons ce chapitre sur un autre exercice qui t'aidera à mieux comprendre ce qui est en jeu dans l'amitié.

En amitié, comment s'exprime la liberté ?

⊙ Comment rencontrons-nous nos amis ? Comment faisons-nous le choix de nos amis ? Comment naissent les amitiés et comment s'épanouissent-elles ? Souhaitons-nous que nos amis nous ressemblent ou préférons-nous qu'ils soient différents de nous ?

⊙ L'amitié est-elle source de contraintes ou de liberté ?

⊙ Que faut-il attendre de l'amitié ? Quels sont les comportements acceptables en amitié ? Faut-il approuver tout ce que font nos amis ?

⊙ Au début de l'année scolaire, ton meilleur ami fait des commentaires désobligeants à l'endroit d'un camarade. Quelques semaines plus tard, il le montre du doigt et fait des commentaires méchants sous son nez. Il y a quelques jours, ton meilleur ami remet ça en faisant tomber le cartable de ce camarade d'un coup d'épaule. Ton ami éclate de rire et lance : «Hé ! Les mains molles !» À l'école, d'autres élèves commencent à imiter ton ami, qui se sent encouragé à poursuivre dans cette voie. Pourtant, toi, tu désapprouves la conduite de ton ami. Écris un court texte où tu lui expliques pourquoi tu n'approuves pas ses gestes. D'autre part, crains-tu de lui dire vraiment le fond de ta pensée ? Si oui, pourquoi ? Votre amitié t'aide-t-elle à te sentir plus libre à l'endroit de ton ami, ou est-ce le contraire ? Explique pourquoi.

Libre et en groupe

Dans ce second chapitre portant sur l'amitié, tu feras la rencontre de Vincent et de ses amis, qui font partie de la même équipe de soccer. Tu liras aussi les témoignages de Lucie, d'Odile et de Collin qui ont fait partie d'un gang de rue. La lecture d'un texte très ancien te permettra de faire la connaissance d'Achille et de Patrocle, engagés dans une guerre qui met leur amitié à l'épreuve. Enfin, il sera question de scoutisme, forme de camaraderie associée, au Québec, au catholicisme. Au fait, connais-tu l'histoire du scoutisme?

Le thème de l'amitié au sein d'un groupe suscite une réflexion sur la **liberté** et ses **limites**: peut-on rester libre de ses choix lorsqu'on fait partie d'un groupe? le fait d'appartenir à un groupe suppose-t-il d'être ami avec chacun des membres du groupe? jusqu'où va la liberté d'expression au sein d'un groupe? et la liberté de pensée?

La vie de groupe pose parfois la question de l'**autonomie**: l'amitié en groupe exige-t-elle d'aller à l'encontre de ses valeurs? comment faire partie d'un groupe tout en restant soi-même? comment s'y affirmer? comment en faire partie tout en y exprimant sa personnalité? comment éviter de dépendre des autres?

Les groupes (bande d'amis, équipe sportive, gang ou autre) se définissent souvent par des valeurs et des normes qui se traduisent par certaines règles. Ces règles ont leur raison d'être, mais elles peuvent parfois remettre en question l'**ordre social**: au nom de l'amitié, peut-on désobéir à la loi?

Enfin le scoutisme, qui propose encore aujourd'hui un lieu de rencontre pour les jeunes, est un aspect de l'**héritage religieux** de la société québécoise.

Attention! Connais-tu toutes les facettes de l'art de dialoguer? Pour les découvrir, plonge-toi dans la rubrique «Pour prendre la parole» des pages 40-41, 116-117 et 168-169. N'oublie pas: tous les textes de ce chapitre t'aideront à organiser ta pensée, à interagir avec les autres et à élaborer un point de vue étayé.

Un groupe d'amis

L'amitié est un sentiment qui lie deux personnes de façon particulière, mais ce fort attachement peut aussi être affaire de groupe. Il porte alors le nom de fraternité et le groupe, celui de communauté.

Au sein d'un groupe, la force des liens d'amitié entre les membres peut varier. Au-delà de ces variations, il reste souvent le plaisir partagé de former une bande d'amis, de faire des activités ensemble, d'avoir des objectifs communs. En principe, dans un groupe, chacun reste libre d'être lui-même tout en se sentant entouré et plus fort. Mais est-ce toujours ainsi que les choses se passent?

Pour certains, le groupe d'amis est presque une seconde famille. Avec leurs amis, ceux-là se sentent entourés et aimés. Ils sont bien et passent de bons moments ensemble. Ils réalisent des projets, ils surmontent les obstacles et apprennent au contact des autres. En somme, leur personnalité s'épanouit au sein du groupe. D'autres, par contre, ont plus de mal à s'intégrer. Ils ne trouvent pas facilement leur place au sein du groupe. Ils ne se sentent pas toujours appréciés à leur juste valeur. Certains seraient prêts à tout pour être intégrés, quitte à faire fi de leurs goûts ou à ignorer leurs propres désirs. D'autres se sentent tiraillés entre la chaleur humaine que dispense le groupe et leur désir d'autonomie. Comme tu vois, il n'est pas toujours facile d'y voir clair.

Quoi qu'il en soit, la bande d'amis occupe souvent une place importante dans la vie des adolescents. Elle leur aide à prendre leurs distances avec la famille et à définir peu à peu leur personnalité. C'est tout l'intérêt d'être jeune : tu peux passer beaucoup de temps avec tes amis, vivre en groupe des moments intenses et avoir des rêves en commun. Par la suite, l'âge adulte apporte son lot de responsabilités qui rendent souvent plus difficiles les rencontres suivies avec les amis.

Vincent et Sophie

Voici deux exemples d'attitudes différentes par rapport à l'autonomie et à la liberté telles qu'elles peuvent s'exprimer au sein d'un groupe. Vincent aime beaucoup son école et il adore le sport. Il fait partie de l'équipe de soccer et, pour rien au monde, il ne manquerait un entraînement ou un match. Lorsque Vincent s'est inscrit au soccer avec son ami Frédéric, il connaissait à peine les autres joueurs. Aujourd'hui, certains d'entre eux sont devenus de vrais amis. Vincent aime l'ambiance sur le terrain et dans les vestiaires, surtout au moment des matchs. En classe, il existe maintenant une certaine connivence entre les joueurs. Même les professeurs s'intéressent aux résultats de l'équipe! Vincent aime la vie de groupe, qui lui apporte beaucoup.

Il aimerait bien convaincre sa sœur Sophie de se joindre à l'équipe féminine de soccer. Sophie ne veut rien entendre. Elle dit qu'elle est nulle au soccer et qu'elle déteste le sport. Vincent n'est pas convaincu. À l'école primaire, Sophie a déjà remporté une médaille aux olympiades annuelles. Elle n'était donc pas si nulle. Mais alors pourquoi ne ferait-elle pas partie d'un des comités d'élèves de l'école? Vincent verrait bien sa sœur comme membre du comité vert, elle qui, à la maison, passe son temps à reprendre tout le monde sur la récupération des déchets et la consommation de l'eau! Mais les efforts de Vincent n'y font rien. Impossible de convaincre Sophie. Sophie n'aime pas vraiment faire partie d'un groupe.

Pourtant, Sophie envie sa meilleure amie Carina. Récemment, Carina lui a annoncé qu'elle monterait une pièce de théâtre dans le cadre du cours d'art dramatique. Au début de l'année, parce que Carina n'était pas dans le même groupe qu'elle, Sophie a renoncé à l'art dramatique. Sophie a dit que c'était un choix personnel. Et personne ne sait que c'est l'absence de Carina qui est à l'origine de sa décision. En amitié, Sophie n'est pas particulièrement autonome. Elle compte beaucoup sur Carina pour décider à quoi occuper leurs temps libres. Et puis, le fait que Carina et Sophie soient dans des classes différentes attriste beaucoup cette dernière. De son côté, Vincent croit que sa sœur finira bien par s'adapter à sa nouvelle école. Il n'empêche qu'il est inquiet.

Réflexion faite...

Pourquoi Vincent est-il heureux de faire partie d'une équipe de soccer? Selon toi, à quoi cela sert-il de faire partie d'un groupe ou d'une équipe? Quels peuvent être les motivations à l'origine d'une telle décision? Peut-on rester soi-même tout en faisant partie d'un groupe? Lorsqu'on se joint à un groupe, faut-il être l'ami de tous ceux qui en font partie?

Pourquoi Sophie n'aime-t-elle pas faire partie d'un groupe? Selon toi, est-ce Carina qui demande à Sophie d'ajuster ses goûts aux siens? Comment s'exprime la liberté de chacun au sein d'un groupe? Jusqu'où va la liberté d'expression? Lorsqu'on quitte un groupe, est-il possible de conserver l'amitié de certains de ses membres? Pourquoi?

Les amis de Vincent

Leur dernier match de soccer s'est très mal passé. Vincent et ses amis ont perdu et en sont bien désolés. Pourtant, ils n'ont pas mal joué, au contraire. Vincent a même réussi à compter un but dans des conditions paticulièrement difficiles.

C'est son ami Youcef qui lui a fait une passe et garanti l'accès au filet. Youcef est le meilleur joueur de l'équipe! Vincent est bien fier de la confiance que Youcef lui a accordée en lui passant le ballon et il est encore plus fier d'avoir marqué ce point.

Mais cette victoire personnelle ne change rien à l'affaire: l'équipe a perdu le match. Toute l'équipe est furieuse. Pendant le match, un joueur de l'autre équipe a insulté Frédéric et l'a fait tomber sans que l'arbitre l'ait vu faire. Frédéric, qui se met facilement en colère, a réagi vivement et, sans réfléchir, a bousculé rudement le joueur adverse. Le coup de sifflet a retenti et l'arbitre a brandi un carton rouge. Expulsion immédiate!

La fin de la partie a été un désastre. Les joueurs de l'équipe de Vincent n'étaient plus capables de se concentrer, l'entraîneur était furieux et l'arbitre intraitable. L'atmosphère au vestiaire après le match était tendue. Certains blâmaient Frédéric, la plupart en voulaient à l'autre joueur ou à l'arbitre. Les esprits étaient échauffés. Ça criait dans le vestiaire. Lorsque l'entraîneur a fait son apparition, il a dû utiliser son sifflet pour calmer tout le monde. Un grand silence s'est fait. L'entraîneur a parlé longuement. Il n'était pas content et a désapprouvé fermement l'attitude de Frédéric. Personne n'osait plus parler. Même après son départ, les joueurs ont gardé le silence. Ce n'est que dans la cour d'école que les conversations ont repris.

Le lendemain, les avis sont encore partagés. Frédéric ne dit plus rien. Dans son for intérieur, il n'est pas très fier de lui. Youcef tente de calmer les joueurs les plus emportés. C'est alors que Justin propose à ses amis une vengeance : il faut faire comprendre à l'autre équipe qu'on ne se laissera pas faire ! Justin a des amis dans l'école contre laquelle ils ont joué. Il est certain de pouvoir compter sur eux pour exécuter son plan : faire peur au joueur responsable de leur défaite. Il s'agit simplement de lui rendre une petite visite en groupe dont il se souviendra longtemps.

Youcef s'oppose sans détours à cette façon de faire. Frédéric n'ose pas parler. Vincent est perplexe. Il trouve la situation injuste et il est triste pour son ami Frédéric qui a été expulsé. Par contre, il n'est pas sûr que le geste d'intimidation que la bande s'apprête à faire soit correct. Justin en impose à Vincent par son assurance, mais ce dernier admire Youcef qui n'a pas peur de défendre un point de vue opposé à celui des autres.

Réflexion faite...

Qu'exige l'éthique sportive ? En quoi l'attitude de Frédéric est-elle un manquement à cette éthique ? Sur quoi repose le sentiment d'injustice de la plupart des joueurs ? Un sentiment d'injustice peut-il justifier la désobéissance aux règles du jeu ? Faut-il répondre à l'injustice par une autre injustice ? Pourquoi ?

Que penses-tu des différentes réactions des joueurs ? Selon toi, quels sont les défis rencontrés par chacun des joueurs dans une équipe ? Quels sont ceux rencontrés par l'ensemble de l'équipe ?

Ali Nestor Charles, fondateur d'Ali et les Princes de la rue, organisme qui vient en aide aux jeunes de la rue grâce aux arts martiaux

Bande d'amis ou gang de rue?

La recherche d'amitié et le besoin d'appartenir à un groupe ne se traduisent pas toujours par des expériences heureuses et enrichissantes. Certains groupes d'amis vivent, à travers leur recherche de plaisir, des mésaventures dont l'issue est incertaine.

Il ne semble pas toujours facile, particulièrement lorsqu'on est en groupe, de réfléchir à la portée de ses paroles ou de ses gestes. Il arrive que l'appartenance au groupe soit si forte que la volonté de l'individu ne compte plus. Parle-t-on alors encore d'amitié?

Tu as bien sûr entendu parler des gangs de rue, sujet qui préoccupe beaucoup notre société. Plusieurs travailleurs sociaux veulent comprendre le phénomène, savoir à quels besoins répondent ces organisations très dures et de plus en plus criminelles. Les adultes sont inquiets de constater que beaucoup de jeunes y trouvent refuge, même au prix de devoir se soumettre à des règles très strictes, nier leurs propres valeurs, renoncer à leur personnalité.

L'Institut de recherche pour le développement social des jeunes a mené une étude sur les gangs de rue au Québec. Ses conclusions:

✔ les jeunes qui se joignent à un gang de rue manifestent un grand besoin d'exister et d'être reconnus par un groupe;

✔ si on ne peut affirmer que le nombre de gangs a augmenté, ceux-ci sont davantage orientés vers la violence, la drogue et les armes;

✔ la pauvreté et la désorganisation sociale sont les deux principales causes de l'émergence des gangs;

✔ l'intégration à un gang est souvent un moyen pour les jeunes de satisfaire leurs besoins et de s'adapter à un milieu perçu comme hostile;

✔ l'intervention auprès des jeunes qui font partie d'un gang est utile et efficace si elle est menée par plusieurs partenaires, si elle est rigoureusement planifiée et s'appuie sur différentes stratégies.

Jacques HÉBERT, Sylvie HAMEL et Ginette J. SAVOIE, *Jeunesse et gangs de rue*, Phase I: revue de littérature, présentée au SPCUM, Montréal, Institut de recherche pour le développement social des jeunes (IRDS), 1997

Sylvie HAMEL, Chantal FREDETTE, Marie-France BLAIS et Jocelyne BERTOT, *Jeunesse et gangs de rue*, Phase II: résultats de la recherche-terrain et proposition d'un plan stratégique quinquennal, présentés au SPCUM, Montréal, Institut de recherche pour le développement social des jeunes (IRDS), 1998

Voici deux témoignages de jeunes, tirés de cette étude, sur les raisons qui les ont amenés se joindre à un gang de rue :

Dans ma tête, je rentrais dans un cercle d'amis, pas dans une gang. Je ne savais pas que j'entrais dans une gang. Je l'ai su après...

Odile, 24 ans, ex-membre

C'était comme une famille. Ils étaient prêts à tout faire pour m'aider. On avait tous les mêmes faiblesses, tous les mêmes problèmes. On était regroupés, unis. C'est ce qui faisait notre force. Avec la gang, j'avais la protection, le pouvoir et le respect... On se sent important aux yeux de quelqu'un et surtout on se sent bon à quelque chose. Je cherchais une bouée de secours, une famille qui s'occupe de moi, qui m'apprécie à ma juste valeur.

Collin, 25 ans, ex-membre

Et voici deux témoignages de jeunes qui ont voulu sortir du gang de rue et l'ont fait :

Pour moi, ça été facile parce que je suis partie vite, mais plus j'aurais attendu, plus ça aurait été difficile ! Partir du gang ça été facile, c'est de me reconstruire après qui a été difficile.

Lucie, 15 ans, ex-membre

L'acte comme tel de quitter le gang, c'est facile. C'est les émotions qui ont suivi. C'est se rebâtir, se redéfinir qui est difficile. Quand tu n'es plus dans le gang, qui es-tu ?

Collin, 25 ans, ex-membre

Réflexion faite...

Selon les extraits de ces rapports de recherche, quels besoins cherchent à satisfaire les jeunes qui intègrent un gang de rue ? Sur quoi repose, chez certains jeunes, le fort sentiment d'appartenance à un gang ? Selon toi, est-il possible de rester libre de ses choix dans un gang de rue ? Pourquoi ? Quelle place occupe l'amitié au sein d'un gang de rue ? Les jeunes qui font partie d'un gang de rue parviennent-ils à préserver leur autonomie ? Justifie ta réponse.

L'amitié entre Achille et Patrocle

Achille pansant les blessures
de son ami Patrocle, décor
d'un vase grec du VIIIe siècle
avant l'ère chrétienne

On peut remonter loin dans le temps pour trouver le témoignage d'une amitié très forte que la mort vient interrompre. Il s'agit de l'amitié qui unit Achille et Patrocle, deux héros grecs de la guerre de Troie, racontée au VIIIe siècle avant l'ère chrétienne par le poète et conteur Homère, dans un long récit intitulé *L'Iliade*.

Entre Grecs et Troyens, la guerre de Troie fait rage. Elle entre dans sa dixième année, et tous souhaitent la fin de ce trop long conflit. Mais voici qu'une querelle éclate entre Agamemnon, chef des Grecs, et Achille, son plus vaillant guerrier. Achille est furieux. Agamemnon a décidé de se réserver la plus belle part du butin de guerre d'Achille. C'est trop injuste, pense le vaillant héros. Tant pis pour la bataille qui s'annonce décisive. Achille refuse de combattre.

L'absence d'Achille met les Grecs dans une fâcheuse position. Ils ont déjà essuyé de nombreuses pertes. Vont-ils perdre la guerre faute de pouvoir compter sur leur héros? Les guerriers grecs persuadent Agamemnon de redonner à Achille son butin et tentent de convaincre Achille de reprendre le combat. Mais le héros s'entête.

Patrocle est le meilleur ami d'Achille. Il ne se résigne pas à voir son camp perdre la guerre. Avec sa permission, il emprunte les armes d'Achille et fonce dans la mêlée. Hélas, le Troyen Hector, aidé des dieux, se bat contre Patrocle et lui inflige une blessure très grave. Patrocle meurt sur le champ de bataille.

Quand Achille apprend la nouvelle, son chagrin est immense. Il pleure la mort de celui qui comptait pour lui plus que tous les autres.

Écoutons le poète Homère, lorsqu'il raconte le désespoir d'Achille. La scène se passe au moment où Antiloque, fils de Nestor, lui apprend la terrible nouvelle.

 – Hélas, fils du vaillant **Pélée**, c'est une triste nouvelle que tu vas apprendre, une chose qui n'aurait jamais dû arriver ! Patrocle gît, mort, et l'on se bat autour de son corps dépouillé : ses armes sont aux mains d'Hector au casque étincelant.

Il dit ; un noir nuage de douleur enveloppa Achille. Il saisit à pleines mains la cendre du foyer, la répandit sur sa tête, en souilla son beau visage. La cendre noire couvrait sa tunique de **nectar** et lui-même gisait dans la poussière, de tout son long ; il s'arrachait les cheveux. Les prisonnières, butin d'Achille et de Patrocle, accouraient à grands cris. Toutes, de leurs mains, se frappaient la poitrine ; leurs genoux étaient rompus. Antiloque aussi se lamentait, versait des larmes. Il tenait les mains d'Achille : le fils de Nestor redoutait que le héros ne se tranchât la gorge.

Mais comme Achille gémissait terriblement, **sa mère** l'entendit, assise au fond de l'abîme auprès de son **vieux père**. Elle quitta son antre. La mer s'ouvrait devant elle. Arrivée en **Troade** fertile, elle aborda au lieu où les **Myrmidons** avaient hâlé leurs navires. Elle le trouva qui sanglotait lourdement. Alors, dans une plainte aiguë, elle prit la tête de son fils et lui dit ces paroles ailées :

– Mon enfant, pourquoi pleures-tu ? Quelle douleur est entrée dans ton cœur ? Parle, ne cache rien. Tout est accompli, par **Zeus**, comme tu l'avais demandé : les fils des **Achéens** ont été refoulés près des navires et endurent des maux outrageants en ton absence.

*

Pélée : roi grec, père d'Achille

nectar : boisson des dieux ; Homère suggère ainsi que la tunique d'Achille est aussi brillante que le nectar

sa mère : il s'agit de la déesse Thétis, divinité marine ; selon le mythe, Achille est né d'une mère divine et d'un père mortel

vieux père : il s'agit de Nérée, le « vieillard de la mer », une divinité marine, père de Thétis et donc grand-père d'Achille

Troade : région où se trouve la ville de Troie

Myrmidons : guerriers de la Thessalie, région de la Grèce dont Pélée était le roi

Zeus : roi des dieux, il règne sur le monde céleste, appelé l'Olympe

Achéens : nom que se donnaient les Grecs à l'époque d'Homère

Achille aux pieds rapides lui répondit :

– Ma mère, tout cela, l'**Olympien** l'a fait pour moi. Mais quel plaisir en tirer ? Mon ami est mort, lui que j'estimais le plus, autant que moi-même. Je l'ai perdu. Hector l'a tué, il l'a dépouillé de ses armes, ses belles armes, étonnantes, prodigieuses, splendide présent des dieux à Pélée. Mon cœur ne me pousse plus à vivre, à moins qu'Hector, frappé par ma lance, ne perde la vie et ne paie pour Patrocle.

Thétis, versant des larmes, lui répondit :

– Ta fin est proche, mon enfant ; je le vois à ce que tu me dis. Car aussitôt après Hector, c'est ta mort qui est prête.

Achille aux pieds rapides, abattu, lui répondit :

– Que je meure donc sur-le-champ puisque le sort voulait que je ne prête pas secours à mon ami à l'heure où on allait le tuer. Il est mort loin de sa patrie et je n'ai pas su le protéger du malheur. J'irai, aujourd'hui, rechercher celui qui m'a enlevé cette tête aimée, Hector ; et la mort, je la recevrai quand il plaira à Zeus et aux autres dieux. En attendant, je veux conquérir une noble gloire. Aussi ne me retiens pas loin du combat ; je ne t'écouterai pas.

HOMÈRE, *L'Iliade*, chant XVIII, traduction de LECONTE DE LISLE, abrégée et remaniée par Bruno RÉMY, Paris, Classiques abrégés, 1990, p. 121-123

* **Olympien** : autre nom de Zeus

Réflexion faite...

Que t'apprend ce texte au sujet des rites funèbres des anciens Grecs ? Pourquoi Achille se sent-il responsable de la mort de son ami ? Pourquoi Achille avait-il abandonné le combat ? Dans le contexte de cette guerre, était-il libre d'agir ainsi ?

Achille sait qu'il va mourir. Sa mère l'avait déjà prévenu qu'il aurait un jour à choisir entre deux destins : une vie brève mais illustre ou une vie longue et sans gloire. Ce qu'il s'apprête à faire le conduira forcément à la gloire et à la mort. Est-ce le seul désir de vengeance qui lui fait affronter courageusement son destin ? L'amitié justifie-t-elle le désir de vengeance ? Explique ta réponse. Au nom de l'amitié, peut-on vouloir venger la victime d'une injustice ou d'un acte criminel ? Peut-on vouloir protéger celui ou celle qui a commis une injustice ou un acte criminel ?

Le scoutisme : une institution en héritage

Connais-tu ce mouvement qui a regroupé pendant plusieurs années une grande partie de la jeunesse au Québec, au Canada et ailleurs dans le monde, et qui est toujours actif ?

Le fondateur du mouvement scout, l'Anglais Robert Baden-Powell, vers 1920

Le fondateur du mouvement scout est Robert Baden-Powell (Londres, 1857 – Kenya, 1941). Au cours de sa carrière militaire dans les colonies britanniques, Baden-Powell observe le rôle des **éclaireurs**, dans l'armée, et mesure leur importance. À son retour, il publie un petit livre sur le **scouting** qui connaît un vif succès. Il décide alors de fonder un mouvement pour permettre aux jeunes d'apprendre les techniques des éclaireurs, suivant une approche éducative et dans le but de contribuer à la paix. Ainsi naît le scoutisme.

Baden-Powell fait une tournée de promotion du scoutisme au Canada en 1910. Il est accueilli par des éclaireurs canadiens-français dont on sait peu de chose. Quelques expériences isolées pour créer des unités scoutes verront le jour à partir de 1918, mais c'est en 1935 que sera officiellement créée la Fédération des scouts catholiques de la province de Québec.

À l'origine, le scoutisme s'adresse aux garçons qu'il regroupe selon leur âge : les louveteaux (8-11 ans), les éclaireurs (12-17 ans) et les routiers (17 ans et plus). Les scouts publient un journal, participent à des rencontres hebdomadaires, à un camp d'été et, lorsque c'est possible, à un **jamboree**. Ils ont leur uniforme et portent des signes distinctifs, selon leur âge et l'étape de formation à laquelle ils sont parvenus. De 1935 à 1960, le mouvement est en croissance et passe de 5600 membres à plus de 18 000 membres. Le scoutisme canadien-français de cette époque accorde beaucoup d'importance à la religion. Ses animateurs défendent des valeurs à la fois chrétiennes et civiles. Toutes les unités ont leur **aumônier**, les activités font une large place aux manifestations liturgiques et à la pratique religieuse (prières, messes, sermons, pèlerinages, etc.).

*

éclaireur : soldat envoyé en reconnaissance

scouting : l'art des éclaireurs

jamboree : grand rassemblement international de scouts

aumônier : prêtre chargé de la formation religieuse et de la direction spirituelle dans une structure catholique

Dans les années 1950, le mouvement se donne de nouveaux règlements et s'ouvre à de nouvelles réalités. Désormais, les femmes peuvent devenir cheftaines et s'occuper des groupes de louveteaux. En 1951, un jamboree se tient à Vaudreuil, près de Montréal, pour souligner les vingt-cinq ans du scoutisme montréalais. En 1955, le 8ᵉ Jamboree mondial se tient à Niagara Falls, en Ontario. Le Québec accueille à cette occasion 1000 scouts français, qui campent à Montréal et à Trois-Rivières. Ces jeunes proviennent des quatre associations reconnues en France et établies selon leur appartenance ou non à une religion : catholique, protestante, israélite et laïque ; ils viennent non seulement de France, mais aussi de ses anciennes colonies. Ce jamboree réunit donc beaucoup de gens qui parlent français, mais viennent d'aussi loin que l'Afrique ou le Laos. Pour les jeunes scouts, c'est une expérience d'ouverture sur le monde peu commune à l'époque.

Le mouvement scout au Québec va connaître ses premières grandes réformes à la fin des années 1960. La pédagogie du mouvement veut s'inspirer des besoins des jeunes et mettre en place des méthodes plus

Deux jeunes guides faisant partie des scouts

Jamboree à Vaudreuil, en 1951

Jamboree international à Chelmsford, en Grande-Bretagne, célébrant le centenaire du mouvement scout, en 2007

« actives ». L'uniforme est modifié. On assiste progressivement à une démocratisation et à une **laïcisation** du mouvement. Certaines unités (chez les 17-19 ans) deviennent mixtes. L'Office franco-québécois pour la jeunesse, créé en 1969, propose des programmes de voyages-échanges auxquels participent les scouts.

Dans les années 1990, après une période de grande instabilité, le mouvement trouve un nouveau souffle dans la volonté d'appartenir à un mouvement mondial, soucieux notamment de développement international. Tous les programmes sont désormais mixtes, les programmes pédagogiques sont revus en profondeur et on assiste à un virage important sur le plan religieux. Dès lors, les responsables scouts insistent sur le développement spirituel général plutôt que sur la pratique religieuse à proprement parler. Malgré toutes ces remises en question, tous ces changements, les effectifs sont aujourd'hui à la baisse. Force est de constater que le scoutisme n'occupe plus la même place qu'autrefois dans notre société.

laïcisation : action de rendre laïque, non confessionnel, détaché de toute religion

Réflexion faite...

Quels avantages la jeunesse québécoise des années 1960 pouvait-elle trouver au scoutisme ? En quoi le scoutisme répondait-il à ses besoins ?

Y a-t-il un lien entre le scoutisme et l'amitié ? Lequel ?

Connais-tu des organismes qui jouent aujourd'hui un rôle semblable à celui joué par le scoutisme ? D'après toi, les jeunes ont-ils remplacé le scoutisme par une autre activité ?

À partir du rôle joué par le scoutisme, que peux-tu conclure sur la place de la religion dans la société québécoise avant la fin des années 1960 ? Y a-t-il un lien entre l'évolution de la société québécoise et celle du mouvement scout ? Justifie ta réponse.

Allons plus loin

Terminons ce chapitre avec un exercice qui t'aidera à faire le point sur ce que tu as appris au sujet de la liberté dans l'amitié.

Ensemble ? Oui, mais comment ?

⊙ Même si toute vie en groupe a ses règles auxquelles chacun doit se plier, l'autonomie de chacun peut aussi s'y exprimer diversement.

⊙ Comment certains groupes (société, mouvements ou équipes) permettent-ils à leurs membres d'être eux-mêmes tout en étant intégrés au groupe ? Quels moyens prennent-ils pour faciliter la vie en groupe ? Quelle est la place de chacun ? Où se situent la liberté et l'autonomie de chacun au sein du groupe ? L'amitié joue-t-elle un rôle ou non au sein du groupe ? Qu'advient-il de celui ou de celle qui refuse de respecter les règles ou qui ne parvient pas à les respecter ? Qu'en est-il de la liberté d'expression ?

⊙ Pour répondre à ces questions, choisis un exemple de groupe et décris de façon précise son fonctionnement: les valeurs qu'il défend, les normes qu'il impose, les règles qu'il édicte, etc. Tu compareras ensuite le modèle que tu as choisi avec celui choisi par deux ou trois autres élèves de la classe. À partir de cette comparaison, vous ferez en équipe la synthèse des différents modèles comparés, synthèse que vous présenterez au reste de la classe.

⊙ Toujours en équipe, imaginez ensuite la création d'une association, au nom original et aux centres d'intérêt inusités. Précisez bien les buts de votre association, les valeurs et les normes qu'elle défend, de même que les conséquences d'un manquement à ces règles. Pour faire la promotion de votre association et mener une campagne de recrutement, préparez une affiche publicitaire, assortie d'un slogan efficace.

Des formes du dialogue

conversation : échange entre deux ou plusieurs personnes dans le but de partager des idées ou des expériences

Carina et Sophie se racontent leurs vacances ou évoquent la rentrée scolaire. Elles ont une conversation.

discussion : échange suivi et structuré, d'opinions, d'idées ou d'arguments dans le but d'en faire l'examen

En donnant leur opinion sur l'histoire de Sophie, en commentant ce qui lui arrive, en établissant la responsabilité de ses amis ou des membres de sa famille, les élèves participent à une discussion.

narration : récit détaillé, écrit ou oral, d'une suite de faits et d'événements

Sers-toi du procédé de la narration pour raconter le début d'une amitié. Ton récit te permettra de réfléchir à l'importance des amis dans ta vie.

Découvre d'autres formes du dialogue aux pages 116 et 168.

Des moyens pour élaborer un point de vue

comparaison : établissement de différences ou de ressemblances entre deux ou plusieurs éléments

Observe attentivement le fonctionnement de sociétés différentes. Tu fais ainsi une comparaison : certaines règles sont communes à diverses sociétés, d'autres leur sont spécifiques.

synthèse : résumé rassemblant les éléments principaux (idées, faits, expériences, arguments, etc.) d'une discussion, d'un récit ou d'un texte, dans un ensemble cohérent

Ayant discuté des avantages de la liberté et énoncé ses limites, tu fais une synthèse du sujet que tu présentes aux élèves de la classe.

Découvre d'autres moyens pour élaborer un point de vue aux pages 116 et 168.

Quelques conditions qui favorisent le dialogue

Quand on dialogue avec les autres, il faut…

- établir et respecter des règles de fonctionnement ;
- cerner l'intention et les exigences du dialogue ;
- accueillir différentes façons de penser ;
- prendre le temps de clarifier ses idées ;
- éviter les conclusions hâtives ;
- etc.

Selon le contexte, tu mettras davantage l'accent sur certaines de ces conditions plutôt que d'autres.

Des moyens pour interroger un point de vue

Voici différents types de jugement.

jugement de préférence : proposition subjective par rapport à des goûts ou à des préférences

Vincent aime le soccer. Il formule ainsi un jugement de préférence.

jugement de prescription : proposition énonçant une recommandation ou une obligation ; le jugement de prescription affirme la nécessité d'accomplir un acte, de modifier une situation ou de résoudre un problème

Il faut respecter le code de vie de l'école. C'est là un jugement de prescription.

jugement de réalité : proposition établissant un constat qui se veut objectif par rapport à des faits observables, à un événement ou au témoignage d'une personne. À noter qu'un jugement de réalité peut aussi être faux

Sophie a du mal à s'adapter à sa nouvelle école. Dire cela c'est faire un jugement de réalité.

jugement de valeur : proposition privilégiant une ou plusieurs valeurs par rapport à d'autres

L'amour est plus important que tout. C'est là exprimer un jugement de valeur.

Voici quelques procédés qui entravent le dialogue.

La **généralisation abusive** consiste à passer d'un jugement portant sur un ou quelques cas à une conclusion générale, sans s'assurer que l'échantillonnage est assez représentatif pour que la conclusion soit valide.

Dans la classe de Sophie, la prof de français a sévèrement puni Béatrice, qui bavardait pendant les explications données. Sophie a jugé la punition trop sévère. D'autres aussi, Sophie en est persuadée. En rentrant à la maison, elle déclare à son frère Vincent que tous les élèves détestent la prof de français. Sophie fait une généralisation abusive.

L'**attaque personnelle** consiste à attaquer une personne de manière à détruire sa crédibilité plutôt que son argumentation.

Vincent discute avec son cousin Antoine de la dernière performance de leur équipe préférée de soccer. Antoine prétend que le jeu manquait de vigueur. Vincent n'est pas d'accord, il défend l'entraîneur. Antoine insiste. Vincent rétorque : « Et puis qu'est-ce que t'en sais ? tu joues même pas au soccer, toi ! » Vincent fait une attaque personnelle.

L'**appel au clan** consiste à faire accepter ou rejeter un argument parce qu'il est endossé par une personne ou un groupe de personnes, jugés estimables ou non estimables.

Thomas voudrait bien rester à la maison. Sa mère tente plutôt de le convaincre de l'accompagner au musée, où se tient, dit-elle, une exposition fort intéressante. Thomas rétorque qu'il est fatigué. Sa mère insiste : sortir lui fera du bien. Thomas s'impatiente : « Tous mes amis te le diront : c'est nul, aller au musée ! » Pour justifier son point de vue, Thomas fait appel au clan.

Découvre d'autres moyens pour interroger un point de vue aux pages 117, 168 et 169.

II L'autorite

CHAPITRE 3

D'où vient l'autorité ?

Le chef de l'Orchestre symphonique de Montréal, Kent Nagano, en 2005

Dans ce chapitre portant sur l'autorité, tu feras la connaissance de Catherine, qui s'est mise en tête de réaliser la maquette d'un temple grec avec trois de ses camarades de classe. Tu sauras comment le petit Joseph a dû quitter ses parents pour échapper à la fureur des nazis et tu découvriras le triste sort réservé aux enfants d'Izieu. Tu liras aussi un extrait du fameux discours du défenseur des droits civiques Martin Luther King. Les textes de certaines chansons t'inviteront à réfléchir au sens des mots « désobéissance » et « résistance ».

Le thème de l'autorité est un sujet propice à une réflexion sur les **limites** de la liberté : face à l'autorité, sommes-nous libres d'agir ? les lois et les règles qui nous gouvernent nous imposent-elles des devoirs ? nous accordent-elles également des droits ?

L'autorité nous conduit aussi à réfléchir à l'**autonomie** des individus et des groupes : l'autorité des uns peut-elle s'exercer au détriment de l'autonomie des autres ? comment s'exprime l'autonomie des individus ou des groupes dans un contexte social favorable ? et comment s'exprime-t-elle lorsque l'individu est soumis à une autorité perçue comme illégitime ?

Enfin, ce chapitre se prête tout particulièrement à une réflexion sur l'**ordre social** : pourquoi y a-t-il des lois et des règles ? qu'est-ce qui les rend légitimes ? comment faire pour contrer la désobéissance ? la désobéissance est-elle parfois justifiée ?

Attention ! Connais-tu toutes les facettes de l'art de dialoguer ? Pour les découvrir, plonge-toi dans la rubrique « Pour prendre la parole » des pages 40-41, 116-117 et 168-169. N'oublie pas : tous les textes de ce chapitre t'aideront à organiser ta pensée, à interagir avec les autres et à élaborer un point de vue étayé.

Qu'est-ce que l'autorité ?

Il sera maintenant question d'autorité. Cette dernière peut prendre plusieurs formes. Par exemple, il y a celle des parents au sein de la famille. Ou il y a celle des dirigeants d'une entreprise ou encore celle des dirigeants d'un gouvernement. Mais avant d'aller plus loin, arrêtons-nous au mot lui-même, pour le définir précisément et en avoir la meilleure compréhension possible. Qu'est-ce que l'autorité ?

Lorsque tu réfléchis au sens du mot « autorité », tu penses sans doute d'abord à ceux qui, autour de toi, sont en situation d'autorité : tes parents, tes professeurs, la directrice de ton école, l'entraîneur de ton équipe sportive. Ceux-ci, à juste titre, exercent un pouvoir sur toi, car ils doivent te former, t'éduquer. Leur autorité est d'abord liée au rôle qu'ils jouent dans ta vie, en tant qu'éducateurs.

Les orchestres et les cuisines des restaurants ont leur chef, les théâtres et les grandes entreprises ont leurs directeurs, les usines ont leurs patrons. Toute structure a des dirigeants à sa tête. Leur pouvoir n'a pas une fonction pédagogique. Il est lié au bon fonctionnement du groupe. Les dirigeants sont détenteurs d'une certaine autorité parce qu'il entre dans leurs fonctions de diriger et de prendre des décisions.

Ainsi, l'autorité relève d'abord de la fonction. On reconnaît une certaine autorité à ceux qui jouent le rôle de chef, de directrice ou de patron, pour la simple raison qu'ils sont chef, directrice ou patron. Ils ont obtenu un poste qui leur confère une autorité. Mais pour avoir de l'autorité, suffit-il d'occuper un poste de direction et d'en avoir le titre ?

Pour avoir de l'autorité et pour que cette autorité soit reconnue par les autres, il faut montrer certaines aptitudes, avoir des connaissances ou des compétences particulières, et de l'expérience. Dans ces conditions, l'autorité repose alors aussi sur le mérite. Elle impose le respect et la confiance. Il est souvent plus facile et plus agréable de suivre un chef lorsqu'on a pour lui respect et considération.

Cela étant, l'individu en position d'autorité a des décisions à prendre, et ces décisions ne sont pas sans conséquence. Il arrive que les décisions du chef,

L'astrophysicien
Hubert Reeves en 2005

même lorsqu'il défend les intérêts de son groupe et qu'il est reconnu compétent, déplaisent à ceux qu'il dirige ou qu'elles n'aient pas les effets escomptés. Le chef est alors très vite blâmé. À l'inverse, lorsque les décisions du chef ont des répercussions positives, ce dernier n'en reçoit pas toujours le crédit. Dans tous les cas, être en position d'autorité, c'est accepter d'être responsable.

Mais l'autorité d'un individu s'exprime-t-elle seulement en jouant le rôle de chef ? Lorsqu'on dit de quelqu'un qu'il a beaucoup d'autorité, on laisse entendre qu'il ou elle sait se faire obéir, en toutes circonstances. Si l'on dit de quelqu'un qu'il a une grande autorité, on évoque l'**ascendant** qu'il exerce sur les autres, en raison de sa compétence ou de sa réputation. Dire d'une chercheuse qu'elle fait autorité en la matière, ou d'un savant qu'il est une autorité dans son domaine, c'est affirmer l'excellence de leurs travaux et l'importance de leurs idées. La notion d'autorité renvoie donc aussi aux aptitudes et aux attitudes de l'individu.

Un peu d'étymologie...

Le mot **autorité** vient du nom latin *auctoritas* qui pourrait se définir comme la qualité propre à celui qu'on appelle l'*auctor*.

En latin, le nom *auctor* (de la famille du verbe *augere* qui signifie « faire croître, accroître, augmenter ») signifie « celui qui augmente la confiance » ou « celui qui pousse à agir ».

L'autorité est donc, au sens étymologique, la qualité de celui qui augmente la confiance ou de celui qui pousse à agir.

Imaginons un instant

... un chef d'équipe qui prend seul toutes les décisions, qui fait faire aux autres le travail qu'il n'aime pas faire, qui se réserve le beau rôle, qui critique sans cesse les autres et s'attribue au moment de la présentation du projet tout le mérite du travail effectué.

A-t-on envie de travailler sous les ordres d'un tel chef ? Sur quoi repose son autorité ? Quelles sont ses motivations ? Quelle pourrait être l'attitude des autres membres de l'équipe devant cette forme d'autorité ? Quelles sont les qualités d'un bon chef d'équipe ?

Catherine, chef d'équipe

À première vue, le projet paraissait compliqué. Le professeur d'histoire avait pourtant bien expliqué ce qu'il fallait faire, mais la réalisation posait problème. Il fallait choisir un aspect de la vie culturelle de l'une des sociétés de l'Antiquité étudiées et l'illustrer en réalisant, en équipe, une maquette.

Les consignes étaient claires : les élèves formaient eux-mêmes les équipes, mais chacune ne devait pas compter plus de quatre élèves.

Catherine avait son idée. Elle s'est tournée vers son amie Maude et l'a regardée d'un air entendu : pourquoi ne pas travailler ensemble ? Thomas, qui voulait absolument faire partie de l'équipe de Maude, proposa de se joindre aux deux filles. Catherine, voyant que Laurent était seul et tardait à se joindre à une équipe, lui fit signe de les retrouver. Elle n'aimait pas le voir ainsi, à l'écart. D'autant qu'il travaillait bien.

Ce jour-là, toute la classe s'est vu octroyer une demi-heure pour commencer le travail. Aussitôt Catherine a fait part de son plan à ses coéquipiers. Ils allaient réaliser un temple grec. Rien de moins ! Maude était un peu inquiète. Thomas ne savait que penser. Quant à Laurent, il se disait prêt à essayer.

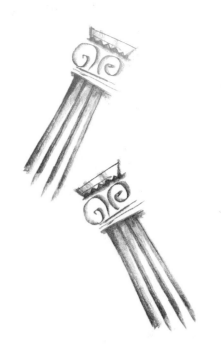

Catherine s'est rapidement imposée comme chef d'équipe. Elle avait beaucoup d'idées. Elle voulait vraiment que l'équipe parvienne à faire un beau projet et croyait que, si chacun y mettait du sien, la chose serait possible. Avant de répartir le travail, Catherine demanda à chacun ce qu'il voulait faire, compte tenu de ses habiletés.

Laurent s'y connaissait en informatique. Il esquisserait donc un premier plan. Maude ne se sentait pas très douée pour ce genre de travail. Mais elle avait un oncle architecte qu'elle prendrait le temps de consulter. De plus, elle donnerait un coup de main à Thomas, qui se chargerait de trouver des matériaux. Quant à Catherine, elle veillerait à la conformité du plan, resterait en contact avec chacun et coordonnerait la prochaine rencontre de l'équipe.

Vue du temple de la Concorde à Agrigente, en Sicile, construit vers 440 avant l'ère chrétienne.

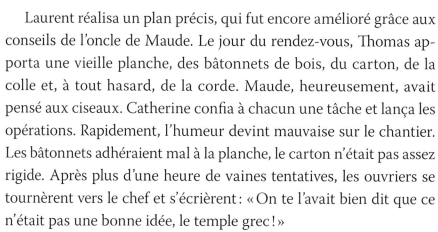

Laurent réalisa un plan précis, qui fut encore amélioré grâce aux conseils de l'oncle de Maude. Le jour du rendez-vous, Thomas apporta une vieille planche, des bâtonnets de bois, du carton, de la colle et, à tout hasard, de la corde. Maude, heureusement, avait pensé aux ciseaux. Catherine confia à chacun une tâche et lança les opérations. Rapidement, l'humeur devint mauvaise sur le chantier. Les bâtonnets adhéraient mal à la planche, le carton n'était pas assez rigide. Après plus d'une heure de vaines tentatives, les ouvriers se tournèrent vers le chef et s'écrièrent : « On te l'avait bien dit que ce n'était pas une bonne idée, le temple grec ! »

Catherine était déçue, mais refusait de se déclarer vaincue. Elle rappela les troupes à l'ordre, les convainquant encore une fois que l'idée était bonne, mais que les matériaux qu'ils avaient choisis n'étaient pas adéquats. Laurent suggéra de remplacer la planche de bois par une plaque de polystyrène, plus légère, et d'utiliser les bâtonnets comme armature pour le carton. Le travail reprit. Avec succès cette fois.

Le professeur fut impressionné par la qualité du travail. Il félicita l'équipe pour les efforts consentis et le choix du sujet. Tous les membres de l'équipe étaient très fiers, ils avaient bien travaillé. Thomas se tourna alors vers Maude et lui dit : « On a vraiment eu une bonne idée ! »

Réflexion faite...

Comment s'est exercé le leadership de Catherine? Quelles étaient ses motivations? Selon toi, est-elle un bon chef d'équipe? Quelles sont les qualités dont elle a fait preuve? Y a-t-il certaines qualités qu'elle n'a pas montrées? Cette absence a-t-elle eu des conséquences sur le travail de l'équipe?

Quelles sont les responsabilités associées à l'autorité? Quand une équipe éprouve des difficultés, est-ce la faute de son chef? Et quand une équipe travaille bien, est-ce grâce à lui? Justifie tes réponses.

Dans une équipe, le travail est-il toujours réparti également? Pourquoi? Selon toi, la répartition des tâches au sein d'une équipe peut-elle être un problème? Le travail en commun est-il toujours la meilleure façon de faire? Pourquoi?

Pourquoi des chefs?

Faire partie d'un groupe ou vivre en société n'est pas toujours facile. Dès le moment où plusieurs personnes sont engagées dans un projet, il faut préciser le rôle de chacun et répartir les tâches.

Dans la classe, pour que chacun se sente bien, pour que le professeur puisse donner ses explications, pour qu'il y ait des échanges agréables et fructueux, il doit y avoir des règles. Les élèves doivent se respecter et respecter l'enseignant ou l'enseignante, ils doivent être attentifs aux consignes et tenir compte des autres au moment de parler ou d'agir. De même, l'enseignant ou l'enseignante doit tenir compte de la personnalité des différents élèves, des besoins spécifiques à certains et de l'enseignement qu'il ou elle doit dispenser à tous. En outre, c'est à l'enseignant ou à l'enseignante qu'incombe la responsabilité d'établir dans la classe une ambiance propice au travail.

À l'école, le code de vie a pour fonction de permettre à tous ceux qui y étudient ou y travaillent de bien vivre ensemble. Chaque élève doit avoir sa place à l'école. Il doit s'y sentir bien et en sécurité. Il pourra ainsi apprendre, mettre en valeur ses talents, entretenir des amitiés, toutes choses qui le préparent à sa vie d'adulte. Dans ce contexte, le directeur ou la directrice, qui détient l'autorité, a la responsabilité de faire respecter le code de vie de l'école.

Il en va de même des sociétés. Les sociétés nomades de la préhistoire avaient des chefs pour guides, souvent les plus forts ou les plus habiles d'entre eux. Par la suite, les sociétés sédentaires ont confié le pouvoir à un groupe restreint d'individus, parmi lesquels un seul homme devenait le chef. C'est à lui que revenait la responsabilité d'assurer la subsistance de son peuple et de préserver la paix.

Aujourd'hui, dans un pays comme le nôtre, ceux qui gouvernent sont élus par la population. Ce système politique qui permet à chacun de participer à la vie politique s'appelle la démocratie. Lors des élections, la population choisit ceux et celles qui la représenteront et se chargeront, en son nom, de faire respecter les lois et d'administrer les affaires publiques.

Légitime ou non, l'autorité?

Détenir l'autorité confère un pouvoir, mais donne aussi des responsabilités. Celui ou celle qui est en position d'autorité sur un groupe ou qui fait partie des dirigeants doit se soucier du bien-être de tous et agir dans l'intérêt commun.

Chacun reconnaît que l'autorité est nécessaire à la vie en société et à son bon fonctionnement. Néanmoins, tous souhaitent que l'autorité détenue par les dirigeants soit légitime, c'est-à-dire conforme au droit, à la justice et à la raison.

 **Réflexion faite...**

Certains ont de l'autorité. D'autres en manquent. Sur quoi repose la capacité d'un chef à se faire obéir?

Une attitude pleine d'assurance, voire cassante, est-elle le signe d'une grande autorité? Le chef doit-il respecter l'autonomie de ceux qu'il dirige? L'autorité des uns peut-elle s'accommoder de la liberté des autres?

Les expressions «avoir de l'autorité» et «être autoritaire» sont-elles équivalentes? Que veut dire l'expression «agir de sa propre autorité»?

… qu'un groupe de militants armés renverse demain notre gouvernement, s'approprie le pouvoir par la force et établisse des lois et des règles pour servir ses intérêts.

Que penser de cette forme d'autorité? Ces gens auraient-ils le droit de nous gouverner? Leur autorité serait-elle légitime? Faut-il obéir à ce type d'autorité? Que pourraient faire les citoyens?

Obéissance et désobéissance

Lorsqu'un groupe se donne des règles, c'est pour qu'elles soient respectées. Évidemment, plus les règles sont claires, mieux elles sont comprises, et plus elles sont respectées. Les gens obéissent plus facilement aux règles lorsqu'ils en ont compris le bien-fondé.

Toutefois, pour que les règles soient respectées, il ne suffit pas de les mettre par écrit ni de les expliquer. Il faut également prévoir des sanctions. Ces sanctions ont pour but de dissuader les éventuels contrevenants, mais elles mettent également en évidence la responsabilité de chacun. Chacun doit connaître la loi, savoir quelles sont ses obligations et quelles peines il encourt s'il enfreint les règles.

Le code de la route illustre bien la nécessité de se donner des règles assorties de sanctions. Des milliers d'automobilistes, de cyclistes, de piétons, se partagent la route tous les jours et doivent circuler sans nuire à la sécurité des autres. On a ainsi déterminé les aires de circulation et de stationnement, le sens des rues, le droit de passage, la vitesse permise, etc. Le code de la route oblige également les automobilistes à obtenir un permis de conduire, selon des règles strictes. De plus, la conduite automobile avec facultés affaiblies est interdite. En cas

d'infractions au code de la route, la loi prévoit des contraventions, la perte de points au permis du conducteur, voire sa suspension.

Le code de vie de ton école stipule les sanctions qu'entraînent les manquements à l'une ou l'autre des règles. Tous les codes de vie, dans toutes les écoles, parlent du respect d'autrui, qui doit prévaloir dans chaque aspect de la vie. Le code de vie rappelle également le droit fondamental de chaque élève à se sentir en sécurité dans l'école, d'où certaines règles. Ainsi, l'intimidation, la violence physique ou verbale, l'utilisation sans autorisation de la photo de quelqu'un sont des entraves au respect et au bien-être des autres. Des sanctions sont prévues pour punir de tels manquements au code de vie.

L'usage de la force

Lorsque l'autorité est acquise par la force ou la violence, elle n'est pas légitime. Les gens soumis à une telle autorité ne reconnaissent pas à ceux qui l'exercent le droit de diriger le pays. Toutefois, même si elle n'est pas légitime, l'autorité peut s'exercer par la force. Mais alors pourquoi faudrait-il obéir à un pouvoir non légitime ?

Patrouille armée et tank dans les rues de Santiago, au lendemain du coup d'État au Chili

Attaque du palais présidentiel de Santiago lors du coup d'État au Chili, le 11 septembre 1973

Dans une société démocratique, le processus électoral donne aux élus l'autorité pour gouverner. De façon plus générale, l'autorité est légitime quand ceux et celles qui lui sont soumis reconnaissent au chef le droit de l'exercer. Les gens acceptent l'autorité qui se soucie du bien commun, s'exerce de manière juste et respectueuse, s'appuie sur une compétence réelle ou sur un savoir et tient compte des règles établies. Plus l'autorité est légitime, plus elle inspire le respect et l'obéissance.

Revenons au sens étymologique du mot « autorité » : « qualité de celui qui augmente la confiance ou de celui qui pousse à agir ». Tu as compris que celui qui commande (homme ou femme) est celui qui pousse à agir. Tu comprends mieux maintenant pourquoi il est aussi celui qui « augmente la confiance », c'est-à-dire qui inspire le respect et l'obéissance par sa conduite, ses qualités et son sens des responsabilités.

Le dictateur chilien Augusto Pinochet, en 1999

Allons plus loin

Fais le point sur ce que tu sais maintenant de la nature de l'autorité, à partir d'une situation courante.

S'interroger sur le code de vie

- ◉ Choisis dans le code de vie et les règlements de ton école un aspect de la vie en groupe qui est mis en évidence et que tu juges particulièrement important.

- ◉ Réponds ensuite aux questions suivantes, en présentant tes réponses sous la forme d'un tableau, ayant pour titre l'aspect choisi :
  - quelles valeurs sont rattachées à cet aspect du code de vie ?
  - quels sont les comportements attendus ?
  - quels sont les comportements qui vont à l'encontre de ces valeurs ?
  - quelles sont les sanctions prévues ?

- ◉ Explique ton point de vue au sujet de cet aspect de la vie scolaire et justifie-le.
  - Selon toi, cette règle est-elle nécessaire ? Pourquoi ?
  - Cette règle est-elle bien appliquée dans l'école ? Pourquoi ?
  - Que pourrait-on faire d'autre que ce qui est fait maintenant ? Précise qui dans l'école pourrait être engagé dans le projet et quelles seraient ses responsabilités.
  - Résume ton point de vue en quelques paragraphes.

- ◉ Prépare-toi à présenter ton opinion lors d'une discussion en classe.

L'ÉTOILE DE DAVID

L'étoile de David (en hébreu *Magen David*, c'est-à-dire «bouclier de David») est formée de deux triangles superposés, l'un pointant vers le haut, l'autre vers le bas. Elle apparaît notamment sur le drapeau de l'État d'Israël.

Pendant la Seconde Guerre mondiale, en Allemagne et dans les pays occupés par le régime nazi, les Juifs furent obligés de porter un morceau de tissu jaune, en forme d'étoile, cousu sur leurs vêtements. Les Juifs avaient déjà subi cette humiliation au Moyen Âge, alors qu'on leur avait imposé le port de la rouelle, disque découpé dans une étoffe jaune.

L'«étoile jaune» demeure aujourd'hui le triste et terrible symbole de l'antisémitisme. Malheureusement, ce dernier a souvent resurgi au cours de l'histoire de l'humanité. Au XXᵉ siècle, il aura fait plus de six millions de victimes.

---

* **antisémitisme** : racisme dirigé contre les Juifs

Le dictateur allemand Adolf Hitler, en 1939

Rafle nazie dans le ghetto juif de Varsovie, en 1943

Désobéissance et résistance

Comme nous l'avons évoqué un peu plus haut, il existe des circonstances où l'obéissance à la loi peut poser problème. Si le pouvoir en place, celui qui édicte les lois, établit des règles qui ne respectent pas les individus, il est permis d'en contester la légitimité et de s'interroger sur une possible désobéissance aux règles.

Ainsi, Adolf Hitler, chef du parti politique allemand appelé national-socialisme, accède au pouvoir en Allemagne en 1933. Dès ce moment, il prépare la guerre qu'il va mener contre ses voisins pour élargir son territoire. Il met aussi en place un plan qui traduit sa haine des Juifs et vise leur extermination. En 1939, un certain nombre de pays alliés déclarent la guerre à l'Allemagne. C'est le début de la Seconde Guerre mondiale. En 1940, les Allemands s'emparent de Paris et occupent une partie de la France. L'occupant nazi impose des restrictions aux Juifs (par exemple, interdiction d'utiliser les transports en commun, de posséder des objets de valeur, d'accéder à des postes-clés dans l'administration publique ou dans les entreprises, etc.).

Un grand départ

Joseph Joffo, né en 1931, à Paris, a raconté ses souvenirs d'enfance dans un très beau roman, intitulé *Un sac de billes*. Dans l'extrait que tu vas lire, il est question de deux garçons juifs, Maurice, douze ans, et Joseph, dix ans, que leur père décide d'envoyer chez leurs frères Henri et Albert, dans le sud de la France. Cette partie de la France n'est pas occupée par les Allemands. Pour cette raison, elle est appelée la zone libre. Quoi qu'il en soit, les deux garçons vont devoir partir seuls, dans la nuit, pour échapper à l'ennemi et préserver leur liberté.

L'écrivain français Joseph Joffo, en 2007

Les deux enfants rentrent à la maison à la tombée du jour et sont accueillis par leur père qui se met à leur raconter son enfance en Russie et les difficultés qu'il a alors rencontrées.

 – Vous savez pourquoi je vous raconte tout ça ?
Je le savais, mais j'hésitais à le dire.

– Oui, dit Maurice, c'est parce que nous aussi on va partir.
Il prit une grande inspiration.

– Oui, les garçons, vous allez partir, aujourd'hui, c'est votre tour.
Ses bras remuèrent en un geste de tendresse maîtrisée.

– Vous savez pourquoi : vous ne pouvez plus revenir à la maison tous les jours dans cet état, je sais que vous vous défendez bien et que vous n'avez pas peur mais il faut savoir une chose, lorsqu'on n'est pas le plus fort, lorsqu'on est deux contre dix, vingt ou cent, le courage c'est de laisser son orgueil de côté et de foutre le camp. Et puis, il y a plus grave.

Je sentais une boule monter dans ma gorge mais je savais que je ne pleurerais pas, la veille peut-être encore mes larmes auraient coulé mais, à présent, c'était différent.

– Vous avez vu que les Allemands sont de plus en plus durs avec nous. Il y a eu le recensement, l'avis sur la boutique, les descentes dans le magasin, aujourd'hui l'étoile jaune, demain nous serons arrêtés. Alors il faut fuir.

Je sursautai.

– Mais toi, toi et maman ?
Je distinguai un geste d'apaisement.

– Henri et Albert sont en zone libre. Vous partez ce soir. Votre mère et moi réglons quelques affaires et nous partirons à notre tour.

*

berges : terme familier pour désigner une année d'âge

Ticket de métro parisien émis le 4 août 1941

Il eut un rire léger et se pencha pour poser une main sur chacune de nos épaules.

– Ne vous en faites pas, les Russes ne m'ont pas eu à sept ans, ce n'est pas les nazis qui m'épingleront à cinquante **berges**.

Je me détendis. Au fond, on se séparait mais il était évident que nous nous retrouverions après la guerre qui ne durerait pas toujours.

– À présent, dit mon père, vous allez bien vous rappeler ce que je vais vous dire. Vous partez ce soir, vous prendrez le métro jusqu'à la gare d'Austerlitz et là vous achèterez un billet pour Dax. Et là, il vous faudra passer la ligne. Bien sûr, vous n'aurez pas de papier pour passer, il faudra vous débrouiller. Tout près de Dax, vous irez dans un village qui s'appelle Hagetmau, là il y a des gens qui font passer la ligne. Une fois de l'autre côté, vous êtes sauvés. Vous êtes en France libre. Vos frères sont à Menton, je vous montrerai sur la carte tout à l'heure où ça se trouve, c'est tout près de la frontière italienne. Vous les retrouverez. [...]

Papa n'a pas fini, au ton qu'il prend je sais que c'est le plus important qui va venir.

le 13 avril et le 30 juin, ils sont presque tous envoyés au camp d'Auschwitz, en Pologne. Aucun des enfants ne survivra, la plupart mourront asphyxiés dans les chambres à gaz.

Lors du départ du premier convoi, le 13 avril, l'une des monitrices, Marie-Louise Decoste, de son vrai nom Léa Feldblum, comprend qu'elle est épargnée grâce à sa fausse identité. Ne pouvant se résigner à abandonner les enfants et à échapper seule à l'horreur, elle révèle aux Allemands sa véritable identité. Son nom est ajouté à la liste du convoi. À Auschwitz, Léa est immédiatement séparée des enfants. Elle ne les reverra plus, mais survivra au camp de la mort.

Le matin du 6 avril, Sabine Zlatin n'était pas là. Elle était partie à Montpellier, depuis le 3 avril, demander au père Prévost, grand résistant à l'occupant allemand, d'accueillir encore quelques garçons d'Izieu dans son institution et de trouver quelques places dans des couvents pour les filles. Lorsqu'elle a appris que le pire était arrivé, elle a aussitôt entrepris des démarches pour tenter de sauver ses protégés. Tout s'est passé trop vite. Ses efforts furent vains.

La maison d'Izieu est aujourd'hui un musée. Sa mission est de faire en sorte qu'on se souvienne de ces enfants, morts pour la seule raison qu'ils étaient juifs. L'épisode dramatique des enfants d'Izieu montre toutefois que des voix se sont élevées contre la folie meurtrière du nazisme et l'aveuglement des autorités françaises qui ont collaboré avec l'occupant. Des familles catholiques et protestantes, des institutions religieuses, des associations juives, des membres du clergé, de simples citoyens, ont pris l'initiative de s'élever contre les crimes nazis. Ils ont sauvé des enfants pour préserver la dignité humaine et pour défendre la liberté. Assurément, quelles que soient les convictions religieuses en cause, il existe un humanisme qui peut rassembler les êtres humains.

Enfants juifs de la maison d'Izieu, en 1944

Réflexion faite...

Quelle impression te laisse ce résumé de l'histoire des enfants d'Izieu?

Que penses-tu de l'œuvre de Sabine et Miron Zlatin? Pourquoi ceux-ci ont-ils désobéi aux règles édictées par l'occupant nazi?

Peux-tu comprendre le geste de Léa Feldblum, alors qu'elle aurait pu échapper à la déportation? Pourquoi a-t-elle renoncé à sa liberté?

Quelles sont les qualités humaines dont firent preuve ces héros du quotidien?

Quelles valeurs défendaient les citoyens, les familles, les institutions religieuses et les associations qui ont résisté à l'occupant nazi?

Le chanteur français Jean-Jacques Goldman, en 1994

Des chansons pour réfléchir

Le chanteur français Jean-Jacques Goldman est né en 1951 de parents juifs polonais arrivés en France dans les années 1930. Ceux-ci ont été naturalisés Français après la Seconde Guerre mondiale, en reconnaissance de leur participation à la **Résistance**. Les chansons de Goldman ont connu un vif succès et invitent souvent à la réflexion.

Voici une chanson interprétée par le trio Fredericks Goldman Jones, que Goldman a formé avec Michael Jones et Carole Fredericks. Jones est un chanteur né en 1952, au pays de Galles (partie du Royaume-Uni), d'un père gallois et d'une mère française, rencontrée lors du débarquement des Alliés en Normandie, en 1944. Fredericks, d'origine sénégalaise, est née aux États-Unis en 1952. Elle a été choriste et chanteuse jusqu'à sa mort en 2001.

Dans ce texte, Goldman se demande s'il est toujours facile, au-delà du jugement, de prendre position et de faire les bons choix. Confrontés à un pouvoir excessif, abusif, discriminatoire, saurions-nous réagir comme il le faudrait? Oserions-nous prendre position pour la justice et la dignité des hommes?

*
Résistance : entre 1939 et 1945, mouvement d'opposition de certains Français à l'occupation allemande et aux Français qui collaboraient avec les Allemands

Né en 17 à Leidenstadt

Et si j'étais né en 17 à Leidenstadt
Sur les ruines d'un champ de bataille
Aurais-je été meilleur ou pire que ces gens
Si j'avais été allemand ?

Bercé d'humiliation, de haine et d'ignorance
Nourri de rêves de revanche
Aurais-je été de ces improbables consciences
Larmes au milieu d'un torrent

Si j'avais grandi dans les docklands de Belfast
Soldat d'une foi, d'une caste
Aurais-je eu la force envers et contre les miens
De trahir : tendre une main

Si j'étais née blanche et riche à Johannesburg
Entre le pouvoir et la peur
Aurais-je entendu ces cris portés par le vent
Rien ne sera comme avant

On saura jamais c'qu'on a vraiment dans nos ventres
Caché derrière nos apparences
L'âme d'un brave ou d'un complice ou d'un bourreau ?
Ou le pire ou plus beau ?
Serions-nous de ceux qui résistent
Ou bien les moutons d'un troupeau
S'il fallait plus que des mots ?

Et qu'on nous épargne à toi et moi
Si possible très longtemps
D'avoir à choisir un camp.

Paroles et musique : Jean-Jacques Goldman © 1990, JRG – Montrouge – F

La ville de Béthune, en France, après la Première Guerre mondiale, en 1919

*

17 : soit en 1917, pendant la Première Guerre mondiale, que les Allemands perdront en 1918

Leidenstadt : ville de l'est de l'Allemagne

docklands : quartiers près du port

Belfast : capitale de l'Irlande du Nord, rattachée au Royaume-Uni, avec une majorité de protestants et une minorité de catholiques. Pendant plus de trente ans, de la fin des années 1960 à la fin des années 1990, une sanglante guerre civile a ravagé l'Irlande du Nord

caste : groupe social attaché à ses habitudes, à ses privilèges et qui exclut toute personne étrangère

Johannesburg : ville d'Afrique du Sud. Pendant plus de quarante ans, l'Afrique du Sud a vécu sous le régime de l'apartheid, c'est-à-dire de la domination de la majorité noire par une minorité blanche. Ce régime fut aboli en 1991, après de violents combats

Une rue de Belfast, en Irlande du Nord, après un affrontement, lors de la guerre civile, en 1971

Réflexion faite...

Quel est, selon toi, le message de cette chanson? Selon ce texte, sur quoi repose souvent l'obéissance à l'autorité? Selon toi, est-il plus facile d'obéir ou de désobéir à l'autorité? Justifie ta réponse. D'après toi, l'auteur de la chanson cherche-t-il à excuser les gestes violents qui ont été faits dans l'un ou l'autre contexte?

Affiche annonçant l'arrivée de nouveaux esclaves, à Charlestown, au Massachusetts, vers 1860

Vente d'esclaves en Virginie, dessin, vers 1860

Pour la dignité humaine

L'histoire des Noirs américains est un exemple éloquent de lutte pour les droits humains. Elle réaffirme la nécessité de s'opposer parfois à l'ordre établi pour assurer à chacun la liberté et la dignité.

Aux XVIIIe et XIXe siècles, certaines populations noires d'Afrique ont fait l'objet d'un commerce infâme visant à les vendre comme des marchandises. Du coup, ces hommes et ces femmes étaient réduits en esclavage, pour le bénéfice de Blancs, pour la plupart établis en Amérique.

Dans un pays comme les États-Unis, la lutte pour l'accès des Noirs aux droits civiques n'a vraiment commencé qu'au début des années 1960. Pourtant, l'abolition de l'esclavage avait été décrétée en 1865. Victime de ségrégation, la population noire a dû résister et mener d'importantes batailles. Encore aujourd'hui, bien qu'ils bénéficient officiellement des mêmes droits, les Noirs américains doivent lutter pour accéder à une pleine et véritable égalité sur tous les plans: éducation, habitation, niveau de vie.

L'une des figures importantes de ces luttes fut Martin Luther King, pasteur afro-américain, né à Atlanta le 15 janvier 1929. Celui-ci a passé sa vie à défendre les droits des Noirs et à interpeller les autorités politiques sur la question. Martin Luther King

Le pasteur Martin Luther King prenant la parole lors de la Marche contre la peur, à Canton, au Mississippi, en 1966

a obtenu le prix Nobel de la paix en 1964, en reconnaissance de sa lutte non violente pour la paix et contre la ségrégation raciale. Il a été assassiné le 4 avril 1968, par un ségrégationniste blanc, à Memphis, où il était venu soutenir des travailleurs noirs en grève. Sa mort a causé un émoi dans le monde entier et provoqué des émeutes sanglantes dans les grandes villes américaines.

Martin Luther King est notamment célèbre pour le discours qu'il a prononcé le 28 août 1963, à Washington, à l'occasion d'une marche pour l'emploi et la liberté. Ce message d'espoir est connu dans le monde entier sous le titre de « I have a dream ». Luther King rêvait d'une société où les Noirs et les Blancs pourraient vivre égaux et dans l'harmonie. Voici, traduit en français, le fameux passage qui a donné son nom au discours :

Le joueur de baseball Jackie Robinson (à gauche) et le chanteur Harry Belafonte (à droite) parmi des manifestants pour les droits civiques des Noirs, à Washington, le 25 octobre 1958

Je vous le dis ici et maintenant, mes amis : même si nous devons affronter des difficultés aujourd'hui et demain, je fais pourtant un rêve. C'est un rêve profondément ancré dans le rêve américain. Je rêve que, un jour, notre pays se lèvera et vivra pleinement la véritable réalité de son credo : « Nous tenons ces vérités pour évidentes

Elizabeth Eckford intègre l'école secondaire de Little Rock, en Arkansas, en ignorant les insultes racistes proférées par des Blancs, en 1957

Jeunes filles noires poursuivies par des policiers lors d'émeutes, à Brooklyn, à New York, en 1964

par elles-mêmes que tous les hommes sont créés égaux.»

Je rêve que, un jour, sur les rouges collines de Géorgie, les fils des anciens esclaves et les fils des anciens propriétaires d'esclaves pourront s'asseoir ensemble à la table de la fraternité.

Je rêve que, un jour, l'État du Mississippi lui-même, tout brûlant des feux de l'injustice, tout brûlant des feux de l'oppression, se transformera en oasis de liberté et de justice.

Je rêve que mes quatre petits enfants vivront un jour dans un pays où on ne les jugera pas à la couleur de leur peau mais à la nature de leur caractère. Je fais aujourd'hui un rêve!

Je rêve que, un jour, même en Alabama où le racisme est vicieux, où le gouverneur a la bouche pleine des mots «interposition» et «nullification», un jour, justement en Alabama, les petits garçons et les petites filles noirs, les petits garçons et les petites filles blancs, pourront tous se prendre par la main comme frères et sœurs. Je fais aujourd'hui un rêve!

Je rêve que, un jour, tout vallon sera relevé, toute montagne et toute colline seront rabaissées, tout éperon deviendra une plaine, tout mamelon une trouée, et la gloire du Seigneur sera révélée à tous les êtres faits de chair tout à la fois. [...]

Martin Luther KING, *Je fais un rêve. Les grands textes du pasteur noir*, présentés par Bruno CHENU et traduits par Marc SAPORTA, Paris, Le Centurion, 1987, p. 56

 Réflexion faite...

Sur quelle conviction profonde repose le rêve de Martin Luther King? En quoi ce dernier s'oppose-t-il à l'autorité en place? De quelle façon mène-t-il sa lutte? Obéissance ou désobéissance? Comment qualifierais-tu l'engagement de Luther King? Justifie ta réponse.

La musique pour changer le monde

La musique a permis, et permet encore, aux minorités de s'exprimer. Le blues, le jazz, le funk, et plus récemment le rap et le hip-hop, ont témoigné, depuis le début du xxᵉ siècle, de la condition des Noirs et ont porté leur message d'espoir et de liberté.

Au début des années 1990, un groupe de hip-hop s'est formé à Montréal et a pris le nom de *Dubmatique*. Il s'agit d'un trio dont les membres sont originaires l'un du Sénégal, l'autre de la France et le troisième du Québec. Leurs textes expriment leur vision du monde avec beaucoup de poésie. Lis attentivement cet extrait d'une de leurs chansons intitulée « Babylone ».

Le groupe hip-hop montréalais
Dubmatique, au début des années 1990

Babylone
Paroles : J.P. Belinga – O. Traoré – L. Saroop – A. Benabdallah

[…]
Chaque jour que Dieu fait, je me demande bien pourquoi
Les hommes entre eux ne cessent-ils pas
De se combattre comme chiens et chats
Alors qu'une autre tombe fleurira
D'autres bombes tomberont
De nombreuses familles consternées pleureront leurs rejetons
Résolument défenseurs d'une nation
Qui, au fond, investira beaucoup plus de pognon
Disons dans l'armement que dans l'éducation
Chaque jour Dieu fait

Je me demande n'ont-ils pas perdu la raison ?
Nous avons soif de liberté et besoin surtout de sensations
Et non pas qu'on nous presse
En presses face à l'adversité
Pour éviter de lever mon glaive, ma voix s'élève
Pour que celle-ci t'apaise, reste bien à l'aise !
On nous parle d'amour, de liberté, d'égalité
Fraternité, aux actualités : mais où est la réalité ?
On nous balance les images d'un monde qu'on veut tous rêver
Mais où est le pognon pour se le procurer ?
On nous parle de compression, sans cesse d'augmentation
D'inflation, sous pression, certains ont pété les plombs
Disons qu'ils n'ont plus la notion de ce qui est mauvais ou bon
Ils font trois petits tours et puis s'en vont
[…]

Réflexion faite...

D'après l'extrait de cette chanson, sur quoi l'autorité repose-t-elle le plus souvent ? Quelles en sont les conséquences ? Comment notre société est-elle dépeinte dans cette chanson ? Quelles sont les valeurs que le narrateur souhaiterait voir l'emporter ? Selon toi, le narrateur est-il lui-même engagé dans une action ? Justifie ta réponse.

Allons plus loin

Termine ce chapitre avec un exercice qui t'aidera à comprendre la nature de l'autorité.

Un modèle inspirant

- Dans l'histoire du XXe siècle, beaucoup d'hommes et de femmes ont incarné un certain idéal de résistance, ont contesté l'ordre établi pour défendre les droits de tous les humains, leur liberté, leur dignité. D'autres ont su incarner un modèle d'autorité digne de respect. Au nom de quoi ont-ils agi dans chaque cas ?

- En puisant à différentes sources, effectue une recherche pour repérer certains de ces hommes ou de ces femmes et comprendre leurs motivations.

- Tu dois choisir l'une de ces figures et réunir les renseignements qui te permettront d'affirmer qu'il s'agit bien d'un individu dont la contribution fut importante. Tu dois aussi expliquer la nature de son action.

- Une fois ta recherche terminée et les renseignements réunis pour présenter la figure historique que tu as choisie, écris un texte, une chanson ou un poème, pour la faire connaître, faire valoir sa contribution ou lui rendre hommage.

- Tu peux y associer une musique connue ou, si tu en as le talent, en composer une.

CHAPITRE 4

L'autorité au sein de la famille

Dans ce chapitre portant sur l'autorité au sein de la famille, tu verras comment fut bouleversée la vie d'Alphonsine au XIXe siècle. Tu comprendras pourquoi la jeune Heather s'inquiète du mariage qui l'attend. Tu découvriras l'ampleur de l'amour qu'une mère voue à son fils. Enfin, tu feras la connaissance de Yasmine, qui aimerait bien être plus libre.

Ce thème permet aussi de réfléchir aux différentes formes que peut prendre l'**ordre social**. La famille défend certaines valeurs et agit selon certaines normes. Cel-les-ci varient selon le contexte et sont appe-lées à évoluer : quels sont les facteurs qui in-fluencent les valeurs familiales ? la famille d'hier est-elle comparable à celle d'aujourd'hui ? comment expliquer les changements survenus ?

À travers la famille, tu mesureras aussi l'influence du **patrimoine religieux** sur les valeurs et les normes qui ont modelé la société québécoise, défini la famille à une certaine époque et sans doute encore maintenant en partie. Quel est le rôle traditionnellement joué par le père et par la mère dans une famille catholique ou protestante ? Quel est l'idéal familial dans le judaïsme ? Quelle est l'importance accordée au mariage aujourd'hui ?

L'autorité au sein de la famille permet enfin de réfléchir sur la **liberté** et ses **limites**. Les enfants sont-ils libres d'aller à l'encontre de l'autorité des parents ? La liberté des parents est-elle illimitée ? Les règles de la vie familiale imposent-elles des responsabilités aux parents ? En imposent-elles aux enfants ? Ces règles accordent-elles des droits à chacun ?

Attention ! Connais-tu toutes les facettes de l'art de dialoguer ? Pour les découvrir, plonge-toi dans la rubrique « Pour prendre la parole » des pages 40-41, 116-117 et 168-169. N'oublie pas : tous les textes de ce chapitre t'aideront à organiser ta pensée, à interagir avec les autres et à élaborer un point de vue étayé.

Qu'est-ce que la famille ?

Avant de voir comment s'exerce l'autorité au sein de la famille, prenons le temps de nous demander ce qu'est une famille.

La famille est le fondement de l'organisation d'une société, sa cellule de base. Autour d'elle évoluent la parenté et le voisinage. L'ensemble de ces groupes forme une communauté renvoyant à un village, à une ville, à une région.

Il n'y a pas si longtemps au Québec, la famille typique était constituée d'un père et d'une mère, ainsi que de leurs enfants. Parmi ceux-ci, certains pouvaient avoir été adoptés. Au début du XXe siècle, les familles canadiennes-françaises étaient encore nombreuses et pouvaient compter plus d'une dizaine d'enfants.

Progressivement, le nombre d'enfants a diminué. D'une part, parce que les femmes ont pu contrôler leur fertilité. D'autre part, parce que les couples ont souhaité avoir moins d'enfants, pour leur offrir de meilleures conditions d'existence. Nous assistons aujourd'hui au Québec, comme dans la plupart des pays occidentaux, à un phénomène de **dénatalité**. Le taux de natalité correspond en ce début de XXIe siècle à une moyenne de 1,6 enfant par Québécoise.

Par ailleurs, la notion de famille s'est transformée : à côté du modèle traditionnel, d'autres types de famille sont apparus ou se sont généralisés. Beaucoup de parents sont séparés ou divorcés. La garde des enfants est alors accordée à l'un des parents, le plus souvent à la mère. Ou encore la garde des enfants est partagée entre les parents. Les enfants vivent alors avec leur père et leur mère à tour de rôle. Parfois la famille compte aussi les enfants que le nouveau conjoint du père ou de la mère a eus précédemment ou les enfants nés de la nouvelle union du père ou de la mère qui a refait sa vie avec quelqu'un d'autre.

*

dénatalité : diminution du nombre moyen de naissances par famille

Ainsi, même pour un enfant unique ou pour un enfant dont l'un des parents est absent, la famille peut s'enrichir de demi-frères ou de demi-sœurs, d'un beau-père, d'une belle-mère et de plusieurs grands-parents. Ces situations familiales nouvelles représentent des défis importants pour les parents et les enfants. Elles le sont aussi pour toute la société qui s'en trouve bouleversée.

Les sociologues ont nommé les différents types de famille : traditionnelle, éclatée, élargie, reconstituée. Ils ont voulu circonscrire ces nouvelles réalités et mesurer leur impact sur la société. Mais nous vivons dans un monde en mutation, dont il est difficile de mesurer les conséquences.

Chose certaine, quel que soit le contexte familial, le lien qui unit parents et enfants est un lien essentiel et précieux, qui transforme à jamais la vie des uns et des autres. Les parents sont responsables de leur enfant dès l'instant où il vient au monde. Et l'enfant qui a reçu la vie apprend, entre pulsion et volonté, à devenir un adulte.

Famille canadienne-française,
à Saint-André-de-Kamouraska,
en 1948

L'autorité parentale

Au sein de la famille, il va de soi que l'autorité appartient aux parents. Ce sont eux les adultes, et leur âge leur confère le plus souvent une certaine sagesse et une certaine expérience. Les parents ont mis un enfant au monde. Ils ont la responsabilité de veiller à son bien-être et à son avenir.

Toutes les sociétés ne définissent pas de la même façon la famille et la notion de responsabilité parentale. Avant de considérer la légitimité de l'autorité parentale et d'observer ses différentes manifestations, voyons à la page suivante ce qu'en dit la loi.

Ce que dit la loi

Au Québec, l'autorité parentale se définit comme «l'ensemble des droits et obligations qu'ont les parents envers leurs enfants dès leur naissance[1]». Les parents ont le devoir de bien élever leurs enfants et de les protéger sur les plans physique et psychologique. Ils ont la responsabilité de les nourrir, de veiller à leur bien-être, à leur sécurité et à leur santé. En conséquence, ils doivent prendre les décisions qui s'imposent.

Les parents exercent ensemble l'autorité parentale. Si l'un des parents est décédé, l'autre exerce seul l'autorité parentale. Dans le cas où les parents sont séparés, même si la garde des enfants a été confiée à l'un d'entre eux, l'autorité parentale appartient aux deux parents.

Il arrive que les parents qui élèvent un enfant (avec les droits liés à cette responsabilité) ne soient pas les parents biologiques de cet enfant. C'est vrai en cas d'adoption ou lorsqu'un adulte se substitue à l'un des deux parents pour jouer ce rôle.

La loi donne aux parents un droit naturel en matière d'autorité. En effet, le fait d'avoir mis au monde un enfant fait automatiquement d'eux les géniteurs et les protecteurs de cet enfant. C'est également vrai de celui ou de celle qui reconnaît officiellement être le père ou la mère d'un enfant.

Cependant, les parents ont des responsabilités. Ils doivent prendre certaines décisions et en assumer les conséquences, notamment pour leurs enfants.

---

1. *Éducaloi, le carrefour d'accès au droit*, «La famille et le droit», Éducaloi, 2000, p. 31-34

Imaginons un instant

… des enfants laissés à eux-mêmes, sans amour, sans soins, sans personne pour s'occuper d'eux et subvenir à leurs besoins.

Qu'advient-il de ces enfants? Leurs parents peuvent-ils revendiquer le droit d'exercer leur autorité parentale? Ont-ils la légitimité voulue pour cela?

Le rôle du père et de la mère

Si la famille change selon les sociétés et les époques, le rôle du père et de la mère au sein de la famille change lui aussi.

Pendant longtemps, nous avons vécu dans une société de type patriarcal (du latin *pater*, qui signifie « père »). Dans ce type de société, la parenté s'établit par les hommes, qui détiennent traditionnellement le pouvoir. Depuis l'Antiquité, à quelques exceptions près, nous avons vécu dans un monde dirigé par les hommes. Au sein de la famille, le père avait tous les pouvoirs, notamment celui de reconnaître ses enfants, de les légitimer et de leur donner son nom.

Pendant la préhistoire, les hommes étaient nomades et vivaient de chasse et de cueillette. Les femmes ont alors mis en place une organisation sociale, et celle-ci est antérieure au patriarcat. Les femmes y occupaient une place importante, liée à la fécondité et à la survie de l'espèce humaine. La préhistoire ignore en effet le rôle joué par l'homme dans la reproduction. En tant que génitrice, la femme

Statuette féminine de l'époque néolithique, Grèce, vers 4000-4500 avant l'ère chrétienne

LA FEMME DANS LA SOCIÉTÉ IROQUOISE

Parmi les peuples autochtones d'Amérique du Nord, les Iroquois se distinguent par la place prépondérante donnée à la femme. Au moment du contact avec les Européens, plusieurs tribus iroquoises se sont regroupées en une confédération de cinq nations qui comprend les Senecas, les Mohawks, les Cayugas, les Onondagas et les Oneidas. Chacune de ces nations est divisée en plusieurs clans qui portent souvent des noms d'animaux. L'appartenance à un clan est déterminée à la naissance. Chaque enfant est membre du clan de sa mère et reçoit le nom d'un des ancêtres du clan. Dans un clan, tous se considèrent comme frères et sœurs. Il est du reste interdit de se marier avec un membre du même clan.

Au sein du clan, le lien avec la famille de la mère a plus de signification que celui qui rattache l'enfant à la famille du père. Le père vit dans le clan de la mère, mais c'est l'aîné des frères de la mère qui joue un rôle de premier plan dans la vie des enfants et

exerce sur eux une influence déterminante. Chaque clan est formé de plusieurs petits groupes, appelés « lignages ». Les femmes les plus âgées du lignage bénéficient d'un pouvoir considérable, notamment celui de désigner les hommes chargés de représenter le clan au conseil de village et auprès de la nation.

Femmes mohawks réunies en conseil de bande, gravure américaine, 1853

Recrue de la division féminine de l'Aviation royale du Canada effectuant des travaux de soudure, vers 1940

possédait une force presque magique qui lui conférait pouvoir et reconnaissance au sein du groupe. Certains anthropologues et sociologues ont parlé de matriarcat pour désigner ces sociétés où la filiation s'établit par la mère et où la maternité impose le respect jusqu'à conférer l'autorité à la femme.

Dans les sociétés occidentales, le changement de mode de vie a incontestablement modifié le rôle des hommes et des femmes et a fait prévaloir le modèle patriarcal. Pendant des siècles, les hommes ont dominé le monde du travail, tandis que les femmes ont régné sur le foyer et les enfants. Certes quelques exceptions à travers les siècles nous proposent des modèles de femme différents, mais il s'agit toujours de figures marginales de l'histoire.

L'urbanisation des sociétés et l'industrialisation vont amorcer une période de changement pour les femmes, notamment celles qui auront besoin de travailler pour participer à la subsistance de la famille. Au XXe siècle, pendant les deux grandes guerres mondiales, les femmes seront embauchées pour remplacer les hommes, partis au front. Le monde du travail en sera à jamais transformé.

Et il le sera d'autant plus que tous ces changements s'effectuent parallèlement à de nombreuses représentations des femmes pour

ÉCONOMIE FAMILIALE – 1964

Voici un extrait de *La Femme et son cœur: cours d'éducation familiale pour jeunes filles*, publié en 1964.

[...] La préparation ménagère et familiale a pour but:

1. de donner du goût pour la vie de famille et ses plus humbles tâches. On aime toujours ce qu'on réussit et on ne réussit que ce que l'on sait faire

2. de permettre de remplir vite et bien les devoirs d'épouse, de mère et de maîtresse de maison

3. de laisser du temps pour l'éducation des enfants et de s'y consacrer avec la compétence souhaitable.

Cinq élèves et leur professeur, dans la cuisine de l'École ménagère de Saint-Pascal-de-Kamouraska (1918-1961)

Les tâches ménagères sont indispensables à la vie humaine. Elles remplissent la vie de la plupart des femmes mariées ou non. C'est presque la seule chose que chacune est assurée de faire toute sa vie. Il est donc indispensable d'apprendre à bien s'en acquitter. [...]

Marie-Paule VINAY, *La Femme et son cœur: cours d'éducation familiale pour jeunes filles*, Montréal, Éditions Paulines, 1964, p. 183

l'accès à l'égalité. Au Québec, les femmes obtiennent le droit de disposer elles-mêmes de leur salaire en 1931 et le droit de vote en 1940. Le pourcentage des femmes âgées de 25 à 54 ans et sur le marché du travail est passé de 21,2 p. cent en 1951 à 71,5 p. cent en 1996. De nos jours, les revendications pour l'équité salariale se poursuivent encore dans certains domaines.

La reconnaissance de la pleine égalité entre les hommes et les femmes a sans contredit modifié le rôle parental de chacun et la conception qu'on pouvait s'en faire. Par ailleurs, les nouvelles réalités familiales ont grandement contribué à transformer le rôle des parents et la dynamique entre les parents et les enfants.

La sénatrice Thérèse Casgrain (1896-1981) qui lutta pour le droit de vote des femmes au Québec et, plus généralement, pour la défense des droits et des libertés

Réflexion faite...

Que penses-tu du texte *La Femme et son cœur*, écrit par une femme, au sujet des tâches ménagères et familiales? Que laisse entendre le titre de l'ouvrage?
Dans la société québécoise actuelle, comment les hommes et les femmes se partagent-ils les tâches? Selon toi, l'égalité entre les hommes et les femmes était-elle présente dans la société traditionnelle? Y a-t-il de nos jours des inégalités entre les hommes et les femmes? Justifie ta réponse.

Le modèle traditionnel de la société canadienne-française

Pendant longtemps, le modèle traditionnel de la famille canadienne-française a prévalu à la campagne, où vivait la plus grande partie de la population. Ce modèle s'articulait autour de la figure du père.

Dans ce modèle, la famille doit être soudée par des valeurs et un patrimoine à préserver, notamment la langue française, la religion catholique et la terre. Elle poursuit deux buts principaux: assurer la subsistance économique de ses membres et permettre l'intégration de la famille dans la communauté, elle-même structurée par la paroisse, où s'exerce l'autorité d'un curé.

Au sein de cette famille idéalisée, les parents détiennent leur autorité de Dieu. Le père, considéré comme le chef de famille ou le patriarche, a la responsabilité de préciser le travail de chacun, de diriger l'ensemble de l'activité familiale, d'administrer le bien commun dans l'intérêt de tous.

Grand-mère canadienne-française et ses petites-filles, vers 1920

SAINT PAUL ET LE MARIAGE

Paul est un juif lettré qui vécut au Iᵉʳ siècle après Jésus-Christ. Il combattit la religion chrétienne jusqu'au moment de sa **conversion**, survenue sur la route de **Damas**. Il devint alors un **apôtre** du christianisme et contribua à son essor. Dans une des lettres qu'il nous a laissées, Paul parle du mariage. Le christianisme, comme la plupart des religions, assigne en effet au mariage une fonction : celle de rendre sacrée l'union entre un homme et une femme.

Saint Paul (détail), d'Étienne Parrocel, vers 1740

 Passons maintenant aux sujets dont vous m'avez parlé dans votre lettre. Il est bon pour un homme de ne pas se marier. Cependant, en raison de l'immoralité si répandue, il vaut mieux que chaque homme ait sa femme et que chaque femme ait son mari. Le mari doit remplir son devoir d'époux envers sa femme et la femme, de même, doit remplir son devoir d'épouse envers son mari. La femme ne peut pas faire ce qu'elle veut de son propre corps : son corps est à son mari ; de même, le mari ne peut pas faire ce qu'il veut de son propre corps : son corps est à sa femme. Ne vous refusez pas l'un à l'autre, à moins que, d'un commun accord, vous n'agissiez ainsi momentanément pour vous consacrer à la prière ; mais ensuite, reprenez une vie conjugale normale, sinon vous risqueriez de ne plus pouvoir vous maîtriser et de céder aux tentations de Satan. [...]

À ceux qui sont mariés, je donne cet ordre (qui ne vient pas de moi, mais du Seigneur) : la femme ne doit pas se séparer de son mari, — au cas où elle en serait séparée, qu'elle ne se remarie pas, ou bien qu'elle se réconcilie avec son mari — et un mari ne doit pas renvoyer sa femme.

Paul, Première *Lettre aux Corinthiens*, 7, 1-5. 10-11, in *La Bible en français courant*, Montréal, Société biblique française, 1997

---

*
conversion : passage d'une religion à une autre

Damas : ville de la province romaine de Syrie, à l'époque de saint Paul

apôtre : qui défend une doctrine, qui la propage

Marché Bonsecours, scène d'hiver, de James Duncan, 1850-1860

À la mort du père, le fils aîné, lui-même père de famille depuis un moment et devenu familier avec le rôle de patriarche, prendra sa place. Dans ce modèle familial, l'épouse est soumise au chef. Elle est responsable de toute l'organisation domestique. Elle s'occupe du jardin, du potager et de certains travaux agricoles. En tant que mère, elle a la responsabilité de l'éducation morale, spirituelle et intellectuelle des enfants.

Les enfants étant considérés comme la plus grande richesse de la famille, l'épouse a le devoir de mettre au monde de nombreux enfants. Elle passe ainsi une grande partie de sa vie enceinte. En toutes choses, les enfants sont soumis au père. Entre les enfants, le respect va aux aînés. Aucune initiative personnelle n'est admise sans autorisation préalable. Des punitions sévères, parfois même des châtiments physiques, viennent sanctionner la moindre désobéissance.

En milieu rural, les fils aînés se partagent le travail de la terre, les plus jeunes apprennent des métiers utiles, comme la charpenterie, la menuiserie et le travail de forgeron. Parfois, un ou quelques-uns des enfants ont le privilège d'aller au séminaire ou au collège pour faire des études dites « classiques », qui leur permettront de devenir prêtre ou d'exercer une profession libérale (médecin, avocat, etc.). Les filles apprennent leur rôle de future épouse et de future mère, en s'occupant notamment des plus jeunes enfants de la famille. Le père s'assure de fournir une **dot** à sa fille au moment de son mariage.

Le mariage est le statut normal de tout individu. Ce **sacrement** est indissoluble aux yeux des catholiques. Les époux sont liés par une solidarité qui doit leur garantir une certaine sécurité. Ils s'entraident, se complètent et sont censés s'épanouir dans l'établissement de leur famille. Seule la **vocation religieuse** libère de cette obligation. Les femmes qui n'ont pas trouvé d'époux demeurent à la charge des parents.

Ce modèle de vie familiale suppose une société très homogène. Il marque aussi fortement l'appartenance à l'Église catholique. Il exige le respect de ses valeurs et de son autorité. Les individus appartiennent d'abord à une famille, elle-même intégrée à une paroisse, autour d'une église et de son curé.

Il est moins facile d'instaurer ce modèle traditionnel à la ville, parce que les situations y sont plus diversifiées et les autorités multiples. Au XIXᵉ siècle, le peuple canadien-français qui vit en ville est avant tout composé d'ouvriers et de domestiques venus de la campagne pour améliorer leur condition. Ces hommes et ces femmes vivent alors sous l'autorité de leurs patrons, très souvent anglophones. La ville compte aussi une bourgeoisie, plus scolarisée, qui exerce des professions libérales, telles que médecin, notaire ou avocat. Par l'accès à l'éducation et un travail acharné, peu à peu se met en place, au Québec, une classe moyenne dont l'existence est moins rude que celle des paysans ou des ouvriers. L'autorité de l'Église catholique est présente, mais elle s'exerce moins directement.

L'Honorable René-Edouard Caron, de Théophile Hamel, 1846

*

dot : biens donnés à une femme par ses parents à l'occasion de son mariage

sacrement : dans le christianisme, acte rituel souvent établi par Jésus, suivant les Évangiles, dans la Bible

vocation religieuse : conviction de se sentir appelé à choisir la prêtrise ou la vie monastique

LA BÉNÉDICTION DU JOUR DE L'AN

Le jour de l'An revêtait au Québec, jusque dans les années 1960, et même encore par la suite dans certains milieux, un caractère particulier. C'était le moment le plus festif du temps des fêtes, alors que le jour de Noël était tout entier consacré à la fête religieuse.

Le jour de l'An commençait toujours de façon solennelle par la bénédiction paternelle. Le fils aîné demandait au père de bénir les membres de la famille, qui s'agenouillaient alors devant lui. Le père tendait sa main au-dessus de leurs têtes et récitait généralement une prière pour remercier Dieu de lui avoir donné ses enfants et lui demander de leur assurer santé et bonheur. Il s'agissait d'un moment important, qui traduisait bien l'autorité du père au sein de la famille. Après la bénédiction avait lieu la distribution des cadeaux: bonbons, fruits, vêtements, parfois des jouets. Puis, les familles se visitaient et faisaient la fête.

La Bénédiction du jour de l'An, d'Edmond-Joseph Massicotte, 1912

L'écrivain canadien-français Ringuet
(Philippe Panneton), vers 1940

Une société qui change

Ringuet, de son vrai nom Philippe Panneton, est né à Trois-Rivières en 1895. Médecin, il est ensuite devenu écrivain. Il est mort au Portugal, en 1960, alors qu'il occupait le poste d'ambassadeur du Canada. Son premier roman, *Trente Arpents*, a été publié en 1938 et a remporté un vif succès.

Trente Arpents met en scène une famille du monde rural. Mais le roman parle aussi des changements qui s'opèrent tranquillement au sein de la société canadienne-française.

Dans l'extrait que tu vas lire, Ringuet traduit très bien la situation des familles canadiennes-françaises dans les campagnes et la répartition des rôles au sein de la famille catholique traditionnelle. Eucharistе Moisan, agriculteur et propriétaire de sa terre, et son épouse Alphonsine viennent d'avoir un premier enfant. L'arrivée du bébé change les habitudes des parents, tout en confirmant chacun dans son rôle au sein de la famille. La vieille Mélie, qui habite avec les Moisan, voit également son rôle se préciser.

 Mais c'est surtout la vie d'Eucharistе qui s'en trouva singulièrement modifiée. Son autorité sur les choses et sur les bêtes restait égale ; vis-à-vis de la terre, rien n'était changé. Mais il avait perdu de son importance dans cette maisonnée accrue. Il avait désormais des questions auxquelles il ne connaissait rien, des débats où, s'il donnait timidement son avis, on lui disait nettement que les hommes ne s'y entendaient point.

Le marmot se contentait de faire risette quand on lui chatouillait le menton, ou de pousser parfois des cris inarticulés auxquels on donnait des interprétations divergentes, nouveaux sujets de discussion. Il ne pouvait réagir vraiment que par des indispositions mystérieuses qui écrasaient Eucharistе du sentiment de son impuissance, terrifiaient Alphonsine, mais faisaient triompher Mélie. Car la vieille en profitait pour tirer chaque fois de son expérience quelque nouveau remède traditionnel ; c'est elle qui le guérit de la coqueluche en lui suspendant au cou, par une ficelle rouge, une coquille de noix où était enfermée une chenille. Dès que la chenille fut desséchée, le mal disparut.

Alphonsine et Eucharistе étaient revenus à la norme humaine hors de laquelle, les premiers mois de leur mariage, ils avaient vécu. Ils étaient désormais la famille avec, répartie sur chacun, sa part

bien tranchée des soucis communs et des besognes quotidiennes. Et cela suivant l'ordre établi depuis les millénaires, depuis que l'homme, abdiquant la liberté que lui permettait une vie de chasse et de pêche, a accepté le **joug** des saisons et soumis sa vie au rythme annuel de la terre à laquelle il est désormais accouplé. Euchariste : les champs ; Alphonsine : la maison et l'enfant. La vie passait de la terre à l'homme, de l'homme à la femme, et de la femme à l'enfant qui était le terme temporaire. [...]

RINGUET, *Trente Arpents*, Montréal, Flammarion-Québec, coll. « Bis », 2001, p. 47-48

*
joug : au sens propre, pièce de bois qui unit deux bœufs à l'attelage ; au sens figuré, contrainte qui pèse lourdement sur la personne qui la subit

 Réflexion faite...

Comment l'auteur résume-t-il le rôle de chacun dans la famille ? Dans quel domaine l'autorité de chacun s'exerce-t-elle ?

En quoi l'arrivée de l'enfant a-t-elle modifié la vie d'Euchariste ? Sur quoi repose le « triomphe » de la vieille Mélie ? Comment expliquer la présence de Mélie au sein de la famille Moisan ? L'auteur précise que la terre des Moisan se situe entre deux églises. Quelle importance ce détail a-t-il ?

Le remède de la chenille au cou de l'enfant malade est-il vraiment efficace ? Quel nom donne-t-on à ce genre de pratiques qui avaient cours dans les campagnes, autrefois ? En quoi ce portrait d'une famille canadienne-française est-il différent de celui d'une famille québécoise d'aujourd'hui ? À quoi faut-il attribuer les changements survenus ?

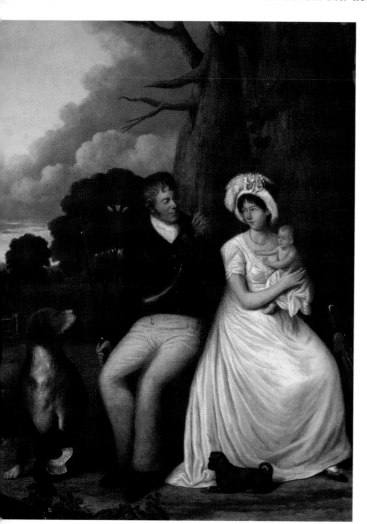

Le Groupe McGibbon, photographie
de William Notman, 1869

Le modèle des grandes familles anglophones protestantes

Après la conquête de la Nouvelle-France, en 1760, bien des fils de commerçants et de propriétaires terriens quittent la Grande-Bretagne pour venir s'établir au Canada. Ceux-ci cherchent la gloire et la fortune, pour eux-mêmes, mais aussi pour l'Empire britannique auquel ils appartiennent. Ils comprennent bien vite l'intérêt que peut présenter un site comme Montréal.

Parmi ces nouveaux arrivants, on compte bon nombre d'Écossais. Ces derniers contribuent à l'essor commercial de la colonie et s'enrichissent rapidement. Ils prennent en mains le commerce, font construire des manufactures et des bateaux. Par la suite, ils décident aussi de la construction d'un chemin de fer, seul capable de permettre la circulation des gens et des marchandises sur le vaste territoire canadien. Au début du XXᵉ siècle, une cinquantaine de protestants anglais et écossais possèdent ou contrôlent plus du tiers des grandes entreprises qui assurent alors la richesse du pays.

Ces grandes familles montréalaises se font ériger, sur les flancs du mont Royal, du côté de la ville et du fleuve, de somptueuses résidences, inspirées des modèles européens. Les intérieurs sont luxueux, meublés et décorés à la mode britannique. Les femmes et les hommes de ce quartier optent pour un style de vie semblable à celui de leurs compatriotes demeurés en Grande-Bretagne, même s'il est un peu décalé. À la fin du XIXᵉ siècle, l'Empire britannique est considéré comme l'une des premières puissances mondiales. Les commerçants montréalais de religion protestante s'identifient aux valeurs de l'Empire, à ses codes de conduite, à sa puissance économique.

La famille, dans ces milieux aisés, n'échappe pas à cette influence. Les hommes ont l'entière autorité sur la maisonnée. Ils consacrent leur temps aux affaires et à la politique, et gèrent la fortune familiale. Les femmes ont reçu l'éducation des jeunes filles de bonne famille, sans avoir reçu pour autant une formation précise. Elles

William McGillivray et sa famille, de William Berczy, 1805-1806 ont la responsabilité de superviser le travail des domestiques, souvent nombreux. Les **mondanités** occupent la plus grande partie de leurs journées, ce qui n'empêche pas certaines d'entre elles de mettre sur pied des organismes de charité, à caractère religieux ou social.

Comme les femmes de la haute société sont fort occupées et parce que la coutume le veut ainsi, les mères confient leurs enfants à des bonnes, des *nannies*, souvent recrutées directement en Grande-Bretagne. Beaucoup d'enfants grandissent sous la responsabilité presque entière de ces gouvernantes, qui doivent leur apprendre à devenir de petites *ladies* et de

La Famille Pitt dans son vivoir, photographie anonyme, 1895

petits *gentlemen*, en utilisant toute la discipline voulue. Le contact avec les parents est le plus souvent occasionnel. L'heure du thé autorise les enfants à descendre au salon. Sinon, ils vivent surtout avec leur gouvernante dans les appartements qui leur sont réservés, à l'étage supérieur, et qui sont appelés *nursery*.

Dans ce modèle familial, c'est encore le père qui occupe la place centrale. Le père prend les décisions importantes au nom de tous. Sa parole fait loi aussi bien pour ses enfants, envers lesquels il se montre plutôt distant, que pour son épouse. Il dirige les siens, comme il dirige les employés dans son entreprise. Il veille aussi au respect des valeurs et des intérêts de sa classe sociale.

En tant qu'anglo-protestant fortuné, il est également responsable du financement et de l'administration de certaines institutions de la communauté protestante. Catholique ou protestante, la religion va au-delà des rites et des croyances et intervient sur le plan social. La religion protestante est ainsi le point d'ancrage des principaux services sociaux dans la communauté anglo-protestante. Les contacts entre les différentes classes sociales au sein de cette communauté se font par l'entremise de l'église, de l'école et de l'hôpital. À noter aussi la présence au Québec d'anglophones catholiques. Il s'agit pour la plupart des descendants d'immigrés irlandais venus s'établir en Amérique du Nord à compter du XIXe siècle.

Mme A. McGibbon, photographie de William Notman, 1864

*
mondanités : événements, divertissements, réceptions, propres aux gens de la haute société

Deux solitudes

Hugh MacLennan est un écrivain canadien de langue anglaise, né en Nouvelle-Écosse en 1917. Après des études en Europe et aux États-Unis, il s'est installé au Québec, où il a consacré sa vie à l'écriture et à l'enseignement. Il a écrit plusieurs romans, dont le plus célèbre est sans doute *Two Solitudes*, qui paraît en 1945. Le roman aborde la question des différences et des tensions entre les Canadiens français et anglais. Il a valu à son auteur le prix du Gouverneur général. Hugh MacLennan meurt en 1990.

L'extrait qui suit nous plonge dans les pensées d'une jeune femme, Heather Methuen, issue d'une riche famille anglaise du début du siècle dernier, confortablement installée à Montréal. Heather a vingt-trois ans. Elle n'est toujours pas mariée et n'aime guère l'idée de se couler dans le moule familial auquel la destine son milieu social. Elle imagine ce que serait une union avec Alan Farquhar, jeune homme de bonne famille, dont on lui vante les mérites. Le dénommé McQueen, auquel fait allusion le texte, est un homme d'affaires ontarien. Lui aussi considère Alan comme un jeune homme sensé.

L'écrivain canadien Hugh MacLennan

C'était précisément cela qui n'allait pas chez Alan, songeait Heather. Il était [sensé] d'une manière si absolue que la vie avec lui serait un gigantesque **pléonasme**. Sa femme aurait trois enfants dans les six premières années de leur mariage, puis plus rien. Elle demeurerait dans une maison de Westmount jusqu'à ce que, les parents d'Alan une fois décédés, s'accomplisse son installation dans l'immense manoir à **gargouilles** situé au flanc de la montagne, en haut de la rue Sherbrooke. Tous leurs enfants iraient à des écoles privées où ils étaient sûrs de ne rencontrer que les descendants de ces mêmes garçons et filles qu'Alan et elle avaient tous deux reçu la permission de fréquenter. La **domesticité** leur causerait beaucoup d'ennuis, vu la grandeur de la maison, et on leur rebattrait souvent les oreilles avec la question de la hausse des taxes. L'été, ils joueraient de petites parties tranquilles de golf et de tennis, feraient un peu de ski au cours de l'hiver, et, de temps en temps, un voyage à New York ou à Londres. Alan passerait tout le reste de sa vie dans la compagnie **fiduciaire** de son père, rue Saint-Jacques. Il était un garçon costaud chez qui les premiers signes de la corpulence ne manqueraient pas

*

pléonasme : répétition

gargouilles : extrémité d'une gouttière, souvent de forme fantaisiste, par laquelle l'eau de pluie tombe à bonne distance des murs

domesticité : ensemble des domestiques, des employés de maison

fiduciaire : qui s'occupe de la comptabilité et de l'administration d'autres compagnies

d'apparaître après ses vingt ans. Il commencerait à porter un chapeau mou noir au début de la trentaine, et vers le milieu de la quarantaine, il déjeunerait au **Mount Royal Club** de façon aussi régulière que le faisait maintenant McQueen. Il lirait peu, à part les journaux et les revues d'information courante. Il professerait une indulgence souriante envers la peinture de Heather si toutefois ses efforts artistiques étaient assez médiocres pour n'être rien d'autre qu'un passe-temps. Ce serait un homme bon, délicat, honorable, de même qu'un excellent père. Mais comme il n'avait besoin d'absolument rien pour se compléter lui-même, étant déjà bien solidifié dans son moule, Heather avait l'impression que la jeune fille qui l'épouserait n'épouserait pas un homme, mais un mode de vie.

Hugh MacLennan, *Deux solitudes*, traduit de l'anglais par Louise Gareau-Desbois, Montréal, Bibliothèque québécoise, 1992 [Hurtubise HMH, 1978], p. 466-467

*
Mount Royal Club : club privé dont étaient membres, à l'époque, les hommes d'affaires de l'élite anglophone

 Réflexion faite...

Que craint Heather lorsqu'elle songe à une éventuelle alliance avec Alan? Les désirs et les aspirations des individus sont-ils ici importants?

À la lecture de ce texte, que peux-tu déduire des liens qui unissaient parents et enfants dans ce type de famille? Quelles sont les valeurs véhiculées? Heather est-elle libre de choisir sa vie? Alan est-il libre?

Quel détail, dans ce court extrait, laisse croire que Heather est différente des gens de son milieu? Heather a l'impression qu'épouser Alan, c'est épouser un mode de vie. À quoi fait-elle allusion? Pourquoi a-t-elle ce sentiment?

Selon toi, le mode de vie évoqué par l'auteur existe-t-il encore aujourd'hui dans certains milieux montréalais? Justifie ta réponse.

L'idéal familial dans le judaïsme

*

Talmud : dans le judaïsme, recueil de commentaires et d'interprétations de la Loi orale, elle-même commentaire de la Torah, Loi écrite

Torah : dans un sens restrictif, les cinq livres de la Bible attribués à Moïse et formant le Pentateuque. Au sens large, l'ensemble des textes saints du judaïsme et qui en forment la Loi écrite

La famille est le noyau de base du judaïsme ; elle est le lieu par excellence de la pratique religieuse, plus encore que la synagogue. Le Talmud dit que « la famille est un petit temple, et la table familiale en est l'autel ». C'est au sein de la famille que se pratique en tout premier lieu l'amour du prochain, notamment entre les époux, et c'est là que, pour les juifs croyants, règne la présence divine.

Le judaïsme fut lui aussi touché par la modernité et le changement de mode de vie et de valeurs qu'elle entraîne. Toutefois, le mariage et la procréation demeurent un idéal dans le judaïsme traditionnel. Ils sont le moyen par lequel chacun pourra se réaliser pleinement. L'homme et la femme ont l'obligation de fonder une famille.

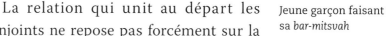

Jeune garçon faisant sa *bar-mitsvah*

La relation qui unit au départ les conjoints ne repose pas forcément sur la passion amoureuse. Le mariage est généralement le fruit d'une rencontre où l'attirance passagère n'a pas de place. Si le divorce est permis, il n'est pas pour autant un événement banal.

Au cœur du judaïsme, il existe une égalité fondamentale entre les hommes et les femmes. En effet, selon la Genèse, dans la Bible, le premier humain était à la fois homme et femme. Dieu a alors séparé la partie féminine de la partie masculine pour créer l'homme et la femme. Du coup, leur nature complémentaire leur a assigné des rôles différents.

Dans le judaïsme, l'homme se voit confier la spiritualité. Il est responsable de la prière, de l'étude de la Torah et il pratique ses activités à l'extérieur de la maison (travail rémunéré, implication sociale, etc.). La femme veille au bien-être matériel. Elle a la responsabilité de transposer le judaïsme dans la vie familiale et elle s'occupe de l'éducation des enfants, notamment de la transmission

Famille célébrant la fête de *Hanoukkah*, fête des lumières

LE DÉCALOGUE ET LE RESPECT DES PARENTS

Moïse recevant les tables de la Loi, de Chagall, 1960-1966

Le judaïsme comporte un ensemble de 613 règles, transmises à travers la Torah. Dans ce nombre figurent les dix commandements (appelés aussi le Décalogue, terme grec qui veut dire « dix paroles »). Il s'agit d'obligations morales et religieuses dictées par Dieu et reçues, selon la tradition biblique, par Moïse. Ces préceptes bibliques sont reconnus par le judaïsme et le christianisme, bien que l'interprétation qui en a été faite diffère parfois. L'un d'entre eux concerne le respect dû aux parents.

La Bible dit (Exode 20, 12) : « Honore ton père et ta mère, pour que tes jours soient longs sur le sol que Yhwh ton Dieu te donne. »

Dans la Bible hébraïque, cette parole est le cinquième commandement : « Honore ton père et ta mère. » Dans la Bible chrétienne, la même parole, sous la même forme, est le quatrième commandement.

Dans tous les cas, il s'agit d'une parole essentielle, qui permet à l'autorité parentale de se réclamer de Dieu. Le christianisme et l'islam ont d'ailleurs repris ce principe.

des valeurs du judaïsme. La loi judaïque précise qu'« est juif celui qui est né de mère juive ».

Pour que le judaïsme se vive pleinement au sein de la famille, la mère prépare le **shabbat** et les fêtes, cuisine les plats traditionnels et s'assure de l'application des règles relatives à l'alimentation **casher**. En aucun cas, ses occupations à l'extérieur de la maison ne doivent se faire au détriment de ses obligations familiales.

Les parents ont l'obligation d'assurer la subsistance de leurs enfants, mais aussi de leur transmettre les valeurs propres au judaïsme. Si la mère juive est réputée surprotéger ses enfants, le père sait user d'autorité pour se faire obéir d'eux.

Les enfants ont quant à eux l'obligation d'honorer père et mère, considérés par le judaïsme comme des « représentants » de Dieu auprès d'eux. Ils doivent notamment éviter de contredire leurs parents.

*
shabbat (ou sabbat) : dans le judaïsme, repos hebdomadaire, du vendredi soir au coucher du soleil, au samedi soir au coucher du soleil

casher : se dit d'un aliment dont la consommation est autorisée par la loi de Moïse

Le Livre de ma mère

L'écrivain Albert Cohen est né sur l'île grecque de Corfou, en 1895. Sa famille appartient à l'importante communauté juive de l'île. En 1900, à cause de l'antisémitisme ambiant, il émigre avec ses parents en France. Il va vivre en Suisse en 1914, où il mène des études de droit et de lettres. *Le Livre de ma mère* paraît en 1954. Dans ce roman, Albert Cohen raconte l'histoire émouvante de sa mère. Il la montre ici le jour du shabbat, attendant avec impatience l'arrivée de son mari et de son fils.

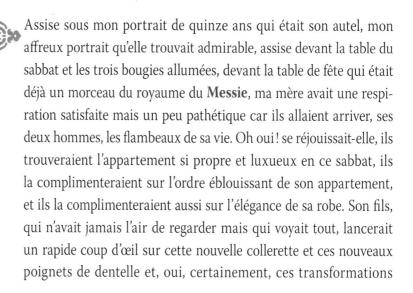

L'écrivain suisse Albert Cohen, en 1980

* **Messie** : selon la Bible, libérateur désigné et envoyé par Dieu ; les juifs vivent dans l'attente du Messie, qui instaurera, dit la Bible, un monde parfait

Assise sous mon portrait de quinze ans qui était son autel, mon affreux portrait qu'elle trouvait admirable, assise devant la table du sabbat et les trois bougies allumées, devant la table de fête qui était déjà un morceau du royaume du **Messie**, ma mère avait une respiration satisfaite mais un peu pathétique car ils allaient arriver, ses deux hommes, les flambeaux de sa vie. Oh oui ! se réjouissait-elle, ils trouveraient l'appartement si propre et luxueux en ce sabbat, ils la complimenteraient sur l'ordre éblouissant de son appartement, et ils la complimenteraient aussi sur l'élégance de sa robe. Son fils, qui n'avait jamais l'air de regarder mais qui voyait tout, lancerait un rapide coup d'œil sur cette nouvelle collerette et ces nouveaux poignets de dentelle et, oui, certainement, ces transformations

auraient son importante approbation. Et elle était déjà fière, elle préparait déjà ce qu'elle allait leur dire, peut-être avec quelques innocentes exagérations sur ses rapidités et prouesses domestiques. Et ils verraient quelle femme capable elle était, quelle reine de maison. Telles étaient les ambitions de ma mère.

[...]

Elle ouvrait la porte sans qu'ils eussent eu à frapper. Le père et le fils ne s'étonnaient pas de cette porte qui s'ouvrait magiquement. Ils avaient l'habitude et ils savaient que cette guetteuse d'amour était toujours à l'affût. Oui, à l'affût et tellement que ses yeux, guetteurs de ma santé et de mes soucis, m'indisposaient parfois. Obscurément, je lui en voulais de trop surveiller et deviner. Ô sainte sentinelle perdue à jamais. Devant la porte ouverte, elle souriait, émue, digne, presque coquette. Comme je la revois lorsque j'ose et comme les morts sont vivants. «Bienvenus», nous disait-elle avec une timide et sentencieuse dignité, désireuse de plaire, émue d'être digne et embellie de sabbat. «Bienvenus, paisible sabbat», nous disait-elle. Et de ses mains levées, écartées en rayons, elle me bénissait **sacerdotalement** et regardait, presque animalement, avec une attention de lionne, si j'étais toujours en bonne santé ou, humainement, si je n'étais pas triste ou soucieux. Mais tout était bien ce jour-là et elle aspirait l'odeur du myrte traditionnel que nous lui apportions. Elle frottait les brins entre ses petites mains et elle en humait l'odeur un peu théâtralement, comme il convient aux gens de notre tribu orientale. Elle était alors si jolie, ma vieille Maman qui se mouvait avec peine, ma Maman.

Albert COHEN, *Le Livre de ma mère*, Paris, p. 13 et 16; © Édiditons Gallimard, 1954

* **sacerdotalement** : adverbe signifiant « à la manière des prêtres »

 Réflexion faite...

Dans le judaïsme, quels sont les aspects du rôle traditionnel de la mère ici évoqués ? Quels sont les rites associés au shabbat et qui sont présents dans cet extrait ? En quoi le respect de ces rites est-il lié à la famille ? La mère attend son fils et son mari. Pourquoi ? Comment la mère exprime-t-elle son amour pour son fils ? Comment réagit le fils devant tant d'amour ? Comment se manifeste le respect du fils à l'égard de la mère ? À quoi reconnaît-on l'émotion du narrateur dans cet extrait ?

Allons plus loin

Fais le point sur ce que tu as appris sur l'évolution de la famille à l'aide de l'exercice suivant.

Société en changement : enquête

⊙ Les portraits de trois familles présentés dans les pages précédentes donnent un aperçu de certains modèles familiaux traditionnels. Les réalités décrites illustrent sans doute la vie quotidienne d'une majorité d'individus issus de ces milieux différents. Néanmoins, dans chacun de ces milieux, tout le monde ne pratiquait pas le même mode de vie. De plus, tradition et volonté de changement ont toujours coexisté dans toutes les sociétés.

⊙ Chose certaine, que tu sois né au Québec ou que tu sois venu t'y établir avec ta famille, tu peux être sûr que le Québec a beaucoup changé au cours du dernier siècle, que ce soit en termes de mode de vie ou de conception de la famille. De plus, si tu es né ailleurs qu'au Québec, tu peux mesurer la différence entre le mode de vie dans ton pays d'origine et celui dans ton pays d'adoption. Et sans doute que, dans ton pays d'origine aussi, les choses changent. Tout ce changement est normal.

⊙ Ce qui est intéressant, c'est de savoir ce qui a changé entre hier et aujourd'hui ou entre là-bas et ici, et de comprendre sur quoi reposent ces changements. Ce qui a changé devait-il changer ? Quels ont été les effets de ces changements sur la famille ? sur l'égalité entre les hommes et les femmes ? sur les différences sociales ? sur la notion d'autorité ?

⊙ Dans cette optique, réalise une entrevue avec tes parents ou avec des aînés, grands-parents ou arrière-grands-parents. Il n'est pas nécessaire que ces aînés aient un lien de parenté avec toi. L'important, c'est qu'ils puissent te parler des façons de faire du temps passé ou des coutumes de ton pays d'origine.

⊙ Après avoir recueilli leur témoignage, fais ressortir au moins trois différences entre les habitudes d'autrefois et celles d'aujourd'hui ; ou encore entre les habitudes de ton pays d'origine et celles de ton nouveau pays.

⊙ Tu dois aussi tenter d'expliquer pourquoi ces changements ont eu lieu ou pourquoi les façons de faire ici sont différentes. Explique aussi dans quelle mesure certaines coutumes en vigueur dans ton pays d'origine ont changé ou sont en train de le faire. Énumère aussi quelles sont celles qui ne changent pas.

⊙ Au moment de la présentation en classe des résultats de l'entrevue, chacun devra interroger les points de vue exprimés, en cherchant notamment à reconnaître l'utilisation de certains types de jugement.

La responsabilité des enfants

Qu'elle soit ou non établie par la religion, la relation qui unit les parents et les enfants est marquée par une responsabilité réciproque. De leur côté, les enfants ont aussi des obligations. Ils doivent respecter leurs parents quand ces derniers les aident à s'épanouir en les protégeant sur les plans physique et psychologique. Et à l'intérieur même de la famille, les enfants doivent assumer des responsabilités. C'est ainsi qu'ils se préparent à jouer un rôle au sein d'une structure plus importante : la société.

Les parents doivent assurer la subsistance de la famille. Les enfants ont la responsabilité d'étudier, de se former, d'apprendre petit à petit leur rôle d'homme et de femme. Cet apprentissage ne se fait pas toujours sans heurts. Grandir, c'est acquérir de l'autonomie. C'est aussi se heurter à des limites. Les parents et la société imposent aux enfants des restrictions, qui ne leur plaisent pas toujours, même si c'est pour leur bien. C'est souvent plus tard, une fois

devenus adultes, que nous comprenons le sens de certaines règles qui nous embêtaient lorsque nous étions enfants.

Il vient un âge où le désir de s'émanciper, de voler de ses propres ailes, devient très fort et provoque des tensions entre parents et enfants. Les adolescents se débattent avec des sentiments contradictoires : ils veulent plus de liberté, mais ils ont encore besoin de sécurité. Ils voudraient être plus autonomes, mais sans perdre le soutien des parents. Tous ces tiraillements font partie du cheminement vers l'âge adulte.

Si les familles ont changé, les relations entre les parents et les enfants se sont aussi transformées. En 1989, la Convention des droits de l'enfant, adoptée par l'ONU, reconnaît aux enfants, quels que soient leur pays ou leur culture, un certain nombre de droits fondamentaux (protection, éducation, épanouissement). Une société comme la nôtre accorde beaucoup d'importance aux enfants, qui sont invités à donner leur avis et à exprimer leurs sentiments. En règle générale, les familles ont moins d'enfants et veulent donner le meilleur à chacun d'eux.

L'histoire de Yasmine

Yasmine est déçue. Elle se faisait une joie d'aller avec ses copines à cette rencontre organisée par le conseil des élèves de son école.

Lorsque l'animatrice de la vie étudiante annonça que tous les élèves du premier cycle étaient invités à assister à la finale régionale d'improvisation, Yasmine sut tout de suite qu'elle voulait être du nombre. Enfin une sortie qu'elle pourrait faire avec ses amies en soirée ! Comme c'était une activité scolaire, elle était sûre que ses parents seraient d'accord.

Une fois rentrée chez elle, Yasmine en parla à sa mère avec enthousiasme. Sa mère l'interrogea. Elle voulait connaître l'heure du rendez-vous et savoir si des adultes étaient présents. Yasmine répondit qu'elle ne se souvenait pas de l'heure, qu'assurément l'animatrice serait là et que ce serait formidable. Alors qu'elle regagnait sa chambre en gambadant, sa mère ajouta : « De toute façon, il faudra en parler à ton père... »

Yasmine commença à s'inquiéter. Elle croyait convaincre facilement sa mère du bien-fondé de cette sortie. Elle savait que, si sa mère était d'accord, il y avait de grandes chances que son père le soit aussi. Il n'était pas facile de convaincre son père. Yasmine le trouvait sévère. Il acceptait rarement de discuter avec ses enfants et il ne voulait jamais que sa fille sorte de la maison le soir.

Lorsque son père est entré à la maison ce soir-là, Yasmine a compris que la partie n'était pas gagnée. Son père était visiblement fatigué et montrait de l'impatience. Même la petite sœur de Yasmine, qui savait toujours lui tirer un sourire, le laissa indifférent avec son babillage. Yasmine laissa sa mère exposer sa demande.

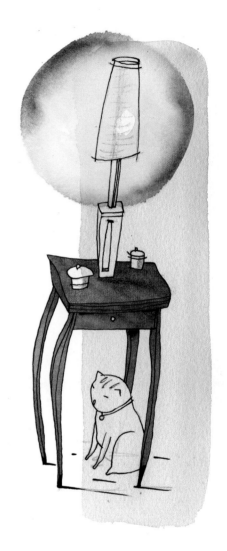

Non. La réponse était non. Il n'était pas question que sa fille sorte le soir, même pour aller à l'école. Le soir, on reste à la maison, on étudie, on se repose, on ne va pas courir les rues! Yasmine était découragée et tenta de placer un mot. Elle fut aussitôt interrompue. Et on ne discute pas!

Réfugiée dans sa chambre, Yasmine entendit le reste de la conversation. Sa mère expliquait qu'elle voyait d'un bon œil que sa fille s'intéresse aux activités de l'école, qu'elle ait des amies et qu'elle s'intègre bien au milieu scolaire. Elle proposait donc que son grand frère l'accompagne à la joute d'improvisation.

Yasmine serrait les dents. Elle appréciait les efforts de sa mère, mais ne se voyait vraiment pas aller à l'école avec son grand frère. De quoi aurait-elle l'air d'arriver ainsi avec quelqu'un pour la surveiller! Mais qu'avaient-ils donc tous? Pourquoi voulaient-ils donc la contrarier et l'empêcher de vivre sa vie?

 Réflexion faite...

Les normes et les règles en vigueur dans la famille de Yasmine sont-elles les mêmes que dans ta famille? Le frère de Yasmine est-il plus libre que sa sœur? Pourquoi? Même si elle proteste, Yasmine obéit à ses parents. Pourquoi? D'après toi, les parents de Yasmine veulent-ils vraiment l'empêcher de vivre sa vie? Pourquoi a-t-elle cette impression? Que ferais-tu à la place de Yasmine? Justifie ta réponse.

LE MYTHE D'ICARE

Le mythe d'Icare appartient à la mythologie grecque. Il est un exemple de désobéissance filiale, qui montre bien comment le désir de liberté peut faire oublier la plus élémentaire des sagesses.

Dédale est un architecte ingénieux. Le roi de Crète, Minos, fait donc appel à lui pour construire un labyrinthe, destiné à enfermer un terrible monstre au corps d'homme et à la tête de taureau. Ce monstre s'appelle le Minotaure. Le labyrinthe de Dédale est si bien conçu que quiconque se trouve à l'intérieur ne peut en sortir.

Le roi Minos, furieux d'apprendre que Dédale a révélé le secret de son invention, emprisonne l'architecte et son fils Icare dans le labyrinthe. Le roi est convaincu que, sans aide, même l'inventeur du labyrinthe n'en trouvera pas l'issue.

Mais l'habile Dédale ne se laisse pas décourager et met au point une nouvelle ruse. Puisque son fils et lui ne peuvent sortir du labyrinthe par voie de terre, ils emprunteront la voie du ciel. Dédale fabrique deux paires d'ailes, qu'il fixe à ses épaules et à celles de son fils avec de la cire. Avant le départ, le père recommande bien au fils de ne pas s'approcher trop près du soleil, dont la chaleur ferait fondre la cire et se détacher les ailes.

Le père et le fils prennent leur envol. Icare est ravi de pouvoir voler. Grisé par ces sensations nouvelles, il s'élève de plus en plus haut, refusant d'entendre les appels angoissés de son père. À une certaine altitude, ses ailes se détachent. Icare fait une longue chute et tombe dans la mer, qui se referme sur lui.

Le père ne peut plus rien faire pour son fils, qui n'a pas écouté ses recommandations. Dédale poursuit seul sa route et seul il parvient sans encombre en Sicile.

La Chute d'Icare, gravure de Bernard Picart, 1731

Allons plus loin

Termine ce chapitre avec un exercice qui te permettra de mettre en pratique ce que tu sais des règles du dialogue.

Un débat instructif

- Personne ne remet en question la nécessité de protéger les enfants et d'assurer leur sécurité et leur bien-être. Néanmoins, certains pensent que les enfants, dans les familles québécoises d'aujourd'hui, ont trop de liberté et que leurs parents ne sont pas assez sévères. Qu'en penses-tu ?

- Prépare tes arguments pour participer à un débat portant sur la question suivante : « Notre société accorde-t-elle trop de place aux enfants ? »

- Rappelle-toi que, pour défendre ton opinion, tu dois pouvoir expliquer clairement ton point de vue.

- Pendant le débat, tu devras pouvoir interroger le point de vue de tes camarades et reconnaître certains procédés susceptibles d'entraver le dialogue. Ainsi, porte une attention particulière à ces procédés que sont la généralisation abusive, l'attaque personnelle, l'appel à la popularité, l'appel au préjugé et la caricature.

CHAPITRE 5

L'héritage religieux du Québec

Défilé de la Saint-Jean-Baptiste à Ottawa, en 1953

Le présent chapitre porte sur l'héritage religieux du Québec. Tu y liras quelques-unes des impressions laissées par Mère Marie de l'Incarnation au sujet de la difficile traversée qui l'a conduite de la France à la Nouvelle-France. Tu feras également la connaissance d'Henriette Odin-Feller, fondatrice de la première Église protestante au Québec. Tu liras le témoignage de quelques religieuses qui ont œuvré dans le domaine de la santé et tu verras à quoi ressemble encore aujourd'hui la journée d'un moine à l'abbaye de Saint-Benoît-du-Lac.

Ce chapitre porte sur le **patrimoine religieux québécois** : quelles sont les grandes institutions religieuses qui ont façonné notre histoire ? qui sont les fondateurs et les fondatrices de ces institutions ? qui sont les personnages marquants de notre histoire religieuse ? comment la religion a-t-elle influencé les valeurs et les normes de notre société depuis la fondation de la Nouvelle-France ? quelles œuvres patrimoniales témoignent de cet héritage religieux ?

Attention ! Connais-tu toutes les facettes de l'art de dialoguer ? Pour les découvrir, plonge-toi dans la rubrique « Pour prendre la parole » des pages 40-41, 116-117 et 168-169. N'oublie pas : tous les textes de ce chapitre t'aideront à organiser ta pensée, à interagir avec les autres et à élaborer un point de vue étayé.

L'Église et la famille

Tu sais maintenant que les croyances religieuses ont influencé la façon de concevoir la famille et la répartition des rôles entre les hommes et les femmes. À travers les religions, l'être humain exprime sa croyance en un pouvoir ou un principe supérieur, dont dépend sa destinée et à qui il doit obéissance et respect.

Cette reconnaissance d'une divinité qui le transcende et de son autorité dicte à l'être humain des règles. La société traditionnelle canadienne-française était catholique. Au nom de la religion, le père tenait donc son autorité de Dieu. De plus, les familles étaient regroupées en paroisses. Le curé représentait l'autorité religieuse et jouait pour cette raison un rôle important dans la vie sociale.

Pour comprendre cette situation, il faut considérer le rôle **prépondérant** joué par l'Église catholique au cours de l'histoire du Québec. La présence des religieux est au cœur même du projet de la Nouvelle-France. Pendant longtemps, malgré les rebondissements de l'histoire, l'Église a soutenu le fait français et catholique au Québec. Et son action fait partie du patrimoine religieux du Québec tout autant que de son histoire.

* **prépondérant** : qui l'emporte en influence

Progressivement, d'autres communautés de foi, notamment les Églises protestantes, ont fait leur place au sein de la société québécoise. Mais l'Église catholique a continué d'exercer une influence déterminante jusqu'au milieu du XXe siècle.

Le catholicisme en Nouvelle-France

En 1534, lorsque l'explorateur français Jacques Cartier met le pied au Canada, il s'empresse de planter une croix à Gaspé. Par ce geste symbolique, il prend possession de la terre au nom du roi de France, alors François Ier, et la place sous la protection de Dieu. Bien sûr, Cartier et son équipage font très tôt connaissance avec les tribus amérindiennes qui habitent le continent. Mais, diras-tu, pourquoi Cartier n'a-t-il pas pensé que les Amérindiens pouvaient en être les propriétaires ?

Jacques Cartier rencontre les Indiens à Stadaconé, 1535 (détail), de Marc-Aurèle de Foy Suzor-Côté, 1907

L'explorateur français Jacques Cartier, dessin, vers 1700

La plupart de ces tribus amérindiennes sont alors nomades. Elles ont une autre conception de la propriété. De plus, comme tous les explorateurs de la Renaissance, Cartier sillonne les mers pour son roi. Il met à profit les connaissances de l'époque, affronte l'océan avec ses caravelles et tente de trouver un nouveau passage vers l'ouest puisque la terre est ronde et non plate, comme Cartier et ses contemporains le savent maintenant. Les principales puissances européennes cherchent ainsi à agrandir leur territoire, mais aussi à diffuser leur culture et leur religion.

Pendant cette période de grande effervescence qu'est la Renaissance, des communautés religieuses se donnent comme mission de s'établir dans les terres nouvelles découvertes par les Européens et d'**évangéliser** les peuples qui y habitent. En 1540, Ignace de Loyola fonde la Compagnie de Jésus, dont les débuts sont marqués par des activités missionnaires en Afrique, en Orient, puis en Amérique, et qui choisit de se consacrer à l'enseignement. Leurs membres portent le nom de jésuites.

MISSIONS ET MISSIONNAIRES

Le mot mission vient du nom latin *missio*, qui signifie « action d'envoyer ». Une mission, c'est d'abord une charge donnée à quelqu'un en vue de faire quelque chose. On dira par exemple : le premier ministre a confié une mission importante à son ministre de l'Environnement ; ou les soldats sont en mission de paix.

Prêtres des missions étrangères en visite récente au Soudan

des religieux ou des religieuses qui appartiennent à ces missions. Ils sont convaincus des bienfaits de leur foi pour le salut du monde. Ils cherchent à convertir à leur religion ceux qui en sont d'une autre. Ainsi, on pourra dire : les jésuites ont établi de nombreuses missions à travers le monde. La Nouvelle-France a accueilli de nombreux missionnaires. De nos jours, toutefois, les missionnaires modernes cherchent plutôt à mettre en pratique leur foi à travers l'action humanitaire.

Une *mission*, au sens entendu dans ce chapitre, renvoie à un groupe de religieux chargés de propager la foi. Les *missionnaires* sont des prêtres,

Les jésuites s'installent à Québec en 1625. Ils veulent en priorité l'évangélisation des Amérindiens, leur éducation et celle des jeunes Français de la colonie. Ils y fondent le premier collège francophone d'Amérique du Nord.

Pour convertir les Amérindiens, les jésuites apprennent leurs langues et leurs coutumes. Ils rédigent aussi, à l'intention des autorités françaises de la Compagnie, des relations qui rendent compte de leurs activités et du contexte dans lequel croît la colonie. Ces textes, qui sont des témoignages importants de cette période de notre histoire, ont permis le recrutement de nouveaux membres et ont eu pour effet de convaincre d'autres communautés religieuses de venir s'établir en Nouvelle-France et d'y apporter leur contribution.

Ignace de Loyola, fondateur de l'ordre des Jésuites, gravure, vers 1800

La grande traversée

Ainsi, en 1639, trois ursulines et trois augustines de la miséricorde de Jésus arrivent à Québec. Parmi elles se trouve Marie Guyart, veuve et mère d'un garçon, devenue ursuline en 1631, sous le nom de Marie de l'Incarnation, à Tours, en France. Marie de l'Incarnation a consacré toute sa vie à la colonie française et a laissé une abondante correspondance et le récit de son cheminement spirituel.

Lis maintenant un extrait des *Écrits spirituels et historiques* de Marie de l'Incarnation. Au passage, tu observeras que celle-ci s'exprime à la manière des gens de son temps, au XVIIe siècle, et que ses propos sont empreints de ferveur religieuse. Malgré la distance historique qui s'est installée entre toi et ce texte, tu peux t'y intéresser pour plusieurs raisons. En particulier, parce qu'il s'agit d'un témoignage précieux pour comprendre les motivations des fondateurs de la Nouvelle-France.

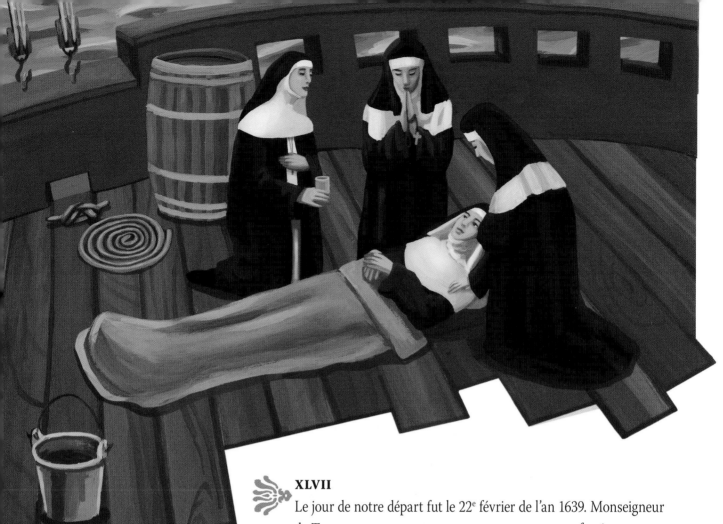

XLVII

Le jour de notre départ fut le 22ᵉ février de l'an 1639. Monseigneur de Tours nous envoya son carrosse, pour que nous fussions en son palais recevoir sa bénédiction. Il était indisposé. Il nous fit communier avec lui et voulut que nous prissions notre **réfection** avec lui; après quoi, il nous fit une belle **exhortation** sur les paroles que Notre-Seigneur dit à ses Apôtres, lorsqu'il les envoya en mission, et nous indiqua nos devoirs, nous faisant donner notre **obédience**. Nous le suppliâmes, ma compagne et moi, de nous **commander** ce voyage, à ce que, par ce commandement que nous recevions de lui, qui nous tenait la place de Dieu, nous eussions une ample bénédiction. [...]

XLVIII

Le matin, le 4ᵉ de mai de l'an 1639, nous partîmes de chez nos Mères pour aller entendre la messe à l'Hôpital et y prendre trois de leurs sœurs, qui devaient s'embarquer avec nous, pour aller fonder un monastère en Canada, par la piété de Madame la duchesse d'Aiguillon, leur fondatrice.

Pendant tant d'allées et de courses que nous avions faites depuis notre **partement** de Tours, mon esprit et mon cœur n'étaient pas où mon corps était. Il me tardait que le moment n'était venu que je

*

réfection : collation, repas dans les communautés religieuses

exhortation : sermon pour inciter à la dévotion

obédience : obéissance

commander : confier

partement : départ

fusse en état de pouvoir en effet risquer ma vie pour Dieu, pour lui pouvoir rendre ce petit témoignage de mon affection, en reconnaissance de ses grandes et immenses **miséricordes** sur moi, sa chétive créature. [...]

Revenant à mon discours, il faut avouer qu'il y a plaisir d'endurer lorsqu'on a le cœur gagné à Dieu. Quoique nous fussions bien logées, et soignées autant qu'il se pût, et dans un très beau navire, accompagné de tout comme j'ai dit, néanmoins, il y a tant à souffrir pour les personnes de notre sexe et condition qu'il le faudrait expérimenter pour le croire. Pour mon particulier, j'y pensai mourir de soif ; les eaux douces s'étant gâtées dès la **rade**, et mon estomac ne pouvant porter les boissons fortes, cela me faisait un mal qui me travaillait beaucoup. Je ne dormis point presque toute la traversée. J'y **pâtissais** un mal de tête si extrême que, sans mourir, il ne se pouvait davantage. Et cependant, mon esprit et mon cœur possédaient une paix très grande dans l'union de mon souverain et unique Bien. Je n'en faisais pas moins mes fonctions et tout ce qui était nécessaire au prochain, excepté les trois premiers jours que tout l'équipage fut malade, à cause des tempêtes de la rade qui agitaient le vaisseau. Dieu soit éternellement béni des miséricordes qu'il m'a faites en cet espace de temps !

Marie de l'Incarnation, *Écrits spirituels et historiques*, Québec, Les ursulines de Québec, 1985, p. 237-238, 241, 246 et 247

Mère Marie de l'Incarnation, fondatrice des ursulines, à Québec, gravure, 1684

* **miséricordes** : bontés par lesquelles Dieu pardonne aux humains leurs fautes

rade : bassin où les navires peuvent jeter l'ancre

pâtissais : endurer, souffrir

Réflexion faite...

Pourquoi la bénédiction de l'évêque de Tours était-elle importante aux yeux de Marie de l'Incarnation ? Au nom de qui l'évêque s'exprime-t-il ? À qui compare-t-on ces religieux qui partent pour le Nouveau Monde ? Qu'est-ce qui anime Marie de l'Incarnation ? Quelles sont ses motivations profondes pour quitter la France ? Que nous laisse entendre Marie de l'Incarnation des conditions de vie sur le bateau ? Justifie ta réponse. Quel est pour Marie de l'Incarnation son « souverain et unique Bien » ? Peux-tu comprendre qu'elle ait choisi de mener une telle vie et d'entreprendre un tel voyage ? Pourquoi ? Que nous apprend l'histoire de Marie de l'Incarnation au sujet des premiers temps de la Nouvelle-France ?

Massacre de huguenots à Fort Caroline, en Floride, en 1562

Au XVIIe siècle, un véritable courant spirituel et mystique anime la France. De nombreux religieux veulent alors s'établir en Nouvelle-France pour y instaurer une société catholique nouvelle et, disent-ils, exemplaire. Cet état d'esprit est une conséquence de plusieurs décennies de guerres de religion qui, en France, ont opposé catholiques et protestants (aussi appelés «huguenots»). Seuls les catholiques sont autorisés par le roi de France à s'établir en Nouvelle-France, ce qui va amener plusieurs huguenots français à s'installer dans les treize colonies britanniques, qui deviendront plus tard les États-Unis.

Des communautés religieuses viennent en Nouvelle-France pour fonder des villes (Québec en 1608, Trois-Rivières en 1634 et Montréal en 1642), pour évangéliser les Amérindiens et contribuer au développement de la colonie en ouvrant des écoles et des hôpitaux.

Au début du XVIIIe siècle, l'organisation en paroisses de la Nouvelle-France se fait plus systématique. L'Église tient les registres de l'état civil, poursuit son travail d'assistance sociale et joue un rôle de plus en plus politique. L'évêque participe en effet aux décisions du gouverneur, et les curés se font les porte-parole des dirigeants politiques.

La présence amérindienne

Cette colonisation du territoire se fait en dépit de la présence des Amérindiens, qui voient leur vie bouleversée par l'arrivée des Européens. De façon générale, les découvreurs et les coureurs des bois avaient entretenu de bonnes relations avec les Amérindiens. Les premiers colons ont par la suite adopté divers aspects de leur mode de vie et les religieux ont appris leurs langues. Cependant, il faut reconnaître que les Amérindiens furent peu à peu dépossédés de leurs territoires et que leur mode de vie traditionnel fut en grande partie détruit.

LES PREMIÈRES COMMUNAUTÉS RELIGIEUSES DU QUÉBEC

Des communautés d'hommes...

les récollets : communauté rattachée aux franciscains, ils suivent la **règle** de l'Italien saint François d'Assise ; ils arrivent en Nouvelle-France avec Champlain en juin 1615

les jésuites : ordre religieux fondé à Rome, en 1540, par Ignace de Loyola et portant le nom de Compagnie de Jésus ; les jésuites sont des missionnaires envoyés à travers le monde pour évangéliser et enseigner ; ils s'établissent au Québec en 1625

les sulpiciens : communauté de prêtres, fondée à Paris, en 1642, par le Français Jean-Jacques Olier et qui s'occupe spécifiquement de la formation du clergé ; les premiers sulpiciens arrivent à Montréal en 1657

et de femmes...

les ursulines : venues de Tours, elles s'établissent à Québec en 1639, sous la direction de Marie de l'Incarnation ; elles ouvrent une école pour jeunes filles françaises et amérindiennes

les augustines de la miséricorde de Jésus : issues d'une communauté de religieuses hospitalières de Dieppe (en France), elles arrivent à Québec en 1639 et y fondent, selon les vœux de la duchesse d'Aiguillon, le premier hôpital de la Nouvelle-France : l'Hôtel-Dieu

la Congrégation de Notre-Dame : Marguerite Bourgeoys, établie à Montréal depuis cinq ans, réunit en 1658 les premiers membres de la Congrégation de Notre-Dame pour faire œuvre d'éducation

Portrait de Jérôme Le Royer de La Dauversière, fondateur de l'Institut des religieuses hospitalières de Saint-Joseph, gravure, 1882

les hospitalières de Saint-Joseph : congrégation fondée par Jérôme Le Royer de La Dauversière, et venue à Montréal, en 1659, poursuivre l'œuvre de Jeanne Mance

les sœurs grises : communauté fondée par Marguerite d'Youville, en 1737, pour s'occuper de l'Hôpital général de Montréal

Portrait de Jean-Jacques Olier (détail), fondateur des sulpiciens de Montréal, anonyme, XIXe siècle

Portrait de Jeanne Mance, cofondatrice de Ville-Marie, anonyme, XVIIe siècle

* **règle** : ensemble des préceptes disciplinaires que doivent suivre les membres d'un ordre religieux

Femme autochtone portant un panier de mocassins et des sacs brodés, de Cornelius Krieghoff, 1847-1852

Wolfe gravissant les hauteurs d'Abraham, estampe de R. Caton Woodville (1759)

Par ailleurs, Français et Anglais mènent une guerre incessante pour la conquête du Nouveau Monde (ainsi disait-on alors) et les avantages économiques qui s'y rattachent, liés notamment à la pêche et à la traite des fourrures. Les Amérindiens font du commerce avec les Européens, prennent fait et cause pour les Anglais ou pour les Français, participent à leurs rivalités et en subissent des effets majeurs.

Le traité de la Grande Paix de Montréal va toutefois apporter un terme durable aux guerres que se livraient entre elles les nations **autochtones**. Le chef huron Gaspar Soiaga Kondiaronk a joué un rôle militaire et diplomatique très important dans les relations entre les Français, leurs alliés amérindiens et les Iroquois, qui luttaient contre les Français. Son discours en faveur de la Grande Paix de Montréal fut le dernier qu'il prononça, puisque le chef Kondiaronk est mort deux jours avant la signature du traité, en 1701.

Le conflit entre les Anglais et les Français se poursuit jusqu'à la Conquête en 1759, qui commence avec la prise de la ville de Québec et dont l'issue sera la cession du territoire de la Nouvelle-France à l'Angleterre. La France garde des droits de pêche à Terre-Neuve et dans le golfe du Saint-Laurent, acquiert les îles de Saint-Pierre-et-Miquelon et conserve ses possessions dans les Antilles, mais elle doit renoncer à son projet initial de colonisation française en Amérique du Nord.

LES AUTOCHTONES EN NOUVELLE-FRANCE

On appelle «autochtones» les premiers habitants d'un territoire. Voici comment au XVIIᵉ siècle, se répartissent les autochtones sur le territoire de la Nouvelle-France :

les **Inuits** dans le Grand Nord ;

la ***famille algonquienne*** : les Abénaquis, les Micmacs (Acadie), les Etchemins (Acadie), les Montagnais et les Naskapis (rive nord du Saint-Laurent vers l'est), les Algonquins (rive nord du Saint-Laurent vers l'ouest), les Outaouais ou Odaois (plus au nord), les Ojibwés

Camp autochtone dans le Bas-Canada,
de Cornelius Krieghoff, 1847

(plus à l'ouest), les Népissingues (autour du lac du même nom), les Cris (au nord) ;

la ***famille huro-iroquoise*** au sud des Grands Lacs : les Hurons (autour du lac du même nom) dont certains résident maintenant tout près de Québec, les Iroquois (ou les Cinq Nations, dont les Agniers, ancêtres des Mohawks d'aujourd'hui), les Neutres, les Pétuns (qui cultivent et fument le tabac), les Ériés.

Source : Françoise TÉTU DE LABSADE, Québec : un pays, une culture, Montréal, Boréal, 2001, p. 43

Allons plus loin

Fais le point sur ce que tu viens d'apprendre à l'aide de l'exercice suivant.

Bâtir une société nouvelle

- ⊙ Cette première partie de l'histoire de la société québécoise est marquée par la présence des découvreurs, des coureurs des bois, des premiers colons, des fondateurs des communautés religieuses et de diverses institutions. Ces hommes et ces femmes, portés par un idéal, ont contribué à bâtir une société nouvelle et différente du modèle européen dont elle est pourtant issue. Pour mieux connaître la personnalité de ces pionniers, pousse plus loin la recherche.

- ⊙ Choisis d'abord un personnage important des débuts de la colonie française en Amérique du Nord et fais-en le portrait. Dans ce but, rassemble des renseignements précis sur le personnage de ton choix et écris une courte biographie, qui met en évidence ses actions et leurs conséquences sur le développement de la Nouvelle-France.

- ⊙ Présente ton personnage au reste de la classe à l'aide d'un texte, d'une bande dessinée, d'une affiche ou d'un diaporama.

- ⊙ Qu'ont en commun tous ces personnages ? Qu'est-ce qui les différencie ?

- ⊙ Quelles sont leurs motivations ?

- ⊙ Les valeurs qu'ils incarnent (curiosité, goût de la découverte, désir de fonder quelque chose) sont-elles encore pratiquées de nos jours ? Comment ?

Pouvoir anglais et pouvoir religieux

Avec la Conquête, en 1760, commence une période trouble pour les colons d'origine française et l'Église catholique, qui perd le pouvoir que lui avait octroyé la France.

Les Anglais protègent la minorité protestante, ne permettent plus l'immigration catholique et obligent quiconque veut accéder à une charge publique à prêter le serment royal, ce que les catholiques refusent de faire, pour ne pas renoncer à leur foi. Les Anglais cherchent à isoler la colonie française, à la priver de ses liens privilégiés avec la France ou avec Rome, siège du pouvoir catholique. L'Acte de Québec de 1774 redonne toutefois aux habitants le droit de pratiquer la religion catholique et de prêter le serment royal sans renoncer à leur foi.

Les communautés religieuses ont beaucoup perdu dans l'affrontement final avec les Anglais. Les récollets et les jésuites n'ont plus le droit de recruter et leurs biens sont saisis. Les récollets quittent la colonie. Les jésuites sont de moins en moins nombreux. À Montréal, en pratique, seuls demeurent les sulpiciens. Les communautés de femmes, sans doute perçues comme moins menaçantes, sont toutefois tolérées par le pouvoir anglais en raison des services qu'elles rendent à la population.

Vue arrière de l'église Saint-Eustache et dispersion des insurgés (détail), de Lord Charles Beauclerk, 1840

Le clergé défend les droits de la population française et catholique, et pour cela cherche à gagner la confiance des autorités britanniques. Ces dernières sont plutôt bien disposées à l'égard du clergé catholique dans la mesure où, pour elles, il est une garantie d'ordre et de cohésion sociale. Ainsi, l'Église catholique prêche le respect de l'autorité en place et s'oppose aux mouvements de révolte qui, sporadiquement, secouent la société canadienne-française. Elle recevra en retour une reconnaissance appréciable des autorités anglaises. Cette attitude de l'Église catholique heurte certains membres de l'élite francophone qui revendiquent, de concert avec certains Anglais d'ailleurs, davantage d'autonomie et de liberté.

La rébellion des **Patriotes** n'a pas reçu l'approbation du haut clergé et est vivement réprimée par l'armée anglaise. L'union du Haut-Canada (Ontario) et du Bas-Canada (Québec), en 1840, ouvre alors une nouvelle période de l'histoire. L'Église catholique se porte à la défense d'un certain idéal canadien-français et intègre le catholicisme à cet idéal.

La démographie est en croissance, l'Église encourage les familles à avoir plusieurs enfants. On défriche, on colonise, on fonde de nouvelles paroisses. L'Église catholique garde la mainmise sur l'administration civile et sur les services à la population, notamment dans les secteurs de l'éducation et de la santé.

L'industrialisation et l'urbanisation croissantes inquiètent l'Église catholique, pour qui l'agriculture et la vie à la campagne constituent un idéal social rassembleur. L'Église catholique condamne ce qui lui apparaît comme un danger pour la société : le trop grand **matérialisme**, mais aussi les plaisirs de la vie urbaine, comme le théâtre ou le cinéma, et une presse trop libre.

Au XXe siècle, la société continue de se transformer et des groupes de plus en plus nombreux cherchent à concilier foi et vie publique. La création des syndicats catholiques et l'appui au mouvement coopératif, qui donnera naissance au Mouvement des caisses populaires Desjardins, sont des exemples de cette implication sociale concrète. Des prêtres, par leur contribution à la vie culturelle et sociale, participent aussi à la démocratisation du savoir et à la diffusion de la culture. Certains, comme le père Georges-Henri Lévesque, à l'Université Laval, et Jean-Paul Desbiens, dit le frère Untel, sont même des acteurs de changements sociaux de premier plan. Quoi qu'il en soit, au milieu du XXe siècle, l'Église perd peu à peu sa capacité d'encadrement de la société et son autorité sur les individus.

L'essayiste Jean-Paul Desbiens, dit le frère Untel, vers 1960

Le père Georges-Henri Lévesque, dominicain, fondateur et premier doyen (1938-1955) de la Faculté des sciences sociales de l'Université Laval, à Québec

*
Patriotes : nom donné au Parti canadien, parti nationaliste fondé au début du XIXe siècle pour défendre les intérêts des Canadiens français

matérialisme : état d'esprit caractérisé par la recherche des plaisirs et des biens matériels

Réflexion faite...

Quel fut le rôle de l'Église catholique au lendemain de la Conquête anglaise ?
En quoi son apport fut-il positif pour la société de l'époque ? Qu'a-t-on pu lui
reprocher à certains moments ? L'héritage de l'Église catholique est-il manifeste
dans la société québécoise actuelle ? Justifie ta réponse.

Navires de l'explorateur Jacques Cartier remontant le fleuve Saint-Laurent,
gravure, 1893

Présence des protestants et d'autres religions

Les premiers huguenots à fouler le sol de la colonie le font avec l'explorateur Jacques Cartier. Parmi les hommes d'équipage de ce dernier se trouvent en effet quelques franco-protestants. On sait qu'ils sont un certain nombre à venir en Nouvelle-France faire la traite des fourrures et participer aux premières tentatives de colonisation. Dès 1627 toutefois, l'instruction et le culte protestants y sont interdits. Si certains huguenots s'établissent dans les colonies britanniques plus au sud, un petit nombre d'entre eux, tout en vivant extérieurement en « bons catholiques », conservent intérieurement leurs convictions religieuses et s'unissent avec ceux qui les partagent en secret.

Après la conquête du territoire par les Anglais, en 1760, les huguenots retrouvent leur liberté de culte et se voient octroyer des postes importants. Les Anglais cherchent alors à faire venir des immigrants français protestants pour remplacer le clergé catholique, mais sans grand succès.

Au tournant des XVIIIe et XIXe siècles, le monde protestant connaît une période de ferveur mystique et de renouvellement. Poussée par un idéal missionnaire, une veuve de trente-cinq ans, Henriette Odin-Feller, quitte la Suisse en 1835 pour former la première Église protestante française au Québec. Elle y fonde aussi, avec Louis Roussy, la première école protestante de langue française.

Henriette Odin-Feller, fondatrice
de la première Église protestante
française au Québec, photographie
de William Notman, 1868

LUTHER ET CALVIN

Martin Luther est le fondateur du protestantisme. Ce religieux, docteur en théologie, est né en Allemagne en 1483. Sa connaissance de l'Écriture sainte l'amène à croire que l'homme ne peut mériter le ciel par ses propres mérites, que seule la foi peut le sauver. En ce sens, Luther n'accepte pas le commerce des **indulgences** pratiqué par l'Église de Rome. Il dénonce vigoureusement cette façon qu'aurait le croyant de racheter ses péchés. La publication de ses *Quatre-vingt-quinze Thèses* et de trois **textes pamphlétaires**, largement diffusés grâce à l'invention récente de l'imprimerie, jette les bases d'un vaste mouvement de contestation appelé la Réforme. Le protestantisme naîtra de la Réforme.

Depuis Luther, les protestants placent au premier rang leur conscience

Le théologien Jean Calvin, XVIe siècle

Portrait de Martin Luther, de Lucas Cranach l'Ancien, 1539

et l'autorité de la Bible. Du coup, ils ne reconnaissent pas le pouvoir du pape ni ne pratiquent le culte des saints. Le protestantisme compte deux sacrements : le baptême et la **cène** (chez les catholiques, les sacrements sont au nombre de sept). Les pasteurs protestants peuvent se marier.

Jean Calvin est né en France, en 1509. Il fait des études de droit et s'intéresse bientôt aux problèmes religieux. Il adopte pour l'essentiel les idées de Luther et contribue à leur diffusion en France. Il est considéré comme le «second père de la Réforme protestante». Il meurt en Suisse, en 1564.

Dès le XVIe siècle, le protestantisme se ramifie en plusieurs Églises, sensiblement différentes dans leurs convictions, leur organisation et leur culte.

Différentes Églises protestantes s'implantent progressivement au Canada. Jusqu'au XXe siècle, elles dominent la culture et les institutions du Canada anglais. Certaines de ces Églises s'unissent en 1925, sous le nom d'Église unie du Canada.

Les premiers Juifs arrivent au Québec avec l'amiral Amherst, au moment de la Conquête, en 1760. Un certain nombre d'entre eux s'établissent à Montréal et y sont marchands de fourrures, soldats ou propriétaires terriens. Bien que la communauté juive soit encore peu nombreuse, la première synagogue canadienne est construite en 1768. Les Juifs obtiennent la pleine reconnaissance de leurs droits sur le plan politique dès 1831. L'immigration juive au Canada est constante. Au XIXe siècle, Abraham De Sola, rabbin influent, professeur, écrivain et éditeur, fonde une société philanthropique hébraïque et contribue activement au mieux-être de sa communauté.

Pour l'anecdote, rappelons toutefois qu'une jeune Juive, du nom d'Esther Brandeau, a causé tout un émoi en débarquant à Québec,

*

indulgence : forme temporelle de pardon accordée par l'Église de péchés déjà pardonnés sur le plan spirituel

textes pamphlétaires : écrits virulents et très critiques à l'endroit du pouvoir

cène : dernier repas que prit Jésus avec ses apôtres avant d'être arrêté, puis condamné à mort ; les chrétiens commémorent ce dernier repas et le sacrifice de Jésus par le sacrement de l'Eucharistie, appelé aussi « communion »

Principales confessions religieuses au Canada – 2001	
catholique romaine	43 %
protestante	30 %
chrétienne orthodoxe	2 %
chrétienne (autre)	3 %
musulmane	2 %
juive	1 %
bouddhiste	1 %
hindoue	1 %
sikh	1 %
aucune religion	16 %

Source : Statistique Canada

en septembre 1738, vêtue comme un garçon et se faisant appeler Jacques La Fargue. Interrogée, elle raconte une histoire pour le moins étonnante où il est question d'un naufrage auquel elle aurait échappé et d'une conversion au catholicisme qu'elle aurait souhaitée. Sa présence dans la colonie dérange. Au bout d'un an, elle est renvoyée en France sur les ordres même du roi Louis XV.

Les premières communautés orthodoxes font leur apparition au Québec à la toute fin du XIXᵉ siècle. Les orthodoxes appartiennent à des Églises chrétiennes ayant rompu avec la tradition catholique romaine au XIᵉ siècle. On compte parmi elles les Églises orthodoxes russe, grecque et ukrainienne. Quant aux autres communautés, conformément aux premières lois canadiennes sur l'immigration, il faut attendre le XXᵉ siècle pour les voir apparaître et s'organiser.

Allons plus loin

Que connais-tu du patrimoine religieux québécois ? Fais l'exercice suivant pour t'aider à y voir plus clair.

Des œuvres à faire parler

⊙ Églises, temples, synagogues, mosquées, croix de chemin, cimetières : partout, au Québec, il existe des lieux consacrés à la pratique religieuse, où divers objets et œuvres éclairent ces différentes croyances religieuses.

⊙ Supposons que la classe doive, pour le musée de ta région, organiser une exposition sur le patrimoine religieux du Québec.

⊙ Ta participation consiste à repérer un lieu ou un objet de culte, une œuvre d'art ou une œuvre folklorique (légende, conte, chant, etc.) qui se trouve dans ta région ou qui est associé au patrimoine religieux du Québec.

⊙ Tu dois décrire ce lieu, cet objet ou cette œuvre, préciser sa fonction et le culte auquel il est rattaché et résumer l'histoire de sa création, de sa fabrication ou de sa construction. Avec tous ces renseignements, tu rédigeras une fiche documentaire sur l'objet, le lieu de culte ou l'œuvre.

⊙ Tu dois aussi trouver une façon de montrer le sujet retenu, à l'aide d'un dessin, d'une photo ou d'une image numérique.

⊙ Au moment de la présentation, toute la salle de classe pourra être transformée en une salle de musée, que chacun visitera pour en savoir un peu plus sur les œuvres patrimoniales de sa région.

⊙ Qui sait ? Ce projet d'exposition intéressera peut-être un musée, un centre communautaire ou la maison de la culture de ton quartier…

Séminaristes à Chicoutimi, en 1925

Se faire prêtre, religieux ou religieuse

Chez les catholiques, comme chez les orthodoxes, le prêtre est considéré comme un intermédiaire entre Dieu et les hommes. Dans l'exercice de ses fonctions, le prêtre représente Dieu et parle en son nom, d'où son importance. Ces hommes, puisque dans le catholicisme les femmes n'ont pas accès à la fonction sacerdotale, ont droit au respect des croyants et se voient reconnaître une importante autorité.

Pendant longtemps, dans la société canadienne-française, les prêtres ont bénéficié d'un statut social particulier. Ils détenaient un pouvoir et exerçaient une grande influence sur la population. Les familles nombreuses souhaitaient très souvent qu'un des leurs accède à la prêtrise. C'était un honneur.

Les parents aimaient aussi pouvoir compter parmi leurs enfants un religieux ou une religieuse, même si l'entrée au couvent ou au monastère signifiait qu'ils ne les verraient plus guère. Les religieux vivent en communauté, se soumettent à la règle de leur ordre et consacrent tout leur temps à leur mission et à la prière. Si certaines communautés religieuses sont en contact direct avec la population, notamment les communautés d'éducateurs ou de soignants, d'autres mènent une vie retirée, faite de silence et de prière.

Religieuses augustines de l'Hôtel-Dieu de Québec en patineuses, vers 1960

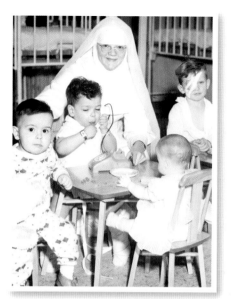

Religieuse augustine du service
de pédiatrie de l'Hôtel-Dieu de
Québec, 1961

En entrant dans la communauté, les religieuses renoncent au monde extérieur et acceptent de se vouer entièrement à leur travail, le plus souvent comme éducatrices ou infirmières.

Découvre ici le témoignage récent de deux religieuses et d'une ex-religieuse, interrogées à l'aube du XXIe siècle sur leur vie consacrée à Dieu et au service des autres. Ces témoignages furent d'abord recueillis oralement, comme tu pourras t'en rendre compte en les lisant.

Les familles québécoises d'autrefois étaient des grandes familles. Et sur 10 ou 15 enfants, on priait toujours pour avoir une religieuse ou un prêtre. C'était comme une bénédiction, finalement, d'avoir un ou deux enfants qui se consacraient à la vie religieuse. Dans certaines familles, il y en a eu plusieurs. Je parlais, par exemple, du côté de ma mère, où il y a eu trois filles qui sont devenues religieuses. C'est sûr que c'était bien accueilli. [...]

*Monique Dumais, ursuline et théologienne
à l'Université du Québec à Rimouski*

Religieuse augustine
signant ses vœux
perpétuels, vers 1926

C'était surtout ma mère qui menait chez nous, comme on dit. C'était la femme, le général, si on veut. Mon père était un doux, un homme effacé. Quand je suis entrée en communauté, elle était contente parce qu'imagine, dans la communauté, avoir « sa » religieuse ou « son » prêtre, au plan social, c'est le grand honneur. C'est la grande réussite de la mère et du père, même s'ils ont besoin de toi. Alors, j'ai été en communauté. C'est sûr qu'au plan social, on a un statut tout à fait particulier. Je me suis tellement sentie importante en communauté, parce que je faisais quelque chose et que les gens appréciaient ce que je faisais. Ça, je le sentais, je le voyais.

Moi, j'étais sûre d'avoir élevé une grande famille, plus que bien des mères de famille. Imagine, 17 enfants chez nous, dont 12 garçons, qu'est-ce que ça peut représenter ! À ce moment-là, on cuisait un sac de 100 livres de farine par semaine ! Je peux dire qu'à partir de cinq ans, j'ai toujours travaillé. Je n'ai jamais été un enfant, j'ai toujours été une grande fille sérieuse, « fine » comme on dit, dévouée. On vivait dans un rang, sur une terre qu'on faisait vivre autant qu'elle nous faisait vivre, et c'était très dur à l'époque. Je suis née en 1927, donc imagine à 10, 12, 13 ans… […]

Jacqueline Cyr, ex-religieuse

Je savais que je rentrais au couvent et que je quittais tout. Et que je ne retournerais pas quand mes parents allaient mourir, c'était entendu. Ça, disons que j'ai trouvé ça dur. C'est peut-être ça qui m'a fait retarder de deux ans. Mais après deux ans, j'avais encore le même problème, j'avais encore le même appel… J'étais toujours devant le fait que je devais tout quitter : mes parents, mes petites sœurs, mes frères, et que je ne retournerais plus. C'était quelque chose à laquelle il fallait réfléchir beaucoup, parce qu'on ne retournait plus dans notre famille. C'est pour ça que je disais que c'est dans la foi qu'on vit ça. On ne vit pas ça tout seul. Ma mère m'a beaucoup aidée. Lors des dernières vacances que j'ai passées chez moi, elle laissait tout son travail pour venir parler avec moi. Ça, c'est un souvenir qui ne s'effacera jamais. […]

Janine Soucy, ursuline, Rimouski

Religieuses augustines prononçant leurs vœux perpétuels, vers 1946

Louis Belzile, *La route des ferventes*, Montréal, Fides, 2001, p. 15-16, 22-23, 36

Réflexion faite…

Pourquoi, à cette époque, priait-on pour avoir un prêtre dans la famille ? En quoi était-ce un honneur ? En quoi le deuxième témoignage apporte-t-il une nuance aux propos tenus au chapitre 4 sur l'autorité du père dans la famille traditionnelle canadienne-française ? Comment expliquer qu'on se sentait important en faisant partie d'une communauté ? À la lecture de ces témoignages, que peut-on penser de l'avenir réservé aux jeunes filles nées à cette époque ? Que pouvait représenter pour elles la vie religieuse ? Quelles pouvaient être leurs motivations à entrer en communauté ?

Encore aujourd'hui, dans le monde contemporain, des religieux vivent au sein d'une communauté à l'écart du monde. Ils sont peu nombreux, mais leur présence se fait sentir dans la société. Les moines qui vivent à l'abbaye de Saint-Benoît-du-Lac, dans la région de l'Estrie, en sont un exemple.

Moines de l'abbaye de Saint-Benoît-du-Lac, à l'office de vêpres, en 2008

Moine en prière, à l'abbaye de Saint-Benoît-du-Lac, en 2008

---

gregorien : musique vocale

Rédemption : dans le christianisme, rachat ou salut du genre humain par le Christ

Les journées de ces religieux sont établies en fonction de l'office, c'est-à-dire de l'ensemble des prières de l'Église, prévues à différentes heures du jour.

5 h 00 : Vigiles (ou Matines)

Les moines se lèvent avant l'aube pour veiller et prier en commun. Le temps qui suit cet office est consacré à la prière personnelle, à la lecture spirituelle et au petit déjeuner.

7 h 30 : Laudes

Cet office est célébré au lever du jour, moment qui évoque la Résurrection du Seigneur Jésus.

Durant la matinée, entrecoupée par le court office de Tierce (à 9 h 45), le moine s'adonne au travail intellectuel ou manuel qui lui est assigné.

11 h 00 : Eucharistie

C'est le temps fort de la journée monastique. À l'abbaye, la messe est célébrée et chantée en grégorien.

12 h 00 : Office de Sexte, suivi à 12 h 20 du dîner

Le dîner est pris en silence, tandis qu'une lecture est faite à haute voix. Des hôtes sont invités à partager la table des moines.

Le temps qui suit est consacré au travail manuel et à l'étude. L'office de None est célébré au cours de l'après-midi.

17 h 00 : Vêpres

Cet office est un rappel de la Rédemption et une action de grâce pour ce qui est donné à l'être humain.

L'heure précédant le repas du soir est réservée à la lecture lente et méditative de la Bible.

18 h 30 : Souper

Le repas est suivi d'un moment de détente en commun.

19 h 45 : Complies

C'est l'ultime prière du soir : la journée est achevée, « accomplie ». L'office se termine par un chant adressé à Marie, Mère de Dieu.

Source : *L'Abbaye de Saint-Benoît-du-Lac*, brochure publiée par l'abbaye de Saint-Benoît-du-Lac, 1996

Moine méditant la Bible, à l'abbaye de Saint-Benoît-du-Lac, en 2008

En 1955, 55 000 prêtres, religieux et religieuses encadrent et animent la vie des catholiques. Moins de dix ans plus tard, la société québécoise vit de grands changements, sur tous les plans. Cette « Révolution tranquille » est en fait l'aboutissement d'un long processus de transformation qui s'est opéré au sein de la population, et qui conduit notamment à un important mouvement de **déconfessionnalisation** des institutions. Dans la foulée, de nombreux prêtres, religieux ou religieuses renoncent à leurs **vœux**.

Dans l'Église catholique, les membres du clergé et les personnes consacrées ne dépassent pas aujourd'hui 21 000 personnes, dont près de 15 000 sont des religieuses.

Source : Pierre VALLÉE, « L'Église catholique du Québec – un patrimoine en danger », in *Le Devoir*, 7 et 8 avril 2007

*

déconfessionnalisation : abandon de la référence à la religion, à la loi religieuse comme fondement de la société

vœux : engagement de se faire religieux, en prononçant notamment des vœux de pauvreté, de célibat et d'obéissance

 Réflexion faite...

À quoi les moines consacrent-ils la plus grande partie de leur journée ? Qu'est-ce qui t'étonne le plus dans la vie quotidienne de ces moines ? Pourquoi ? D'après toi, comment se répartit le travail au sein de la communauté ? La vie au monastère est-elle représentative de la vie commune dans la société actuelle ? Justifie ta réponse. Pourrais-tu envisager de mener une telle vie ? Pourquoi ?

Jeanne Mance, fondatrice de l'Hôtel-Dieu de Montréal, fusain de sœur Alexandrine Paré, fin XIXᵉ siècle

Une contribution exemplaire : les services de soins

Parmi les contributions importantes des communautés religieuses à la société québécoise, on compte les nombreux services liés aux soins des malades : mourants, vieillards, mères et enfants, malades mentaux et handicapés.

Alors que les trois premières ursulines venues en Nouvelle-France se consacrent à l'éducation, les trois augustines de la miséricorde de Jésus qui les accompagnent en 1639 fondent le premier hôpital d'Amérique du Nord, l'Hôtel-Dieu de Québec. Cet hôpital sera dirigé par les augustines (aussi appelées « hospitalières ») jusqu'en 1995, date à laquelle les religieuses le cèdent à l'État.

En 1642, Jeanne Mance, laïque née à Langres, en France, fonde Ville-Marie (future Montréal) avec Paul Chomedey de Maisonneuve, lui aussi laïque. Elle ouvre un dispensaire appelé « petit hôpital ». Elle s'occupe, avec une servante, des blessés français et amérindiens qui tombent à la suite des affrontements entre Blancs et Amérindiens. Des hospitalières de Saint-Joseph de La Flèche se joignent à elle en 1659 et assurent la continuité des services aux malades. Les hospitalières prennent la direction de l'hôpital en 1676.

Par la suite, d'autres communautés religieuses se donnent pour mission de s'occuper des malades et fondent de nouvelles institutions. Jusqu'en 1960, la santé est l'affaire des communautés de religieuses et ce sont elles qui dirigent les hôpitaux.

Au Québec, dans la tradition française et catholique, le rôle d'infirmière s'inscrit dans la tradition **caritative** des religieuses hospitalières. Le célibat et le dévouement sont à la base même de la vocation de ces religieuses. Le dévouement est toujours présent dans le monde infirmier et le bénévolat occupe toujours une place importante chez les religieuses. Les soins infirmiers sont le domaine féminin par excellence. Pendant longtemps, cette profession est l'une des seules ouvertes aux femmes, et les hommes en sont exclus jusqu'en 1963.

Du côté anglais et protestant, le modèle qui se développe est celui de la *nurse*, laïque et déjà considérée comme une professionnelle de la santé. C'est d'ailleurs le Montreal General Hospital (l'Hôpital général de Montréal) qui ouvre la première

*
| **caritative** : qui dispense des soins

QU'EST-CE QU'UN HÔTEL-DIEU ?

L'Hôtel-Dieu au Moyen Âge signifiait « maison de Dieu ». On y accueillait charitablement les pauvres et les malades et on leur offrait le gîte, le couvert et les soins. À partir du XVIIᵉ siècle, en France et en Nouvelle-France, l'Hôtel-Dieu est un hôpital, où l'on soigne les malades et les blessés.

école de soins infirmiers. Des infirmières diplômées, les « surinten-
dantes », assument la gestion des hôpitaux et ont la responsabilité de
la formation des infirmières.

Le XXᵉ siècle verra la profession d'infirmière s'institutionnaliser
progressivement. Le savoir-faire de ces femmes est désormais reconnu, puis enseigné à l'université. À partir des années 1960, elles
deviennent des salariées, sous la protection de syndicats. Ces changements surviennent en même temps que la laïcisation et l'**étatisation** des soins de santé. Un certain nombre d'hommes intègrent
alors la profession, où ils demeurent cependant minoritaires.

Deux témoignages de la vie des augustines hospitalières

Au XVIIIᵉ siècle, deux augustines, Jeanne-Françoise Juchereau de
Saint-Ignace et Marie-André Duplessis de Sainte-Hélène, ont rédigé
les annales de l'Hôtel-Dieu de Québec. En voici un extrait, qui te fera
découvrir ce qu'était une journée dans la vie d'une religieuse
hospitalière.

À quelle heure commence-t-elle la journée de l'Hospitalière ? Exactement à cinq heures. [...]

Elle entend la messe puis se met à l'ouvrage qui, on peut le dire,
dure jusqu'à sept heures du soir. La prière évidemment s'y entre-
mêle. L'Hospitalière remplit seule son rôle d'infirmière sans l'aide de
gardes-malades laïques. Elle reçoit à cet effet une formation professionnelle intégrale. L'Hospitalière regagne sa cellule à huit ou neuf
heures du soir, à moins que le devoir ne l'engage à une nuit de veille
au chevet des malades. Alors, sa journée commencée à cinq heures
se prolonge jusqu'au lendemain matin, à six heures et demie. Et le
tour de veille revient, pour chacune, tous les huit ou dix jours. [...]

Chez les Hospitalières, la journée est de quinze heures d'ouvrage.
Aucune ne s'en plaint. [...] La journée de l'Hospitalière est longue,
parfois ardue, mais comparativement peu fatigante parce qu'elle
se passe sous l'œil de Dieu et pour les membres souffrants de
Jésus-Christ.

Pierre-Georges ROY, *À travers l'histoire de l'Hôtel-Dieu de Québec*,
Lévis, [s.é.], 1939, p. 217, d'après l'*Histoire abrégée de l'Hôtel-Dieu*,
préparée par Mère Juchereau de Saint-Ignace

Lis maintenant le témoignage de sœur Lise Tanguay, supérieure
de l'Hôtel-Dieu de Québec au moment de la cession de cet hôpital à
l'État québécois en 1995.

Salle Sainte-Brigitte, à l'Hôtel-Dieu
de Montréal, en 1920

* **étatisation** : prise en charge par l'État

CHUQ : Centre hospitalier universitaire de Québec

C'est en 1995 que j'ai eu à vivre ce que j'ai trouvé le plus douloureux de mon supériorat : la signature du contrat de désintéressement avec l'Hôtel-Dieu de Québec. Ç'a été pour nous, les Hospitalières, un moment vraiment très douloureux mais qui était rendu nécessaire par la force des circonstances. On n'a jamais boudé l'évolution, alors on n'était pas pour commencer à dire non après 350 ans ! Et on a laissé aller l'Hôtel-Dieu, si on peut dire, qui est devenu une institution intégrée au CHUQ. Le fil a été tranché le 9 novembre 1995. Ç'a été un gros tournant dans notre histoire. Ah, oui. Je n'étais pas sans penser à nos fondatrices. D'ailleurs, quand on en parle encore aujourd'hui, on devient émues… On a dit : « Mission accomplie ! » et d'autres continuent, prennent la relève. Mais ce qu'on a souhaité par-dessus tout, c'est qu'on ne perde jamais de vue que la raison d'être de l'hôpital, c'est le malade. [...]

Lise Tanguay, augustine de l'Hôtel-Dieu de Québec et dernière supérieure de l'hôpital

Louis BELZILE, *La Route des ferventes*, Montréal, Fides, 2001, p. 82-83

Hôtel-Dieu de Québec, bâtiments anciens, photographie de William Notman, 1902

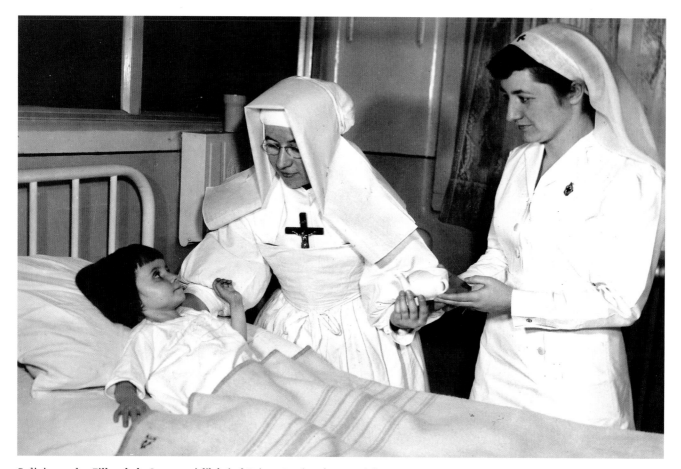

Religieuse des Filles de la Sagesse, à l'hôpital Sainte-Justine, à Montréal, en 1940

Allons plus loin

Un voyage dans le temps

En t'inspirant de ta connaissance du passé, fais maintenant jouer ton imagination pour prendre la mesure de l'héritage religieux présent dans la société québécoise.

⊙ Tu comprends mieux maintenant le rôle qu'ont joué au Québec les religieuses dans l'histoire des soins de santé.

⊙ Tu sais aussi à quel point le rôle des infirmiers et des infirmières est important dans l'organisation actuelle des services de santé. Peut-être as-tu la chance d'en connaître un ou une personnellement.

⊙ Imagine qu'une hospitalière du XVIIIe siècle se retrouve dans l'un ou l'autre de nos hôpitaux. Quelles seraient ses réactions ? De quoi s'étonnerait-elle ? Quel objet, scène ou attitude serait de nature à l'impressionner ou à la choquer ? Que penserait-elle des soins maintenant prodigués et du cadre d'intervention ? Prends le temps de bien réfléchir à tous les aspects du travail en milieu hospitalier aujourd'hui.

⊙ Mets-toi dans la peau de cette hospitalière et écris en son nom une lettre, adressée à sa supérieure, dans laquelle tu racontes ton voyage dans le temps.

⊙ Après avoir pris connaissance de l'abondante correspondance reçue par la mère supérieure, la classe fera un portrait de l'évolution du système de santé au Québec, en s'interrogeant sur l'héritage des communautés religieuses dans ce domaine.

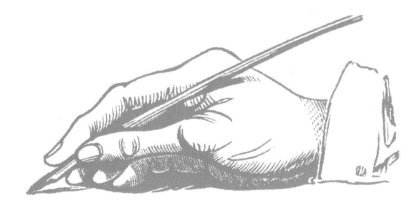

Pour prendre la parole

Des formes du dialogue

entrevue : rencontre concertée de deux ou de plusieurs personnes pour en interroger une sur ses activités, ses idées, ses expériences, etc.

Les familles d'hier et d'aujourd'hui sont différentes : réaliser une entrevue avec l'un de tes parents ou de tes grands-parents te permettra de voir ce qui a changé dans notre société.

débat : échange encadré entre des personnes ayant des avis différents sur un sujet controversé

Notre société laisse-t-elle trop de place aux enfants ? Les avis sont partagés. Un débat permettra de confronter les points de vue.

Découvre d'autres formes du dialogue aux pages 40 et 168.

Des moyens pour élaborer un point de vue

description : énumération de caractéristiques propres à une situation d'ordre éthique ou à une expression du religieux ; doit permettre une représentation la plus complète possible de la situation d'ordre éthique ou de l'expression du religieux

Pour découvrir le patrimoine religieux québécois, tu es appelé à faire la description d'un objet ou d'une œuvre à caractère religieux.

explication : développement destiné à faire connaître ou à faire comprendre le sens de quelque chose

Après avoir choisi un aspect du code de vie de ton école et y avoir réfléchi, tu dois donner l'explication des normes et des règles qui en découlent.

Découvre d'autres moyens pour élaborer un point de vue aux pages 40 et 168.

Quelques conditions qui favorisent le dialogue

Quand on dialogue avec les autres, il faut...

- exprimer correctement ses sentiments, ses perceptions ou ses idées ;
- écouter attentivement les propos des autres pour en comprendre le sens ;
- manifester de l'ouverture et du respect à l'égard des propos exprimés ;
- être attentif à ses propres manifestations non verbales de communication et à celles des autres ;
- se soucier de l'autre et prendre en considération ses sentiments, ses perceptions ou ses idées ;
- etc.

Selon le contexte, tu mettras davantage l'accent sur certaines de ces conditions plutôt que d'autres.

Des moyens pour interroger un point de vue

Voici quelques procédés qui entravent le dialogue.

L'**appel à la popularité** consiste à justifier l'idée que quelque chose est vrai ou acceptable par le simple fait qu'un grand nombre de personnes l'affirme sans en avoir vérifié l'exactitude.

Entendu dans une cour de récréation : « Ce stade-là, c'est le plus beau du monde ! » « Tu l'as vu ? » « Non, mais… tout le monde le dit ! » Cette façon de procéder fait appel à la popularité.

L'**appel au préjugé** consiste à faire appel à une opinion préconçue, favorable ou défavorable, et qui est souvent imposée par le milieu, l'époque ou l'éducation.

Carina a écrit à Sophie qu'elle avait l'intention de participer à un concours de danse à son école. Dans son courriel, elle précise : « Je ne gagnerai pas, parce qu'il y a une fille d'origine africaine qui participe aussi au concours. Elle va sûrement gagner. Ils dansent tellement bien, les Africains ! » La réflexion de Carina fait appel au préjugé.

L'**appel au stéréotype** consiste à faire appel à une image figée d'un groupe de personnes en ne tenant pas compte des singularités ; cette image est généralement négative et fondée sur des renseignements faux ou incomplets.

En réunion, les membres du conseil d'élèves de l'école doivent décider à qui revient la tâche de vider dans les conteneurs les bacs de récupération lorsqu'ils sont pleins. Maude ne veut surtout pas avoir à le faire. Elle lance aux garçons : « Vous, les gars, vous êtes forts. C'est à vous de sortir les bacs ! » Maude fait appel au stéréotype.

L'**argument d'autorité** consiste à faire appel incorrectement ou abusivement à l'autorité d'une personne pour appuyer un argument.

Lors d'une réunion du comité vert de l'école, on discute de la possibilité de faire du compostage avec les déchets alimentaires récupérés à la cafétéria. Les avis sont partagés. On se demande qui aura la responsabilité de s'occuper des bacs. Marco, un des élèves les plus sceptiques, affirme : « Même l'oncle de mon ami, qui travaille pour la Ville, dit que c'est difficile à implanter, le compostage ! » Marco invoque là un argument d'autorité.

La **double faute** consiste à tenter de justifier un comportement en signalant que d'autres font la même faute ou pire encore.

La prof de français, Mme Leblanc, s'arrête au milieu d'une longue explication sur les volcans et constate que Muller, avec beaucoup d'application, dessine sur sa table. Elle s'avance. Muller est si concentré qu'il ne la voit pas venir. Sentant enfin sa présence, il sursaute et, devant son air menaçant, s'écrie : « Je ne suis pas tout seul, Madame ! J'en connais beaucoup dans la classe qui dessinent pendant les cours. Et à l'encre en plus ! » Pour se défendre, Muller utilise le procédé de la double faute.

Découvre d'autres moyens pour interroger un point de vue aux pages 41, 168 et 169.

III L'éducation

CHAPITRE 6

L'éducation au fil du temps

Dans ce chapitre portant sur l'éducation, tu apprendras comment Mowgli, adopté par des loups, a grandi dans la jungle. Tu verras à quoi ressemblait une salle de classe au début du siècle dernier et tu liras le témoignage d'une institutrice travaillant dans une école de rang à la même époque. Tu pourras également comparer l'horaire quotidien de certaines couventines avec le tien et juger de la frénésie qui s'est emparée des élèves de l'école des Saints-Anges, un certain jour de la Fête-Dieu, comme le raconte l'écrivain Michel Tremblay.

Le thème de l'éducation est un sujet propice à une réflexion sur la **liberté** et ses **limites** : comment devient-on un être humain éduqué et libre ? pourquoi les enfants doivent-ils aller à l'école ? en quoi l'éducation rend-elle libre ?

La façon de concevoir l'éducation est en lien avec l'ordre social : quelles sont les valeurs défendues par l'école ? quel type de formation donne-t-on aux enfants ? comment expliquer que les **valeurs** et les **normes** propres à l'école évoluent avec le temps ?

L'histoire de l'école québécoise témoigne de l'importance du **patrimoine religieux** dans notre société : comment les Églises catholique et protestantes ont-elles influencé l'éducation au Québec ? quelles valeurs et quelles traditions ont-elles voulu transmettre ? que reste-t-il aujourd'hui de cet héritage religieux dans nos écoles ?

Attention ! Connais-tu toutes les facettes de l'art de dialoguer ? Pour les découvrir, plonge-toi dans la rubrique « Pour prendre la parole » des pages 40-41, 116-117 et 168-169. N'oublie pas : tous les textes de ce chapitre t'aideront à organiser ta pensée, à interagir avec les autres et à élaborer un point de vue étayé.

Transmettre des connaissances

L'éducation a toujours été un sujet de préoccupation pour les êtres humains. Leur avenir, en tant qu'espèce, ne dépend-il pas de leur capacité à éduquer leurs petits? Pour devenir des adultes à part entière, les enfants doivent tout apprendre. De tout temps, les sociétés se sont souciées de la transmission des connaissances d'une génération à l'autre. De tout temps, les enfants ont été façonnés par l'éducation qu'ils ont reçue.

La transmission des connaissances a d'abord été pour les humains un réflexe de survie, une nécessité pour répondre aux besoins les plus élémentaires du groupe. Les adultes devaient apprendre aux plus jeunes la manière d'assurer leur subsistance, de se protéger et de participer aux tâches communes.

Reconstitution d'une scène de la vie quotidienne à l'ère préhistorique, il y a environ 200 000 ans

Contrairement aux autres espèces du règne animal, dont l'instinct tient lieu en grande partie de savoir essentiel, le petit de l'homme doit tout apprendre. En matière d'acquisition de connaissances, son potentiel est beaucoup plus grand, mais son instinct ne suffit pas à faire de l'enfant un adulte autonome et adapté à son environnement. C'est l'éducation qui lui permet de se développer, de faire sa place au sein de la communauté, d'y être utile et, éventuellement, de s'y épanouir. Le passage à la sédentarité, comme tu l'as vu, modifie l'organisation des sociétés humaines et provoque l'apparition des classes sociales. Celles-ci regroupent les individus selon leur rôle au sein du groupe et établissent entre eux une hiérarchie. Dès lors, l'éducation donnée aux enfants varie selon la place qu'ils sont appelés à occuper dans la société.

L'invention de l'écriture, survenue vers 3500 avant Jésus-Christ, marque un changement majeur dans le développement des sociétés humaines. Les sociétés sédentaires les plus structurées se dotent bientôt d'un système d'écriture, ne serait-ce que pour noter combien de bêtes comptent les troupeaux ou combien de sacs de grains furent échangés. Mais l'être humain comprend rapidement que l'écriture est aussi utile pour rédiger des textes importants, établir des contrats et témoigner de ses croyances religieuses.

La maîtrise de l'écriture est d'abord le fait d'une classe à part, les scribes, dont c'est le métier. Au fur et à mesure que se diversifient les formes d'écriture, le nombre d'individus sachant lire et écrire augmente. Toutefois, cette connaissance demeure longtemps le privilège des classes sociales dominantes. Nul besoin de savoir lire et écrire pour travailler aux champs, être artisan ou faire la guerre.

En ce sens, l'éducation de l'enfant, passé le premier âge, a longtemps été constituée de savoir-faire, plutôt que de savoirs au sens strict. Dans les sociétés anciennes, l'enfant se voit confier des responsabilités dès qu'il en a l'âge, et apprend les rudiments du travail qui sera le sien. Il développe ses capacités et son autonomie au contact des autres membres de sa communauté.

Dans nos sociétés modernes, l'éducation est considérée comme un droit fondamental de l'enfant et une attention toute particulière lui est accordée.

Scribe égyptien, statue, vers 2475 avant l'ère chrétienne

OÙ ES-TU SUR LA LIGNE DU TEMPS ?

± 15 milliards d'années	± 4,6 milliards d'années	± 570 millions d'années	± 7 millions d'années	± 200 000 ans
Naissance de l'univers	Formation de notre Soleil et naissance de la Terre	Premiers organismes cellulaires sur la Terre	Âge du plus ancien fossile d'un hominidé	Apparition de l'*Homo sapiens*

L'enfant : un être à éduquer

L'éducation demeure un long processus par lequel l'enfant apprend d'abord à se tenir debout, à manger proprement, à marcher, à parler, à bien se comporter avec les autres, à être poli. Avec l'acquisition du langage, l'enfant apprend à nommer le monde, puis à poser des questions. L'enfant est curieux, il veut savoir, mais il a aussi besoin qu'on stimule son désir d'apprendre. Ce sont les parents et les éducateurs qui veillent au développement de ces premières habiletés à acquérir.

L'entrée à l'école primaire marque le début d'une autre étape. L'encadrement y est plus formel, l'enseignement plus systématique, les connaissances à acquérir plus nombreuses. Et surtout, l'enfant y fait un apprentissage déterminant pour la suite de sa formation : il apprend à lire et à écrire. C'est par la maîtrise progressive de la lecture et de l'écriture que l'enfant accède à la connaissance et développe sa pensée.

Nous vivons dans une société complexe, qui exige des individus qui la composent de plus en plus de connaissances et de savoir-faire, mais aussi une ouverture d'esprit et une capacité d'adaptation très grandes. Du coup, la mission de l'école est essentielle. Elle exige de la part de tous (élèves, parents, éducateurs) un engagement profond.

T'es-tu déjà demandé pourquoi la loi stipule qu'il est obligatoire, au Québec, de fréquenter l'école jusqu'à l'âge de seize ans ? Bien sûr, cette loi est contraignante pour les enfants qui doivent aller à l'école jusqu'à l'âge prescrit. Mais la plus importante obligation découlant de cette loi revient à l'État, qui doit permettre à tous les enfants d'être scolarisés et de recevoir les services auxquels ils ont droit, quels que soient leur milieu familial, leur pays d'origine, leurs forces ou leurs difficultés.

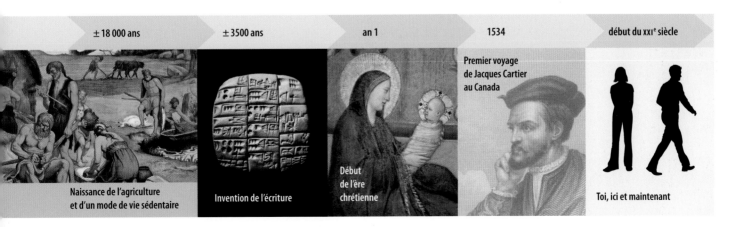

± 18 000 ans — Naissance de l'agriculture et d'un mode de vie sédentaire

± 3500 ans — Invention de l'écriture

an 1 — Début de l'ère chrétienne

1534 — Premier voyage de Jacques Cartier au Canada

début du XXIᵉ siècle — Toi, ici et maintenant

L'État qui a fait ce choix considère que l'éducation de tous les enfants est une priorité, pour leur bien et pour celui de la société à laquelle ils appartiennent. Il doit donc se donner les moyens d'atteindre cet objectif exigeant. Dans certains pays, encore aujourd'hui, des gens militent pour que tous aient accès à l'éducation, parce que l'éducation est synonyme d'autonomie et de liberté.

L'éducation est d'abord nécessaire à la survie de l'espèce, c'est entendu. Mais elle est aussi le moyen par lequel l'enfant devient un individu à part entière, autonome, sociable et capable de réflexion. Il reçoit cette formation un peu malgré lui, puisque au début il se contente de réagir aux consignes de ses éducateurs. Mais progressivement, l'enfant intègre ces apprentissages et parvient à en faire usage seul. C'est alors qu'il peut vouloir aller au bout de ses capacités pour prendre sa place au sein de la communauté. Ainsi, il se réalisera pleinement et poursuivra l'œuvre de ceux qui l'ont précédé.

Un peu d'étymologie...

Le mot « **éducation** » vient du nom latin *educatio* qui signifie « éducation, instruction, formation de l'esprit ».

En latin, le nom *educatio* est à rapprocher du verbe *educare*, qui veut dire à la fois « élever, nourrir, avoir soin de » et « former, instruire ».

On reconnaît dans ces deux mots latins la racine du verbe *ducere*, qui signifie d'abord « tirer, tirer hors de, tirer à soi », puis « conduire ».

L'éducation est donc, au sens étymologique, ce qui permet d'élever l'individu, de le sortir de son état premier, pour le conduire vers un état plus complet de formation et de connaissance.

 ## Imaginons un instant

... *une société où l'éducation des enfants ne serait pas importante. Où les parents, une fois réalisés les premiers apprentissages, laisseraient les enfants à eux-mêmes. Où les éducateurs n'existeraient pas. Où l'école n'aurait pas encore été inventée.*

Que deviendraient les enfants ? Seraient-ils en sécurité ? De quoi seraient-ils privés ? Comment se ferait leur développement ? Quel impact cette situation aurait-elle sur la société et son fonctionnement ?

Un petit d'homme abandonné dans la jungle

L'écrivain britannique Rudyard Kipling est né en Inde en 1865. Son œuvre compte un certain nombre d'ouvrages pour la jeunesse, dont le très célèbre *Livre de la jungle*, paru en 1894. Ce recueil de textes, racontant l'histoire de Mowgli, enfant de la jungle, a valu à Kipling une reconnaissance internationale. L'écrivain a reçu le prix Nobel de littérature en 1907.

L'écrivain anglais Rudyard Kipling, vers 1910

Au cœur de la jungle indienne, un petit d'homme abandonné est retrouvé par un loup. Père-Loup et Raksha, la mère louve, décident de l'adopter et de lui donner le nom de Mowgli, « petite grenouille », parce qu'il est tout petit et sans fourrure. Il est présenté aux autres loups du clan et à leur chef, Akela. Baloo, l'ours brun, et Bagheera, la panthère noire, plaident pour que Mowgli soit admis au sein du clan. Malgré l'opposition farouche du tigre Shere Khan, Mowgli est accepté. Baloo lui enseignera la loi de la jungle et Bagheera lui montrera l'art de suivre une piste. Mowgli doit tout apprendre parce qu'il n'a pas l'instinct des autres animaux. Mais il constate rapidement que sa condition d'être humain, si elle ne lui permet pas de réagir avec un instinct sûr à toute situation, lui procure bien des avantages.

Tu te souviens du scoutisme ? Les scouts de moins de douze ans sont généralement appelés les louveteaux, c'est-à-dire les jeunes loups. Le mouvement du « louvetisme » s'est inspiré du *Livre de la jungle* pour concevoir des activités de formation des jeunes recrues. Des animateurs appelés Bagheera, Baloo, ou répondant aux noms des autres amis de Mowgli, veillent sur les louveteaux et coordonnent les activités. Ces dernières s'inspirent des expériences vécues par Mowgli dans la jungle: marche en forêt, jeux de piste, techniques de survie, etc.

Dans les extraits qui suivent, sois attentif à l'attitude de Mowgli et à tout ce qui témoigne de ses aptitudes.

[Mowgli] grandit avec les louveteaux, quoique, naturellement, ils fussent devenus loups quand lui-même comptait pour un enfant à peine; et Père Loup lui enseigna sa besogne, et le sens de toutes choses dans la Jungle, jusqu'à ce que chaque frisson de l'herbe, chaque souffle de l'air chaud dans la nuit, chaque ululement des hiboux au-dessus de sa tête, chaque bruit d'écorce égratignée par la chauve-souris au repos un instant dans l'arbre, chaque saut du plus petit poisson dans la mare prissent juste autant d'importance pour lui que pour un homme d'affaires son travail de bureau. Lorsqu'il n'apprenait pas, il se couchait au soleil et dormait, puis il mangeait, se rendormait; lorsqu'il se sentait sale ou qu'il avait trop chaud, il se baignait dans les mares de la forêt, et lorsqu'il manquait de miel (Baloo lui avait dit que le miel et les noix étaient aussi bons à manger que la viande crue), il grimpait aux arbres pour en chercher, et Bagheera lui avait montré comment s'y prendre. S'allongeant sur une branche, la panthère appelait: « Viens ici, Petit Frère! » et Mowgli commença par grimper à la façon du paresseux; mais par la suite il osa se lancer à travers les branches presque aussi hardiment que le Singe Gris. [...]

En ces jours-là, Baloo lui enseignait la Loi de la Jungle. Le grand Ours brun, vieux et grave, se réjouissait d'un élève à l'intelligence si prompte; car les jeunes loups ne veulent apprendre de la Loi de la Jungle que ce qui concerne leur Clan et leur tribu, et décampent dès qu'ils peuvent répéter le refrain de la chasse: « Pieds qui ne font pas de bruit; yeux qui voient dans l'ombre; oreilles tendues au vent, du fond des cavernes, et dents blanches pour mordre: qui porte ces signes est de nos frères, sauf Tabaqui le Chacal et l'Hyène, que nous haïssons. » Mais Mowgli, comme petit d'homme, en dut apprendre bien plus long.

Quelquefois Bagheera, la Panthère Noire, venait en flânant au travers de la Jungle, voir ce que devenait son favori, et restait à ron-ronner, la tête contre un arbre, pendant que Mowgli récitait à Baloo la leçon du jour. L'enfant savait grimper presque aussi bien qu'il sa-vait nager, et nager presque aussi bien qu'il savait courir ; aussi Ba-loo, le Docteur de la Loi, lui apprenait-il les Lois des Bois et des Eaux : à distinguer une branche pourrie d'une branche saine ; à par-ler poliment aux abeilles sauvages quand il rencontrait par surprise un de leurs essaims à cinquante pieds au-dessus du sol ; les paroles à dire à Mang, la Chauve-Souris, quand il la dérangeait dans les branches au milieu du jour ; et la façon d'avertir les serpents d'eau dans les mares avant de plonger au milieu d'eux. Dans la Jungle, personne n'aime à être dérangé, et on y est toujours prêt à se jeter sur l'intrus.

En outre, Mowgli apprit également le cri de chasse de l'Étranger, qu'un habitant de la Jungle, toutes les fois qu'il chasse hors de son terrain, doit répéter à voix haute jusqu'à ce qu'il ait reçu réponse. Traduit, il signifie : « Donnez-moi liberté de chasser ici, j'ai faim » ; la réponse est : « Chasse donc pour ta faim, mais non pour ton plaisir. »

Tout cela vous donnera une idée de ce qu'il fallait à Mowgli ap-prendre par cœur : et il se fatiguait beaucoup d'avoir à répéter cent fois la même chose. Mais, comme Baloo le disait à Bagheera, un jour que Mowgli avait reçu la correction d'un coup de patte et s'en était allé bouder :

– Un petit d'homme est un petit d'homme, et il doit apprendre toute… tu entends bien, toute la Loi de la Jungle. [...]

Rudyard Kipling, *Le Livre de la jungle*, traduit de l'anglais par Louis Fabulet et Robert d'Humières, Paris, Mercure de France, Folio, 1980, p. 20-21, 39-40

Réflexion faite...

Selon l'auteur, quels traits spécifiques distinguent Mowgli des louveteaux au milieu desquels il grandit? À quoi servent les leçons de la «Loi de la jungle»? À quoi Mowgli doit-il être attentif? Sur quelles «méthodes pédagogiques» s'appuie l'enseignement de Baloo? Que sous-entend l'auteur lorsqu'il écrit «Un petit d'homme est un petit d'homme...»? Pourquoi ce petit d'homme doit-il tout apprendre? Petit, Mowgli semble défavorisé par rapport aux autres animaux. Devenu grand, quels seront les avantages de sa nature humaine?

Manuscrit *Heidelberg Lieder*, maître de chant et élèves, enluminure, XIVᵉ siècle

Grammatica Nova, page titre, maîtres et élèves, bois gravé, vers 1491

L'école, un lieu consacré à l'éducation

L'école, au sens où nous l'entendons aujourd'hui, n'a pas toujours existé. Pendant longtemps, l'enseignement était prodigué par des maîtres, qui réunissaient quelques élèves autour d'eux pour leur faire la leçon et leur enseigner les rudiments de la connaissance. Dans les milieux bien nantis, l'éducation était souvent confiée à un précepteur, un professeur privé en quelque sorte, qui veillait à l'instruction des enfants à leur domicile même.

En Europe, au Moyen Âge, les écoles sont rattachées à des monastères ou à des cathédrales. L'enseignement est assuré par des prêtres ou des moines, et intimement lié à la pratique religieuse. Des écoles de paroisses doivent en outre permettre à une petite portion de la population de s'initier à la lecture et au calcul.

Le XVIᵉ siècle, marqué par des innovations techniques, la découverte du Nouveau Monde et la circulation d'idées nouvelles, invite les penseurs et les écrivains à réfléchir au sens à donner à l'éducation. Tu te souviens de l'écrivain Montaigne? Sur l'éducation, celui-ci exprime des idées qui semblent aujourd'hui encore fort sensées. Montaigne est entre autres convaincu que pour bien éduquer un enfant le précepteur doit avoir «plutôt la tête bien faite que bien pleine». Il ne faut pas remplir la tête des enfants de connaissances, mais leur apprendre à développer leur jugement et à faire bon usage de ce qu'ils savent. Cependant, Montaigne ne croit pas aux bienfaits de l'enseignement collectif et ne prône pas la création d'écoles. En cela, il est différent de nous.

QU'EST-CE QU'UN PÉDAGOGUE ?

Le pédagogue est le nom qu'on donnait autrefois au maître, au professeur. À partir du XIXᵉ siècle, le mot a désigné la personne qui s'occupe de pédagogie, c'est-à-dire de la science de l'éducation des enfants.

On dit aussi aujourd'hui de qui sait bien enseigner qu'il est pédagogue. Mais d'où vient le mot ? Du grec ancien *paida-gôgos* qui signifie «qui conduit les enfants». Chez les Grecs de l'Antiquité, le «pédagogue» est en effet le serviteur chargé d'accompagner l'enfant dans ses trajets quotidiens entre la maison et l'école. Il lui fait également réciter ses leçons et assure son instruction morale. Plus qu'un simple esclave, il est alors un véritable éducateur.

Stèle funéraire grecque d'un jeune homme, vers 430 avant l'ère chrétienne

Éducation et religion au Québec

Ton école n'a pas toujours existé sous la forme que tu lui connais. Embarque-toi maintenant pour un voyage dans le temps, afin de mieux comprendre la réalité présente en ce qui concerne l'éducation au Québec.

Les premières écoles, créées en Nouvelle-France au XVIIᵉ siècle, par les ursulines et les jésuites notamment, suivent le modèle français. Ces écoles sont ouvertes dans les villes, d'abord à Québec, puis à Montréal, et visent à former les enfants des colons et les jeunes Amérindiens. Ces écoles ne sont pas mixtes, les religieux s'occupant des garçons, les religieuses, des filles. Pendant tout le régime français, l'Église catholique est responsable de l'éducation. Elle bénéficie pour cela du travail de ses communautés religieuses. Elle reçoit aussi parfois l'aide de quelques bienfaiteurs et des responsables de la colonie.

Au XVIIIᵉ siècle, dans les paroisses qui se créent en dehors des villes et qui sont suffisamment organisées, on ouvre des écoles. Ce sont alors souvent les curés qui assurent l'enseignement, réduit à l'essentiel : lecture, écriture, calcul, catéchisme et enseignement moral.

L'éducation primaire des garçons se complète souvent par l'enseignement des arts et métiers, destiné à former d'habiles artisans. Celle des filles s'accompagne obligatoirement de notions d'arts ménagers, dont elles auront besoin pour tenir maison.

Le Collège des jésuites, fondé en 1635, à Québec, assure à ses élèves une formation classique semblable à celle qu'offrent les jésuites en France. Du reste, les professeurs sont tous venus de la France.

Cette formation s'adresse aux garçons et assure la continuité de l'enseignement au primaire. Son programme comporte l'enseignement de la grammaire, du grec et du latin, de la rhétorique, c'est-à-dire l'art de bien parler, de la philosophie, de la théologie et des sciences. Les garçons qui ont le privilège de fréquenter ce collège auront accès à des carrières dans l'administration publique. Plusieurs d'entre eux deviendront prêtres à leur tour.

En 1708, les jésuites ouvrent une école d'hydrographie à Québec. Ils y enseignent les mathématiques, l'astronomie et la physique pour former les navigateurs et les géomètres dont la colonie a grand besoin. Le Séminaire de Québec, fondé par le premier évêque de la Nouvelle-France, Mgr de Laval, en 1663, offre un programme de théologie, afin de former de futurs prêtres recrutés sur place.

En Nouvelle-France, la petite société canadienne connaît une faible croissance, mais elle est pour ainsi dire autonome en matière d'éducation. Le régime anglais change la situation. La guerre provoque la fermeture des écoles. Les Anglais réquisitionnent les bâtiments : le Collège des jésuites à Québec et celui des sulpiciens à Montréal servent de casernes à l'armée britannique. Les Anglais saisissent les biens des jésuites et des récollets, amputant ainsi l'essentiel de leurs revenus consacrés à l'éducation. En dépit de ce contexte difficile, les religieuses, pour leur part, maintiennent tant bien que mal l'enseignement primaire. Dans les années suivant la Conquête, la population d'origine française est en quelque sorte privée d'instruction.

En 1768, le Séminaire de Québec prend la relève du Collège des jésuites et offre une formation qui conduit à la prêtrise et à certaines professions dites libérales (architecte, notaire, avocat, médecin, etc.). L'initiative répond aux besoins de l'élite canadienne-française, c'est-à-dire de la classe sociale la mieux nantie et la plus apte à se relever des conséquences de la guerre perdue aux mains des Anglais.

Le Vieux Séminaire [de Saint-Sulpice] de Edgar Contant, première moitié du XXe siècle

Classe à Bonaventure, en 1912

Mais elle ne règle pas l'épineux problème de l'éducation de la plus grande partie de la population.

Au tournant des XVIIIᵉ et XIXᵉ siècles, il est relativement facile de recevoir une instruction en français pour ceux qui en ont les moyens et habitent en ville, là où se trouvent les écoles privées. Cependant, plus de 90 p. cent des Canadiens français vivent à la campagne et ne voient plus guère l'utilité de s'instruire compte tenu de leur mode de subsistance. Le gouvernement ouvre des écoles publiques anglaises. Mais l'Église catholique interdit aux Canadiens de les fréquenter, car elle tient à protéger l'héritage français et religieux de ses ouailles. L'ignorance et l'analphabétisme vont croissants et un fossé se creuse entre les Canadiens français les plus riches et les plus pauvres.

En 1824, une loi permet aux curés de fonder des « écoles de **fabrique** », relevant entièrement des autorités paroissiales. Mais la charge est lourde et ne connaît pas le succès attendu. En 1829, le gouvernement anglais, par la loi des écoles de syndics, permet l'élection de commissaires, ou syndics, qui administrent les écoles primaires des paroisses catholiques et protestantes. L'État paie la construction des écoles et assure le salaire des maîtres. L'idée de scolariser la population progresse, mais l'enjeu est de taille, les

The New School Mistress (détail), gravure, 1873

* **fabrique** : ensemble des individus chargés de l'administration des fonds et des revenus affectés à la construction et à l'entretien d'une église

maîtres, des **laïcs**, n'ont pas de formation adéquate, n'inspirent pas confiance et convainquent difficilement une population déjà mal informée des bienfaits de l'éducation.

En milieu rural, compte tenu de l'accroissement rapide de la population, les commissaires décident de la création d'« écoles de rang », plus petites que les écoles paroissiales et plus accessibles. La fréquentation scolaire n'y est pas constante, car les garçons sont souvent appelés à participer aux travaux des champs. Quant aux filles, leur présence à la maison est souvent nécessaire pour soutenir leur mère, auprès des enfants et dans les tâches domestiques ou agricoles. Certaines d'entre elles toutefois deviennent des institutrices.

Après 1840, l'Église catholique, dont l'autorité est reconnue à la fois par le gouvernement anglais et par le peuple canadien, récupère progressivement les pouvoirs dont elle a été privée lors de la création des commissions scolaires. L'Église se soucie de la formation des maîtres, ce qui contribue à valoriser la profession, et confie au clergé la responsabilité de produire des manuels scolaires. De plus en plus de

L'ÉCOLE QUÉBÉCOISE EN QUELQUES DATES

1635	Fondation du Collège des jésuites, à Québec
1658	Première école fondée à Montréal par Marguerite Bourgeoys et installée dans une étable
1668	Fondation du Petit Séminaire de Québec par Mgr de Laval
1697	Michel Sarrazin, chirurgien de navire, obtient son diplôme de médecin à Paris et revient en Nouvelle-France
1759	Le Collège des jésuites de Québec est transformé en caserne par l'armée britannique
1845	Création des commissions scolaires
1885	Premières filles admises à l'Université McGill
1908	Fondation d'un premier collège classique catholique pour les filles
1928	Création de l'École des beaux-arts de Montréal
1936	Laure Gaudreault fonde avec d'autres institutrices l'Association catholique des institutrices rurales, du district d'inspection primaire de La Malbaie, puis préside dès 1937 la Fédération catholique des institutrices rurales. Elle est considérée comme l'initiatrice du syndicalisme enseignant au Québec
1951	Plus de 70 p. cent des 8780 établissements scolaires du Québec n'ont qu'une seule salle de classe, 60 p. cent sont sans électricité et 40 p. cent sont sans eau ni toilettes à l'intérieur
1961	Ouverture de la Commission royale d'enquête sur l'enseignement, appelée commission Parent, du nom de son président, Mgr Alphonse-Marie Parent, vice-recteur de l'Université Laval
1988	Une nouvelle loi prolonge la fréquentation scolaire obligatoire jusqu'à l'âge de seize ans

Élèves d'une école secondaire, vers 1950

clercs et de religieuses sont engagés dans l'éducation. L'enseignement secondaire public se développe lentement, sur le modèle de l'enseignement primaire. Il propose des programmes de types professionnel et commercial qui cherchent à satisfaire les grands besoins de cette formation dans un monde de plus en plus industrialisé et urbanisé. Le nombre de collèges privés augmente. Aussi appelés « classiques », ces collèges sont sous l'entière responsabilité de l'Église. Ceux-ci visent à former une élite traditionnelle, composée de clercs et de professionnels tels les médecins, les notaires et les avocats.

Pour voir au bon fonctionnement du système d'éducation, l'État met sur pied, en 1850, le Conseil de l'instruction publique, formé de catholiques et de protestants. Ce conseil se trouve rapidement scindé en deux comités, un pour chaque confession religieuse. Le Comité catholique, responsable de la majorité des francophones, veille aux orientations du secteur dont il a la charge. Le Comité protestant, qui s'adresse à la plupart des anglophones et à bon nombre d'immigrants, quelle que soit leur confession religieuse, adopte de son côté ses propres mesures.

L'Église d'alors cherche avant tout à former des chrétiens et surveille étroitement le contenu des programmes et des manuels. Les collèges privés lui appartiennent. Elle y contrôle donc les lectures des élèves, en interdisant certains livres jugés nocifs. Elle se méfie de l'instruction publique et de la **laïcité** dans la mesure où toutes deux pourraient lui faire perdre ce contrôle. La coexistence des secteurs privé et public maintient un écart important au sein de la population canadienne-française. Seule une minorité a accès à une éducation secondaire de qualité et peut espérer aller à l'université. Les enfants qui fréquentent le réseau public mettent fin à leurs

* **laïcité** : principe selon lequel la société civile et la société religieuse doivent être séparées ; dans une société laïque, l'État n'exerce aucun pouvoir religieux et l'Église, aucun pouvoir politique

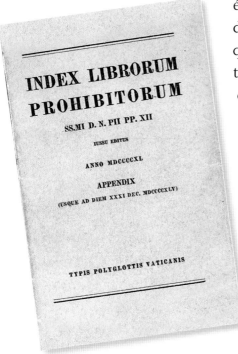

Index des livres prohibés,
couverture, 1940

études, la plupart du temps, après le primaire. En 1925, 94 p. cent des élèves de la Commission des écoles catholiques de Montréal quittent l'école en 6ᵉ année. Les autres suivent ensuite des cours plus techniques, qui leur permettent parfois d'accéder à de meilleures conditions d'emploi.

Ce n'est qu'en 1943, pour contrer la sous-scolarisation de la population canadienne-française catholique, que le Québec adopte une loi rendant l'instruction obligatoire jusqu'à l'âge de quatorze ans, décision que le Comité protestant a prise pour ses écoles trente ans plus tôt. Du reste, au lendemain de la Seconde Guerre mondiale, ici comme ailleurs en Europe et en Amérique du Nord, on assiste à une accélération des changements, en éducation comme dans les autres domaines.

Dans les années 1960, le gouvernement du Québec procède à une réforme majeure du système d'éducation et à une **démocratisation** de l'enseignement. Entre autres mesures, il décrète la gratuité scolaire jusqu'à la **11ᵉ année**, crée un ministère de l'Éducation, ouvre des écoles appelées « polyvalentes », instaure le transport scolaire et revoit les programmes. Il crée aussi les collèges d'enseignement général et professionnel (cégeps).

Il est juste de dire que l'école québécoise actuelle est l'héritière de cette réforme, même si beaucoup d'autres modifications ont été apportées au système d'éducation depuis. Adapter l'école aux nouveaux besoins des enfants et à ceux de la société demeure une préoccupation constante et l'objet de réflexions et de débats incessants.

*

démocratisation : action de rendre accessible à tous

11ᵉ année : onzième année de formation, correspondant à la dernière année du secondaire

Réflexion faite...

Quel fut le rôle des religieux en Nouvelle-France, en matière d'éducation ? Quels buts poursuivaient-ils ? Pour quelles raisons l'Église catholique créa-t-elle, sous le régime anglais, un réseau d'écoles privées ? Quels buts poursuivait-elle ? Quelles en furent les conséquences ? En quoi le système scolaire québécois actuel est-il un héritier de la tradition religieuse catholique ? En quoi s'en distingue-t-il ? À quels besoins voulut répondre la grande réforme des années 1960, dans le domaine de l'éducation au Québec ?

Allons plus loin

À l'aide de l'exercice suivant, fais le point sur ta connaissance de l'histoire de l'éducation au Québec et des institutions qui y ont joué un rôle important.

L'éducation et la société québécoise

◉ Dans les pages précédentes, il a été question à quelques reprises de l'âge de fréquentation scolaire obligatoire. Cette obligation, souvent perçue par les jeunes comme une contrainte, a été introduite assez tardivement dans l'histoire du système d'éducation québécois. Sans doute y avait-il alors des raisons d'hésiter à le faire, comme il y a eu plus tard des raisons de prolonger la période de scolarité obligatoire. Ce n'est là qu'un exemple parmi d'autres de l'évolution de certaines valeurs et normes en matière d'éducation au Québec.

◉ Pour examiner d'autres exemples et comprendre la portée de ces changements, lance une discussion avec les élèves de ta classe. Cependant, avant de dire ton avis et de discuter, tu dois te renseigner et réfléchir aux différents aspects de la question.

◉ Fais une recherche et trouve quelques exemples de changements survenus dans l'histoire de l'éducation au Québec. Par exemple, en t'inspirant de la lecture des pages 136 à 140 de ton manuel, intéresse-toi à l'emploi du temps des élèves dans un collège au début du XXᵉ siècle. Ou encore à un manuel de français utilisé dans les écoles dans les années 1900 et que tu aurais déniché à la bibliothèque ou au marché aux puces. Ou encore intéresse-toi à la plume et l'encrier que tout écolier avait sur son pupitre. Une fois que tu auras choisi un exemple précis, renseigne-toi sur le contexte pour en savoir davantage sur les institutions ou sur les pratiques de l'époque. Par exemple, en ce qui concerne l'emploi du temps des élèves dans les collèges, renseigne-toi sur le rôle joué par l'Église dans l'éducation au Québec à la même époque, alors que celle-ci était propriétaire de plusieurs de ces établissements d'enseignement. En ce qui concerne l'usage de la plume et de l'encrier, renseigne-toi sur les frais alors assumés par les familles pour envoyer leurs enfants à l'école. Ou encore, raconte une journée type dans une école de rang dans les années 1930. Dans chaque cas, documente-toi sérieusement et compare la situation passée à la situation présente.

◉ La mise en commun de vos recherches se fera au moment de la table ronde. Chaque équipe délègue un représentant qui fait le point sur l'exemple concret retenu. Chaque délégué fait le portrait de la situation et répond aux questions de l'auditoire.

◉ La discussion peut commencer: d'où viennent ces changements? Qu'ont-ils apporté aux élèves et à la société québécoise en général? Que révèlent-ils de l'évolution des mentalités? Quelles institutions ont été associées à ces changements? D'autre part, certains aspects de l'éducation sont-ils demeurés les mêmes? Si oui, lesquels? L'ensemble des réponses apportées à ces questions devrait te permettre de connaître un peu mieux l'histoire de l'éducation au Québec.

Souvenirs d'école

Marguerite Bourgeoys, dont nous avons évoqué le souvenir au chapitre précédent, s'est établie en Nouvelle-France, à Ville-Marie (ainsi appelait-on Montréal à l'époque), en 1653. Elle se consacre entièrement au développement de la colonie et fait de l'éducation sa mission première. En 1657, le gouverneur lui concède une étable, où elle pourra vivre et enseigner. Ce sera la première école de Ville-Marie. Voici un extrait des mémoires de sœur Marguerite Bourgeoys.

L'école dans une étable

 Quatre ans après mon arrivée, monsieur de Maisonneuve me voulut donner une étable de pierre pour faire une maison pour celle qui y ferait l'école. J'y fis faire une cheminée et ce qui était nécessaire pour y loger. Les enfants la **curèrent** et y travaillèrent en tout ce qu'ils pouvaient. Et j'y entrai le **jour [de] Sainte-Catherine de Sienne** et [nous] commençâmes la **Congrégation séculière** le jour de la **Visitation**. [...]

Cette étable avait servi de colombier et de loge des bêtes à cornes, où il fallait monter par une échelle par dehors, pour coucher dans le grenier, **toutes de rang**.

Extrait des mémoires de Marguerite Bourgeoys, cité dans Thérèse LAMBERT, c.n.d., *Marguerite Bourgeoys, éducatrice, mère d'un pays et d'une Église*, Montréal, Bellarmin, 1978, p. 61

---

*

curèrent : nettoyèrent

jour [de] Sainte-Catherine de Sienne : le 30 avril, jour de la fête de sainte Catherine de Sienne, qui vécut en Italie, au XIVᵉ siècle

congrégation séculière : communauté de religieuses qui ne vivent pas cloîtrées

Visitation : fixée au 31 mai, dans le calendrier liturgique ; rappelle un épisode de l'Évangile de saint Luc, où la Vierge Marie, apprenant qu'elle allait mettre au monde un enfant appelé Jésus, rendit visite à sa cousine Élisabeth, elle-même enceinte de saint Jean-Baptiste

toutes de rang : c'est-à-dire «toutes en rang »

Une école de rang

Au XIXᵉ siècle et jusque dans les années 1960, dans les campagnes, où résidait la très grande majorité des Canadiens français, l'éducation était assurée dans les «écoles de rang» par des instituteurs ou, plus souvent, par des institutrices. Les enfants des cultivateurs avaient ainsi la possibilité de recevoir un enseignement primaire à proximité de leur lieu de résidence, à tout le moins lorsque les travaux des champs n'exigeaient pas leur présence aux côtés de leurs parents. Ces écoles sont à l'origine de notre système d'éducation actuel.

Dans les écoles de rang, on enseigne le français, la religion, l'arithmétique, un peu d'histoire et les règles de politesse. On peut dire que la «maîtresse d'école» est l'âme de l'école de rang. Après les parents et le prêtre, elle est la personne la plus importante dans la vie des enfants. À la fois surveillée et soutenue par l'inspecteur d'écoles, le curé du village, les commissaires et les parents, l'institutrice transmet à la jeunesse les valeurs profondes de la société.

Mᵐᵉ Blanche Ilda Beaufort de Berthier a raconté ses souvenirs d'institutrice dans une école de rang, au XXᵉ siècle. Comme tu pourras le constater en lisant le texte ci-dessous, son témoignage est resté très oral, même une fois transcrit.

 Moi, j'ai enseigné à Berthier plusieurs années; j'ai été grand-mère en enseignement. J'ai enseigné aux parents, les parents se sont mariés et puis j'ai enseigné à leurs enfants, puisque j'ai toujours été dans la même école. Les élèves ne connaissaient pas d'autres maîtresses que moi: ils me disaient «Bonnes vacances, et au mois de septembre.» Et bien ces élèves-là sont devenus les premiers des villes comme notaires, docteurs ou même prêtres.

Normalement, on construisait l'école au milieu du rang. J'ai enseigné deux ans dans une vieille école avant d'enseigner dans une école neuve. Et vous dire ce qui s'est passé là: le panneau de porte est tombé à terre en plein cœur d'hiver, car naturellement, il n'était plus bon. On se réveillait le matin, puis il y avait du frimas sur nos couvertes: c'est vrai, c'est de la réalité que je vous conte, parce que l'école était vieille. On chauffait avec du bois et un poêle à deux ponts. Il y avait une toilette dehors et un tuyau tout le tour de la classe pour être capable de chauffer l'école. Plus tard, lorsque l'école a été plus neuve, on a eu moins de misère. [...]

Institutrice avec ses élèves, dans une école de rang, à Courcelles, en Beauce, vers 1920

Écoliers et leur maîtresse d'école à Windigo, en Mauricie, en 1927

* **croix de chemin** : croix, généralement en bois ou en métal, haute de quelques mètres, plantée en bordure des routes rurales, et témoignant de la foi catholique des habitants des environs

neuvaine : actes de dévotion et prières, répétés par le croyant pendant neuf jours consécutifs, pour obtenir une grâce, une faveur

École primaire Saint-Joseph, en Abitibi, en 1942

On existait et on enseignait pour un salaire de famine. Pourquoi? Par pure vocation, par amour du travail; on faisait comme Madeleine de Champlain, la première institutrice du Canada, on enseignait gratuitement.

Souvent, il y avait une **croix de chemin** pas loin de l'école pour les **neuvaines**. On faisait des neuvaines quand ça allait mal, pour aider les cultivateurs; et les gens priaient dévotement. Quand ça allait mal dans la paroisse, dans ce temps-là, on demandait à la maîtresse d'école d'aller faire une neuvaine et de prier. [...]

À 8 heures du matin, on commençait par l'étude. L'heure d'entrée était entre 8 h 00 et 9 h 00. Quand je descendais en bas, lorsque j'habitais le haut, les élèves se levaient: – «Bonjour mademoiselle!» – «Bonjour mes élèves, ça va bien? à genoux pour la prière. Mettons-nous en présence de Dieu et adorons-le.» Après la prière, il y avait la lecture, l'analyse et l'explication de la lecture. [...]

On donnait des punitions corporelles en un sens. Mettons qu'un élève se levait dans la fenêtre pour regarder passer une voiture, c'était défendu dans ce temps-là, on disait «Reste de même, une minute». Je ne donnais pas de coup de règle. Avant de partir, s'ils ne disaient pas «Bonsoir mademoiselle», on les arrêtait. On les éduquait dans ce temps-là. [...]

Jacques DORION, *Les Écoles de rang au Québec*, Montréal, Éditions de l'Homme, 1979, p. 387-388, 391-392

Réflexion faite...

Comment s'exprime la fierté de cette institutrice? Que penser des conditions de vie de l'institutrice et de ses élèves dans cette école de rang? À quoi mesure-t-on l'importance de la religion dans la vie quotidienne des campagnes? Pourquoi l'institutrice précise-t-elle qu'elle ne donnait pas de coups de règle sur les doigts des élèves en guise de punition? Que laisse entendre l'institutrice lorsqu'elle dit «On les éduquait dans ce temps-là»? Quel type de jugement fait-elle en affirmant cela?

La vie de couventine

Aux XIXe et XXe siècles, les jeunes filles de milieux aisés font leurs études en ville, dans des écoles privées tenues par des religieuses. Les élèves y sont généralement pensionnaires, ne retournant dans leur famille que les jours de congé ou au moment des vacances. Ces pensionnats prennent souvent le nom de couvents, terme à l'origine utilisé pour désigner le lieu où vivent les religieuses et où sont cloîtrées les moniales. Du coup, les jeunes élèves pensionnaires sont appelées couventines.

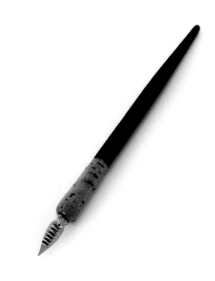

Pour mieux comprendre la vie quotidienne de ces pensionnaires, examine, à la page suivante, deux journées typiques dans une école de ce genre, l'une à la fin du XIXe siècle, l'autre en 1950. Tu constateras qu'en l'espace d'un demi-siècle, bon nombre d'aspects de l'éducation ont changé. En regard de ces deux journées types, tu trouveras le modèle ancien des codes de vie scolaires actuels. Il s'agit de la liste des « fautes que les élèves doivent éviter », tirée du règlement d'un pensionnat pour filles qui est resté le même entre 1878 et 1979.

Élèves du couvent des sœurs des Saints Noms de Jésus et de Marie, à Montréal, vers 1900

Horaire de la journée chez les sœurs des Saints Noms de Jésus et de Marie, à Outremont, en 1894

5 h 40 - lever	2 h 00 - classe
6 h 15 - prière et méditation	3 h 00 - goûter et repos
6 h 40 - messe	3 h 15 - classe
7 h 30 - déjeuner	4 h 30 - étude
8 h 00 - chapelet	5 h 00 - devoirs de classe
8 h 15 - arithmétique	5 h 30 - souper
9 h 30 - étude	6 h 00 - récréation
10 h 15 - cours supplémentaire	7 h 00 - catéchisme
11 h 30 - dîner	7 h 40 - récréation
12 h 00 - promenade	8 h 00 - chant
1 h 00 - dessin et	8 h 30 - prière
travaux à l'aiguille	9 h 00 - repos

Source: ASSNJM, *Plan d'études de mère Véronique du Crucifix*, 1894, p. 33–34

Horaire de la journée chez les filles de Jésus, à Cap-de-la-Madeleine, en 1950

6 h 00 - lever	1 h 00 - cours
6 h 30 - assistance à la messe, libre à certains jours	4 h 00 - goûter et récréation
	4 h 45 - chapelet et visite du Saint-Sacrement
7 h 15 - déjeuner	5 h 00 - étude
7 h 45 - ménage et récréation	6 h 30 - souper et récréation
8 h 15 - cours	7 h 45 - étude
11 h 30 - dîner et récréation	9 h 45 - coucher

Source: ASSNJM, *Plan d'études de mère Véronique du Crucifix*, 1950, p. 53

Source: Micheline Dumont et Nadia Fahmy-Eid, *Les Couventines*, Boréal, 1986, p. 51, 53, 63-64

Fautes que les élèves doivent éviter

- crier dans les passages [dans les corridors]
- courir, rire, parler dans les passages [dans les corridors]
- se dissiper en prenant les rangs [être dissipées en se mettant en rang]
- tourner la tête d'un côté et de l'autre à la chapelle
- manquer de respect
- faire de faux-rapports aux maîtresses
- faire [poser] des questions inopportunes
- médire, railler, contester, murmurer
- chanter des chansons, tenir des discours
- parler des modes, de toilettes
- aller toujours ou trop souvent avec les mêmes compagnes
- se communiquer des affaires de famille
- s'écrire des billets sans motif plausible
- se toucher
- parler de confession
- donner, prêter, emprunter, acheter, vendre quelque chose sans permission
- introduire dans la maison livres, lettres sans permission
- ouvrir les fenêtres la nuit
- cueillir des fleurs, des fruits sans permission dans les jardins

Règlements des élèves des sœurs de Sainte-Anne, 1878-1979, article XVI

Réflexion faite...

Compare l'horaire des couventines de 1894 à celui des couventines de 1950. Quelles en sont les différences? Que penses-tu de la durée de ces journées de classe? Et de leur contenu? En quoi ces horaires diffèrent-ils du tien? Que penser de ces «fautes à éviter» au couvent? Certaines de ces actions sont-elles encore interdites dans ton école? Lesquelles de ces interdictions te semblent étonnantes? Pourquoi? En quoi ces règlements diffèrent-ils du code de vie de ton école?

Une étonnante Fête-Dieu

Michel Tremblay est un écrivain québécois des plus connus. Il est né en 1942, à Montréal, dans un milieu modeste, qu'il a dépeint dans son théâtre et dans ses romans, notamment les *Chroniques du Plateau Mont-Royal*.

Voici un extrait du roman *Thérèse et Pierrette à l'école des Saints-Anges*, qui fait partie de la série des *Chroniques* et pour lequel Tremblay a obtenu le prix France-Québec en 1981. En 1942 (année de naissance de l'auteur), pendant la Seconde Guerre mondiale, dans une école primaire du quartier défavorisé de Montréal qu'est alors le Plateau Mont-Royal, des élèves préparent la procession de la **Fête-Dieu**. Cette fête religieuse, marquée par une grande procession mettant en scène divers personnages de la Bible, se tient en juin et représente un moment important dans l'année scolaire. Toutes les élèves veulent alors être choisies pour jouer le rôle de la Vierge, d'une sainte ou d'un ange. Toutefois, la frénésie entourant certains préparatifs enlève à la fête une bonne partie de son caractère religieux. Il n'empêche que l'Église joue un rôle important dans la vie scolaire de l'époque, comme le montre l'extrait suivant.

Ostensoir servant notamment lors des processions de la Fête-Dieu, vers 1800

 [...] Dans la cour de l'école des Saints-Anges, on avait parqué les fillettes de première année (engoncées dans leurs robes et leurs voiles de **premières communiantes** que leurs mères avaient déjà reléguées aux boules à mites sans penser qu'elles auraient à les ressortir au début de juin, excitées parce qu'elles allaient ouvrir la procession de la Fête-Dieu en chantant *J'irai la voir un jour* et *Oh! Jésus, doux et humble de cœur*, mais impatientes parce qu'elles n'avaient pas le droit de bouger) dans l'espace situé entre les deux perrons de ciment. Les grandes de **neuvième** venaient leur dire qu'elles avaient l'air des singes du zoo du parc Lafontaine et faisaient le geste de leur envoyer des pinottes. Le **dais**, resplendissant et d'une laideur à couper le souffle avec sa bordure de dentelle or et rouge et ses montants recouverts de cordages, de pompons, de papier crêpé, de glands et de franges de toutes les couleurs, attendait dans un coin ses quatre porteurs (ses quatre pousseurs, plutôt, puisqu'on l'avait affublé, deux ans auparavant, de roulettes énormes qui grinçaient abominablement et se bloquaient tous les quinze pieds) et le doyen des **marguilliers** qui le précéderait avec sa canne à pommeau d'or. Les pousseurs prirent leur poste, le doyen se plaça devant eux et l'on

*

Fête-Dieu : cérémonie religieuse en l'honneur du saint sacrement (l'Eucharistie), au cours de laquelle une hostie consacrée est menée en procession et offerte à l'adoration des fidèles ; la Fête-Dieu a longtemps été une fête populaire permettant aux catholiques d'exprimer publiquement leur foi

premières communiantes : celles qui font leur première communion, c'est-à-dire qui reçoivent pour la première fois le sacrement de l'Eucharistie (rappel du dernier repas de Jésus et de son sacrifice tels que rapportés dans les Évangiles)

neuvième : neuvième année de formation, équivalent de la 2e année du secondaire

dais : tissu soutenu par des montants, qui se déploie comme un toit au-dessus d'un espace jugé important

marguilliers : membres du conseil de fabrique d'une paroisse

fit signe aux fillettes de première année de s'avancer par classes comme on le leur avait fait répéter depuis trois jours et d'aller se poster au milieu de la rue de Lanaudière. On dut ouvrir les doubles portes de la cour d'école pour laisser passer le dais qu'on ne voulait pas abîmer. Alors seulement la porte de l'école qui donnait dans la rue de Lanaudière fut ouverte et les figurantes du **reposoir** sortirent une par une pour aller se glisser sous le dais. Quelques curieux commençaient déjà à s'amasser sur le boulevard Saint-Joseph et lorsqu'ils virent les anges sortir de l'école, et **Marie**, et **Bernadette**, ce fut la ruée vers la rue de Lanaudière. [...]

Michel TREMBLAY, *Thérèse et Pierrette à l'école des Saints-Anges*, Montréal, Leméac-Actes Sud, coll. «Babel», 1995, p. 304-305

La Fête-Dieu à Québec, Jean-Paul Lemieux, 1944

Réflexion faite...

Quelle impression te laisse le récit de cette fête? Quels sont les aspects de la pratique religieuse catholique mis en évidence dans ce texte? L'auteur utilise l'humour et une certaine ironie pour décrire les préparatifs de la fête. Donnes-en quelques exemples. Comment l'auteur laisse-t-il entendre que cette fête a un peu perdu de son caractère religieux et sacré?

Allons plus loin

Termine ce chapitre avec un exercice qui fait appel autant à ton imagination qu'à ta connaissance du passé.

Souvenirs d'enfance

◉ À toi maintenant d'ajouter un élément à ces souvenirs d'école, en comparant la vie à l'école d'un ou d'une élève du siècle dernier avec la tienne.

◉ Avec un coéquipier ou une coéquipière, effectue une recherche de photos, d'images, de documents qui témoignent de la vie d'un élève au début du XXe siècle, qu'il s'agisse d'un écolier ou d'une écolière de la campagne, d'un pensionnaire ou d'une couventine.

◉ À partir de ces éléments, constituez un album-souvenir, sur papier ou sur support numérique, en ajoutant une légende aux photos et en imaginant ce que cet élève aurait pu inscrire dans son album ou ce que cette couventine aurait pu confier à son journal. Mettez-vous dans sa peau; inventez-lui une histoire en respectant le contexte de l'époque. À l'aide de souvenirs précis, mettez en évidence l'influence de la religion catholique ou protestante dans sa formation scolaire.

◉ Choisissez ensuite des photos, des images et des documents qui témoignent de votre propre passage à l'école, aujourd'hui. Votre album se veut une réponse à celui de l'ancien élève ou à celui de l'écolière du siècle passé. Il doit faire ressortir les différences entre l'école d'hier et celle d'aujourd'hui, et mettre en lumière la transformation, au sein de l'école, des valeurs et des normes de notre société.

CHAPITRE 7

Les rites de passage à l'âge adulte

Ce chapitre porte sur quelques rites qui marquent le passage à l'âge adulte. Tu y apprendras quelle est la fonction du baptême pour les chrétiens. Tu y apprendras quelles sont les caractéristiques du rite de la « vision » chez les Amérindiens et celles de la *bar-mitsvah* dans le judaïsme. Tu découvriras quels sont les cinq piliers de l'islam et les quatre buts de la vie selon l'hindouisme. Tu liras quelques extraits de textes sacrés qui te feront comprendre l'origine de certains rites et des règles qui en découlent. Enfin, tu verras comment une mission scolaire au Pérou peut devenir un moment déterminant dans l'existence d'adolescents, au moment d'entrer dans l'âge adulte.

Les rites qui marquent le passage à l'âge adulte se prêtent tout particulièrement à une réflexion sur certains **éléments fondamentaux des religions**: quelle est l'origine de ces différents rites? quels sont les récits qui les soutiennent? quelles sont les règles qui les caractérisent? les rites de passage dans différentes religions ont-ils des points en commun? en quoi diffèrent-ils?

Attention! Connais-tu toutes les facettes de l'art de dialoguer? Pour les découvrir, plonge-toi dans la rubrique «Pour prendre la parole» des pages 40-41, 116-117 et 168-169. N'oublie pas : tous les textes de ce chapitre t'aideront à organiser ta pensée, à interagir avec les autres et à élaborer un point de vue étayé.

Un peu d'étymologie...

Le mot « rite » vient du latin *ritus*. Il signifie « cérémonie religieuse » et est de la même famille que le mot sanskrit *rita*. Dans les *Veda*, textes sacrés de l'hindouisme, le mot *rita* désigne la participation des êtres humains à l'ordre cosmique, à la loi naturelle.

La conquête de la liberté

L'éducation, sous ses différentes formes, amène l'enfant à faire l'expérience de la liberté, donc à exercer des choix et à devenir progressivement responsable de ses actes. C'est par la conquête de la liberté et la conscience des responsabilités qui s'y rattachent que l'enfant devient véritablement un adulte, capable de jouer pleinement son rôle au sein de la société qui est la sienne.

Depuis la plus haute Antiquité, les différentes sociétés humaines se sont donné des façons de souligner ce passage à l'âge adulte. Elles ont notamment prévu des cérémonies rituelles permettant la présentation du nouvel adulte aux autres membres de la communauté ou ont fait appel à divers rites religieux visant à remercier les divinités protectrices. Ces rites concernent généralement les garçons, dont il s'agit de marquer l'entrée dans la vie publique, l'accès au culte religieux et aux différents pouvoirs propres aux hommes de la société.

Pendant longtemps, le passage des filles à l'âge adulte a été marqué par le mariage. Dès qu'une jeune fille était en âge et en état de procréer, c'est-à-dire à l'apparition de ses premières menstruations, elle était considérée comme adulte et apte à se marier. Certains rites venaient alors souligner son passage à la vie d'épouse et de mère.

La plupart des religions ont également prévu certains gestes rituels spécifiques. Ceux-ci seront vécus différemment, selon les pays, les coutumes locales et les préoccupations de chacun. Malgré ces différences, ces rites ont des caractéristiques communes. Ainsi, dans la plupart des religions, les rites ont un caractère collectif, répétitif et efficace.

Les rites sont collectifs, parce qu'ils trouvent leur origine dans une communauté d'appartenance (religion, village, famille, patrie ou culture). Les rites sont répétitifs dans la mesure où ils sont repris de manière cyclique. Un rite peut être répété chaque jour, chaque mois, en chaque saison ou chaque fois qu'est franchie une nouvelle étape de l'existence. Enfin les rites sont efficaces, c'est-à-dire que, pour celui qui le transmet ou le vit, le rite fonctionne. Il permet d'accomplir vraiment quelque chose. Par exemple, tel rite fera passer de l'enfance à l'âge adulte ; tel autre marquera l'entrée dans la communauté ; tel autre effacera les fautes du pénitent. Dans les pages qui suivent, nous te proposons d'examiner de manière spécifique, certains rites de passage et d'initiation.

Rites de passage

Dans le christianisme

Le baptême marque l'appartenance à la communauté des chrétiens. Pour ceux-ci, il est le fondement de la vie chrétienne et fait du baptisé un enfant de Dieu. Le baptisé connaît là une nouvelle naissance. Et malgré les variations dans l'exécution du rite, le baptême signifie toujours une plongée dans la mort-résurrection de Jésus-Christ.

Issu du verbe grec *baptizein*, qui signifie « plonger, tremper », le baptême est un sacrement reconnu par toutes les Églises du christianisme : catholique, protestante, orthodoxe et anglicane. Il marque l'entrée de l'individu dans la communauté de foi chrétienne et est, pour les chrétiens, un signe important de l'amour de Dieu. À l'origine, comme le veut encore l'usage dans plusieurs Églises chrétiennes, le baptême était pratiqué à l'âge adulte, et non peu de temps après la naissance, comme c'est souvent le cas aujourd'hui.

Au cours des premiers siècles du christianisme, le baptême symbolise une nouvelle naissance par l'engagement envers une foi nouvelle. Il était donc associé au cycle liturgique pascal, c'est-à-dire aux cérémonies religieuses rappelant la mort de Jésus-Christ et sa résurrection. Avant d'être baptisés, les adultes devaient vivre une période de formation et de probation, qui pouvait durer jusqu'à trois ans. Lorsqu'ils étaient jugés prêts au baptême, ils abordaient, durant la période qui précède **Pâques** appelée le Carême, la dernière étape de leur préparation. Ils recevaient un enseignement intensif et étaient soumis à différents rites, ils jeûnaient les Vendredi et Samedi saints, puis étaient baptisés pendant la veillée pascale (soit samedi soir, veille de Pâques).

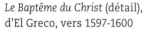

Pâques : fête chrétienne qui rappelle la résurrection de Jésus

Le Baptême du Christ (détail), d'El Greco, vers 1597-1600

Le baptême s'effectuait de diverses façons. Dans certains baptistères, les nouveaux chrétiens étaient complètement immergés dans une piscine, généralement à trois reprises ; parfois, ils se tenaient dans une eau peu profonde et le prêtre versait sur eux les eaux baptismales. Immédiatement après le rite de l'eau, les nouveaux baptisés étaient marqués du signe de la croix sur le front, au moyen d'une huile sainte appelée le saint chrême. Puis ils revêtaient un vêtement blanc et, un cierge allumé à la main, ils étaient conduits à l'autel pour l'eucharistie.

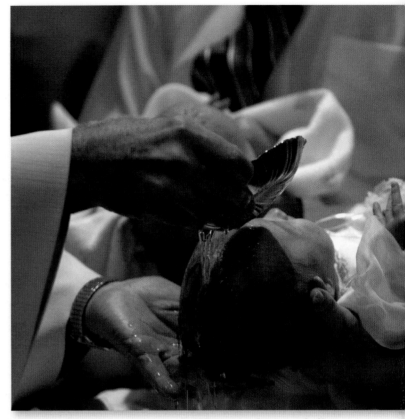

Baptême selon le rite catholique

Dès le VIe siècle, les très jeunes enfants furent admis au baptême. Mais cette pratique ne devint systématique qu'au XIVe siècle. Dès lors, les nouveau-nés furent baptisés rapidement après leur naissance. Les enfants n'étaient pas immergés, mais baptisés par une légère aspersion d'eau sur la tête. Quant aux adultes qui souhaitaient se faire chrétiens, ils étaient baptisés au cours d'une cérémonie privée, après une période de formation individuelle.

Aujourd'hui, chez les **catholiques**, la pratique du baptême se rapproche davantage de celle des premiers chrétiens. Les enfants sont souvent baptisés pendant la messe du dimanche, en présence de la communauté des croyants. Les adultes qui veulent être baptisés reçoivent une formation assez longue, en plusieurs étapes. Dans certains pays ou selon certaines pratiques locales, le baptême par immersion ou en eaux peu profondes a été rétabli.

De la pratique initiale du baptême est également issu le sacrement catholique qu'on appelle encore aujourd'hui la confirmation. Par ce sacrement, l'enfant ayant atteint l'âge de raison reçoit l'Esprit saint, comme les apôtres de Jésus l'ont reçu le jour de la **Pentecôte**. Au cours de cette cérémonie, à l'aide du saint chrême, l'évêque marque le front du jeune chrétien du signe de la croix. Ajoutons que, pour les catholiques, comme dans la plupart des autres Églises chrétiennes, le baptême est le passage obligé pour accéder aux autres rites et aux autres sacrements tels la confirmation, l'eucharistie, le mariage, l'onction des malades, etc.

* **Pentecôte** : fête chrétienne célébrée le septième dimanche après Pâques pour commémorer la descente de l'Esprit saint sur les apôtres

Chez les **protestants**, la forme et le sens à donner au baptême varient selon les Églises. Dans les « grandes Églises protestantes » (Église luthérienne, Église presbytérienne, Église unie), la cérémonie du baptême est généralement célébrée au cours du service religieux dominical, à l'église, devant la communauté des croyants. L'enfant est présenté au pasteur par les parents, qui affirment leur foi et leur engagement. Les gestes et les paroles du pasteur protestant sont sensiblement les mêmes que ceux du prêtre catholique. Dans les Églises protestantes dites « évangéliques » (par exemple, les Églises baptistes), le baptême se fait par immersion, soit à l'église, soit en plein air, et est donné aux adultes ou aux adolescents. Le baptême signifie alors un engagement personnel envers le Christ Jésus.

Pour plusieurs Églises protestantes, depuis le XIXe siècle, le rite de la confirmation, sans être un sacrement comme chez les catholiques, est un acte solennel qui intervient au terme de plusieurs années d'enseignement religieux. Au cours de sa confirmation, le jeune adolescent fait son entrée dans la communauté de foi des adultes. Il témoigne à cette occasion de sa foi et s'engage publiquement à mener une vie chrétienne. La cérémonie a lieu pendant le culte dominical et est marquée par la bénédiction du pasteur, par imposition des mains. Le jeune adulte est ainsi apte à prêcher devant les membres de sa communauté. Il devient aussi électeur au sein de l'assemblée où se décide l'avenir de l'Église locale.

Rite du baptême selon l'Église pentecôtiste (protestante)

Chez les **orthodoxes**, baptême et confirmation se déroulent en même temps, après la naissance de l'enfant. Au terme *confirmation*, l'Église orthodoxe préfère le terme **chrismation**. Après le rite du baptême faisant appel à l'eau, le nouveau chrétien reçoit l'**onction** du saint chrême. Le prêtre trace une croix sur son front, ses yeux, ses narines, ses lèvres, ses oreilles, sa poitrine, ses mains et ses pieds. L'enfant reçoit ainsi sa part de Vérité, il devient un témoin de la foi. Par la suite, l'enfant reçoit un vêtement blanc, symbole de pureté et d'immortalité. Enfin, on lui coupe une mèche de cheveux pour signifier son premier don à Dieu, ainsi que son esprit d'obéissance et de sacrifice.

Chez les orthodoxes, il n'existe pas de rite de passage à l'adolescence, même si certaines traditions prévoient des cérémonies qui s'y apparentent. En Grèce, par exemple, le jour de la Théophanie (qui correspond à l'**Épiphanie** pour la plupart des chrétiens), on rappelle le baptême de Jésus dans les eaux du Jourdain. Le soir du 5 janvier, veille de l'Épiphanie, le prêtre procède à la bénédiction des eaux baptismales, c'est-à-dire des eaux qui, à l'église, servent au baptême. Le 6 janvier, après la messe, le prêtre bénit les maisons du village. En ville, les femmes ramènent de l'eau bénite pour bénir la maison. Le prêtre bénit également toutes formes d'eaux naturelles (mer, cours d'eau, lac). Il monte à bord d'une barque et récite des prières qui remercient le ciel du don des eaux. Puis, il prend un crucifix, auquel est attaché un brin de basilic, et le jette à l'eau. La croix jetée à l'eau symbolise le baptême qui redonne à la vie son caractère sacré. De jeunes gens plongent alors dans l'eau pour retrouver la croix et la rendre au prêtre.

À L'ORIGINE DU RITE

Dans les Évangiles, Jésus commence sa vie publique après avoir été baptisé par Jean le Baptiste. Pour les chrétiens, c'est là un événement fondateur, car il annonce déjà la mort et la résurrection de Jésus. Après son baptême, Jésus se met à prêcher en Galilée et à rassembler autour de lui des disciples. D'autre part, toujours selon les Évangiles, Jésus se montre à quelques reprises aux apôtres après sa résurrection. C'est à l'une de ces rencontres que Jésus leur confie la mission :

Rite du baptême selon l'Église orthodoxe

*

chrismation : du grec *chrisma*, qui signifie « onction » ; le mot grec *christos* signifie « celui qui a reçu l'onction » : c'est ce titre que l'on accole à Jésus lorsqu'on l'appelle Jésus-Christ

onction : rite qui consiste à oindre quelqu'un, c'est-à-dire à lui conférer un caractère sacré en frottant une partie de son corps avec une huile sainte

Épiphanie : fête chrétienne qui rappelle la visite des mages à l'Enfant Jésus, en qui, selon la Bible, ceux-ci ont reconnu le Messie ; cette fête est aussi appelée jour des Rois

Le Baptême du Christ, icône

«Allez donc auprès des gens de toutes les nations et faites d'eux mes disciples ; baptisez-les au nom du Père, du Fils et du Saint-Esprit.» Dès lors, investis de cette mission, les apôtres commencent à baptiser ceux qui deviendront de nouveaux chrétiens. Le discours de Pierre à la Pentecôte rappelle cette nouvelle mission des apôtres de Jésus. Voici les trois textes des Évangiles qui ont inspiré le rite du baptême chrétien.

LE BAPTÊME DE JÉSUS

 Alors Jésus vint de la Galilée au Jourdain ; il arriva auprès de Jean pour être baptisé par lui. Jean s'y opposait et lui disait : «C'est moi qui devrais être baptisé par toi et c'est toi qui viens à moi !» Mais Jésus lui répondit : «Accepte qu'il en soit ainsi pour le moment. Car voilà comment nous devons accomplir tout ce que Dieu demande.» Alors Jean accepta. Dès que Jésus fut baptisé, il sortit de l'eau. Au même moment le ciel s'ouvrit pour lui : il vit l'Esprit de Dieu descendre comme une colombe et venir sur lui. Et une voix venant du ciel déclara : «Celui-ci est mon Fils bien-aimé ; je mets en lui toute ma joie.»

Évangile selon Matthieu, 3, 13-17, in *La Bible en français courant*, Montréal, Société biblique française, 1997

LA MISSION DES DISCIPLES

 Les onze disciples se rendirent en Galilée, sur la colline que Jésus leur avait indiquée. Quand ils le virent, ils l'adorèrent ; certains d'entre eux, pourtant, eurent des doutes. Jésus s'approcha et leur dit : «Tout pouvoir m'a été donné dans le ciel et sur la terre. Allez donc auprès des gens de toutes les nations et faites d'eux mes disciples ; baptisez-les au nom du Père, du Fils et du Saint-Esprit, et enseignez-leur à pratiquer tout ce que je vous ai commandé. Et sachez-le : je vais être avec vous tous les jours, jusqu'à la fin du monde.»

Évangile selon Matthieu, 28, 16-20, in *La Bible en français courant*, Montréal, Société biblique française, 1997

Le Départ des apôtres, de Charles Gleyre, 1845

LE DISCOURS DE PIERRE À LA PENTECÔTE

Les auditeurs [...] demandèrent à Pierre et aux autres apôtres : « Frères, que devons-nous faire ? » Pierre leur répondit : « Changez de comportement et que chacun de vous se fasse baptiser au nom de Jésus-Christ, pour que vos péchés vous soient pardonnés. Vous recevrez alors le don de Dieu, le Saint-Esprit. Car la promesse de Dieu a été faite pour vous et vos enfants, ainsi que pour tous ceux qui vivent au loin, tous ceux que le Seigneur notre Dieu appellera. »

Actes des apôtres, 2, 37-39, in *La Bible en français courant*, Montréal, Société biblique française, 1997

Encore aujourd'hui, malgré la diversité des confessions chrétiennes, toutes pratiquent le baptême en faisant appel à ces deux éléments fondamentaux : un geste et une parole. Le geste est celui de l'aspersion avec de l'eau ou de la plongée dans l'eau ; la parole est prononcée par le ministre qui baptise : « Je te baptise au nom **du Père, du Fils et du Saint-Esprit**. »

La Pentecôte, d'El Greco, vers 1596-1600

* **du Père, du Fils et du Saint-Esprit** : désignent, chez les chrétiens, les trois personnes de la Trinité

Réflexion faite...

Peux-tu expliquer les origines du baptême chrétien ? Peux-tu expliquer la fonction du baptême chrétien ? Les fonctions du baptême varient-elles selon les Églises chrétiennes ? Peux-tu donner des caractéristiques du baptême dans les différentes Églises chrétiennes ? Quels éléments semblables y trouves-tu ? Quelles en sont les différences ? Y a-t-il un lien entre le rite chrétien du baptême tel qu'il est pratiqué aujourd'hui et les récits bibliques « Le baptême de Jésus », « La mission des disciples » et « Le discours de Pierre à la Pentecôte », insérés aux pages 150 et 151 ? Si oui, lequel ? Y a-t-il des règles associées au baptême chez les catholiques ? Si oui, lesquelles ?

Coiffe micmac,
1895-1905

*

coiffe : coiffure féminine en tissu

totems : chez les peuples amérindiens, représentation des animaux (quelquefois des végétaux ou des objets) qui constituent l'emblème protecteur d'un clan

Totem dressé à Victoria, en Colombie-Britannique

Rites de passage traditionnels chez les Amérindiens

Dans les traditions ancestrales de plusieurs peuples amérindiens du Canada, il existe de nombreux rites de passage qui sont également des rites d'initiation. Ces différents rites marquent des transitions : cérémonie des premiers pas, passage de l'enfance à la vie adulte, capture du premier gibier, ou autre.

Les Micmacs sont un peuple algonquien établi en Gaspésie et dans les provinces maritimes. Traditionnellement, la remise de la **coiffe** était, chez ce peuple, un événement important pour marquer le passage des filles à l'âge adulte. Lorsque les jeunes filles avaient leurs premières règles et devenaient femmes, elles recevaient une coiffe, généralement confectionnée par leur mère ou leur grand-mère. Ce bonnet était porté tous les jours. Il était le signe, visible par tous, que celles qui le portaient étaient en âge de prendre mari et d'enfanter.

Dans bon nombre de traditions amérindiennes, jadis, au moment de la puberté, garçons et filles se rendaient dans un lieu isolé où ils devaient jeûner, se purifier et prier pendant plusieurs jours. Le but de ces jeunes gens était d'avoir une « vision ». Celle-ci témoignait de leur communication personnelle avec l'Esprit créateur. Elle leur faisait aussi rencontrer leur esprit protecteur ou leur donnait l'occasion d'en acquérir un. Souvent de la forme d'un animal, l'esprit protecteur était une sorte de gardien personnel. Au moment de la vision, il transmettait à son protégé les chants et les gestes rituels qui seraient les siens et lui permettraient, sa vie durant, de mieux affronter les moments d'angoisse ou de danger. Par la suite, l'esprit protecteur pouvait être évoqué au moyen de chants, de masques, de **totems**, d'ornements sur les habitations, de motifs peints sur le corps ou d'insignes religieux personnels.

Dans le récit « Comment les papillons apprirent à voler », qui apparaît à la page suivante, tu remarqueras le lien entre ce qu'a vécu la jeune fille au cours de sa vision et les dons ou les capacités qu'elle y acquiert. Les dons de guérison bénéficient par la suite à toute la bande. Cette particularité montre bien le caractère souvent collectif du rite de vision. Celui-ci fait entrer le jeune dans le monde des adultes où il se voit confier son lot de responsabilités nouvelles mais où il acquiert aussi des dons et des savoirs nouveaux.

COMMENT LES PAPILLONS APPRIRENT À VOLER

Quand la Terre était jeune, aucun papillon ne volait çà et là dans les airs et n'illuminait les jours de printemps et d'été de leurs ailes portant les couleurs de l'arc-en-ciel. Il y avait des reptiles, qui furent les ancêtres des papillons, mais ils ne savaient pas voler ; ils ne savaient que ramper par terre. Ces reptiles étaient magnifiques, mais le plus souvent les humains, lorsqu'ils se déplaçaient, ne baissaient pas les yeux vers la terre, aussi ne voyaient-ils pas leur beauté.

En ces temps-là, vivait une jeune femme qui s'appelait Fleur de Printemps et qui était une joie pour tous ceux qui la connaissaient. Elle avait toujours le sourire et un mot gentil à la bouche, et ses mains étaient semblables au printemps le plus frais pour ceux qui étaient atteints de fièvre ou de brûlures. Elle posait ses mains sur eux et la fièvre aussitôt quittait leur corps. Quand elle atteignit l'âge adulte, son pouvoir devint encore plus fort et, grâce à la vision qu'elle avait reçue, elle devint capable de guérir les gens de la plupart des maladies qui existaient alors.

Dans sa vision, d'étranges et belles créatures volantes étaient venues à elle et lui avaient donné le pouvoir de l'arc-en-ciel qu'ils portaient avec eux. Chaque couleur de l'arc-en-ciel avait un pouvoir particulier de guérison que ces êtres volants lui révélèrent. Ils lui dirent que pendant sa vie elle serait capable de guérir et qu'au moment de sa mort elle libérerait dans les airs des pouvoirs de guérison qui resteraient pour toujours avec les hommes. Dans sa vision, il lui fut donné un nom : Celle-qui-tisse-dans-l'air-des-arcs-en-ciel. [...]

Tandis qu'elle vieillissait, le pouvoir de Celle-qui-tisse-dans-l'air-des-arcs-en-ciel grandit encore et tous ceux qui vivaient dans les environs de la région où elle habitait vinrent à elle avec leurs malades, lui demandant d'essayer de les guérir. Elle aidait ceux qu'elle pouvait aider. Mais l'effort de laisser passer en elle tout le pouvoir finit par l'épuiser et un jour elle sut que le moment de remplir la seconde partie de sa vision approchait. Tout au long de sa vie, elle avait remarqué que des reptiles magnifiquement colorés venaient toujours près d'elle quand elle s'asseyait par terre. Ils venaient contre sa main et essayaient de se frotter contre elle. Parfois l'un deux rampait le long de son bras et se mettait près de son oreille.

Un jour qu'elle se reposait, un de ces reptiles vint jusqu'à son oreille. [...] « Ma sœur, dit Celui qui rampait, mon peuple a toujours été là pendant que tu guérissais, t'assistant grâce aux couleurs de l'arc-en-ciel que nous portons sur le corps. À présent que tu vas passer au monde de l'esprit, nous ne savons comment continuer à apporter aux hommes la guérison de ces couleurs. Nous sommes liés à la terre et les gens regardent trop rarement par terre pour pouvoir nous voir. Il nous semble que si nous pouvions voler, les hommes nous remarqueraient et souriraient des belles couleurs qu'ils verraient. Nous pourrions voler autour de ceux qui auraient besoin d'être guéris et laisserions les pouvoirs de nos couleurs leur donner la guérison qu'ils peuvent accepter. Peux-tu nous aider à voler ? » Celle-qui-tisse-dans-l'air-des-arcs-en-ciel promit d'essayer. [...]

Quand le moment fut venu de porter Celle-qui-tisse-dans-l'air-des-arcs-en-ciel à la tombe où elle serait enterrée, [son mari] regarda sur sa couche et, l'attendant, se trouvait le reptile qu'il pensait y trouver. Il le ramassa avec précaution et l'emporta.

Tandis que l'on mettait le corps de sa femme en terre et qu'on s'apprêtait à le recouvrir, il entendit le reptile qui disait : « Mets-moi sur son épaule à présent. Quand la terre sera sur nous, mon corps aussi mourra, mais mon esprit se mêlera à l'esprit de celle qui fut ta femme, et ensemble nous sortirons de terre en volant. Alors nous retournerons vers ceux de mon peuple et leur apprendrons à voler de façon à ce que se poursuive le travail de ton épouse. Elle m'attend. Pose-moi à présent. » [...]

Depuis ce temps-là les papillons sont toujours avec les hommes, éclairant l'air et leur vie de leur beauté.

Sun Bear et Wabun, *La Roue de la médecine : pour une astrologie de la Terre*, traduit de l'anglais par Nelly Lhermillier, Paris, Albin Michel, 1989, p. 271-275

Traditionnellement, chez les Inuits, les rites de passage et d'initiation assurent la transmission de ce qui est nécessaire au groupe : reproduction, chasse, éléments essentiels de la survie. Ce qui distingue l'enfant de l'adulte c'est la capacité qu'a ce dernier de subvenir aux besoins du groupe et d'assurer sa survie. Les rites ont à la fois pour fonction de transmettre des savoirs et de symboliser le passage à un nouvel état, à une nouvelle vie. En voici un que rapporte l'anthropologue Bernard Saladin d'Anglure : « Le premier oiseau, attrapé à la chasse par un jeune garçon, quelle que fût son espèce, était écartelé. On faisait cela, afin que plus tard, lorsqu'il attraperait du gibier, il ne le garde pas tout seul mais le partage avec les autres, quelle que soit l'espèce animale tuée. En fait dès que l'accoucheuse était informée de la performance de son **angusiaq**, elle invitait cinq aînés, hommes et femmes, à venir écarteler l'oiseau avec elle. L'un saisissait la tête, un autre la queue, deux prenaient les pattes et les deux autres les ailes ; au signal chacun tirait de son côté en essayant d'obtenir le plus gros morceau pour le manger cru. Cela donnait lieu à rires et plaisanteries devant le jeune chasseur tout embarrassé.* »

À la page suivante, le récit « L'enfant venu de sous la terre » vient de la tradition micmac. Quand tu le liras, observe bien la manière dont l'enfant vient au monde. Observe également l'importance accordée à la chasse par les parents de l'enfant ainsi que leur réaction à la capture de son premier gibier. Comme c'est le cas chez les Inuits, tu constateras sans doute que certains récits amérindiens servent à transmettre à la fois la sagesse des générations passées et les savoirs nécessaires à la survie du groupe.

*
angusiaq : enfant, garçon ou fille, que l'accoucheuse a aidé à naître

---

* Bernard Saladin D'Anglure, « Pijariurniq. Performances et rituels inuit de la première fois », *Études/Inuit/Studies*, nº 24, Québec, Département d'anthropologie de l'Université Laval, 2000, p. 89-113

L'ENFANT VENU DE SOUS LA TERRE

Un vieil homme et une vieille femme vivaient seuls dans la forêt. Un jour, ils entendirent du bruit. Comme si on frappait. Comme si quelqu'un battait du tambour en écorce de bouleau.

« D'où cela peut-il venir ? » se demanda la vieille femme.

Ils regardèrent partout. À l'intérieur du wigwam. À l'extérieur du wigwam. Après un moment, ils comprirent que le son venait de sous la terre.

Le vieil homme et la vieille femme commencèrent à creuser. Et voilà que sous la terre, ils trouvèrent un petit garçon ! Il le ramenèrent à la maison. Ils le nettoyèrent. La vieille femme lui confectionna des vêtements. Le vieil homme chassa pour le nourrir. Et même s'ils étaient très pauvres et que la chasse n'était pas toujours fructueuse, le vieil homme et la vieille femme étaient heureux de faire tout cela pour le petit garçon venu de sous la terre.

Après un certain temps, comme il était bien nourri, le petit garçon se mit à grandir. Sa croissance fut très rapide. Bientôt, il fut en mesure de leur donner un coup de main. Il se mit à chasser pour eux. Il se mit à pêcher pour eux.

Un jour, l'hiver fut presque là. Le petit garçon leur dit : « Je m'en vais pêcher. »

Et il partit à la pêche. Au bout d'un moment, il en revint : « J'ai attrapé une baleine », dit-il.

Le vieil homme et la vieille femme coururent vers le rivage pour apercevoir la baleine. Mais voilà que, sur le rivage, ils virent un énorme tas d'huîtres. Tous trois prirent place. Le vieil homme sortit son couteau. La vieille femme sortit son couteau. Le garçon qui avait attrapé cette baleine-là sortit son couteau. Et tous trois commencèrent à festoyer. Les huîtres étaient énormes.

Soudain, la vieille femme se leva. Elle avait envie de danser. Elle commença à bouger. Elle dansa autour des huîtres. Elle dansa d'avant et d'arrière, virevolant, tournoyant autour des huîtres. Elle dansa de plus en plus vite. La danse prit possession de son corps. Elle sentait naître en elle le Pouvoir. Puis l'une des huîtres se mit à changer de forme.

L'huître se mit à grossir. Elle gagna en hauteur, elle gagna en largeur. Bientôt, elle occupa autant d'espace que la baleine, *musknik ik'aluj*, soit trente coudées de large, du bout des doigts jusqu'à l'extrémité du coude. L'huître se transformait en baleine sous l'effet de la danse de la vieille femme.

Maintenant, la baleine était là, échouée sur le rivage. Le vieil homme se mit à la dépecer. La vieille femme l'aida. Le garçon venu de sous la terre l'aida lui aussi. Pendant plusieurs jours, tous trois s'affairèrent à découper la chair de la baleine, à la mettre à sécher, à la disposer dans des caches pour l'hiver. Ils mangèrent du lard de baleine, et cela les mit en joie. Désormais, ils avaient suffisamment de nourriture pour passer l'hiver.

Au cours de l'hiver, la vieille femme mourut. Le vieil homme lava son corps. Il l'enveloppa dans un linceul en écorce de bouleau. À ses côtés, il plaça son couteau et son bol.

«Allons!», dit-il au garçon venu de sous la terre. Ils déposèrent le corps sur un traîneau et l'emmenèrent à un certain endroit. Cet endroit était celui où la tribu du vieil homme enterraient ses morts.

Au printemps, le vieil homme revint rendre visite à la vieille femme. Il souleva l'écorce qui recouvrait son visage. Il la regarda. La regarda encore. Il en fut heureux. Alors il se mit à danser…

Extrait de *Six Micmac Stories*, recueillies par Ruth Holmes Whithead, Halifax, Nova Scotia Museum/Nimbus Publishing, 1994 ; extrait traduit par les éditeurs de ce manuel

Réflexion faite…

Après avoir lu ces deux récits, peux-tu énumérer quelques rites traditionnels marquant le passage de l'enfance à l'âge adulte chez certains peuples autochtones ? Que signifie l'expression «avoir une vision», présente dans certaines formes traditionnelles de spiritualité amérindienne ? Les récits de vision étant transmis de bouche à oreille, quelle était, selon toi, l'influence de ces récits chez les jeunes Amérindiens ? Quelle fonction cette vision avait-elle pour ceux qui en faisaient l'expérience ? Dans le récit «L'enfant venu de sous la terre», pourquoi est-il important que le vieil homme et la vieille femme prennent soin de l'enfant trouvé ? Que transmettaient les récits et les rites traditionnels ? Pourquoi ce savoir était-il important ?

Garçon tenant la Torah
pendant la cérémonie
de la *bar-mitsvah*

Rabbin devant les rouleaux
de la Torah

Rites de passage dans le judaïsme

Dans le judaïsme, le libre arbitre, c'est-à-dire la capacité de choisir en toute liberté entre le bien et le mal, tels que les définit la Torah, est donné à l'homme à l'âge de treize ans. Cette entrée dans le monde des adultes est marquée par la cérémonie de la *bar-mitsvah*, dont le nom, signifiant « fils du commandement », sert aussi à désigner le jeune initié.

Le jour du shabbat suivant son treizième anniversaire, le jeune homme est appelé à lire la Torah à la synagogue, devant l'assemblée des fidèles et sa famille. Pour ce faire, il revêt le châle de prière, appelé *talith* ou *tsitsith*, et les phylactères, symbole de sa soumission aux commandements de la Loi. Les phylactères, aussi appelés *tefillin* (prononcer [tefilin]), sont deux boîtiers de cuir noirci qui renferment chacun des rouleaux de parchemin, portant des versets de la Torah ; chaque boîtier est relié à des lanières de cuir qui permettent de fixer à la tête l'un des *tefillin*, l'autre au bras. Le juif pieux doit porter les phylactères pour la prière du matin, sauf pendant le shabbat et les jours de fête.

La lecture du passage de la Torah faite au cours de la cérémonie de la *bar-mitsvah* n'est pas chose facile. Le garçon doit lire sans commettre d'erreur, avec les bonnes intonations, un texte écrit en hébreu et sans voyelle. Sa lecture faite, le fils reçoit la bénédiction de son père. Il s'agit d'un moment important qui confirme que le jeune adulte est désormais totalement responsable de ses actes. Du reste, son père se dégage de cette responsabilité lorsqu'il dit : « Béni soit Celui qui m'a relevé de la responsabilité des fautes commises par ce garçon. » La cérémonie se termine par un discours prononcé par le nouvel adulte et traduisant sa prise de conscience des responsabilités qui sont désormais les siennes. Suivent un repas et la remise de cadeaux.

Cependant, il y a plusieurs façons de pratiquer le judaïsme. Certaines suivent strictement la tradition. Ainsi font les juifs orthodoxes. D'autres introduisent des changements dans les rites. C'est le cas du judaïsme réformé. Ainsi, dès le XIXe siècle, le judaïsme réformé a créé, en faveur des filles, une semblable cérémonie appelée, par analogie, *bat-mitsvah*, c'est-à-dire « fille du commandement ». Cette cérémonie a lieu quand la jeune fille atteint l'âge de douze ans, et elle est conçue dans le même esprit que celle des garçons. Certaines communautés orthodoxes ou conservatrices ont adopté la cérémonie de la *bat-mitsvah*, mais sous une forme collective plutôt qu'individuelle.

LES *TEFILLIN* ET LA BIBLE

Les quatre textes inscrits sur les parchemins que contiennent les *tefillin* sont au cœur de la foi d'Israël et en expriment les principaux commandements. Ces textes sont extraits de la Torah. Les voici, traduits de l'hébreu.

Juif nouant les *tefillin*

Un passage est tiré du livre de l'Exode, chapitre 13, versets 1 à 10. Il exprime la nécessité de se souvenir de la libération du peuple d'Israël d'Égypte. En voici un extrait, alors que Moïse dit au peuple :

> « Mosché dit au peuple : souviens-toi de ce jour où vous êtes sortis de l'Egypte, de la maison des esclaves ; car l'Éternel vous a fait sortir de là avec une main puissante ; il ne doit pas être mangé de (pain) fermenté. » (Ex 13, 3)

Un passage est tiré du livre de l'Exode, chapitre 13, versets 11 à 16. Il rappelle l'obligation de transmettre à ses enfants les éléments essentiels de la foi d'Israël. En voici un extrait.

> « Lorsqu'à l'avenir ton fils te demandera : qu'est ceci ? tu lui diras : d'une main puissante, l'Éternel nous a fait sortir de l'Egypte, de la maison des esclaves. » (Ex 13, 14)

Un passage est tiré du livre du Deutéronome, chapitre 6, versets 4 à 9. Il est la profession de foi du peuple d'Israël en un Dieu unique. Ce passage porte le nom de *Chema*, premier mot du verset qui signifie «écoute». En voici un extrait.

> « Écoute, Israël, l'Éternel notre Dieu, l'Éternel (est) un. » (Dt 6, 4)

Enfin, un dernier passage est tiré du livre du Deutéronome, chapitre 11, versets 13 à 21. Il associe au bien-être et à la prospérité la fidélité aux commandements de la Torah. En voici un extrait.

> « Il arrivera que lorsque vous obéirez à mes commandements que je vous commande aujourd'hui, d'aimer l'Éternel votre Dieu et de le servir de tout votre cœur et de toute votre âme. Je donnerai la pluie de votre pays en son temps ; hâtive et tardive, et tu recueilleras ton blé, ton vin nouveau et ton huile. Je donnerai de l'herbe à ton champ pour ton bétail ; tu mangeras et tu seras rassasié. » (Dt 11, 13-15)

La Bible, Torah, Nevihm, Ketouvim, traduit de l'hébreu par Samuel CAHEN, Paris, © Les Belles Lettres, 1994

Rites de passage dans le judaïsme (suite)

Au nom de la réforme introduite dans le judaïsme au XIXe siècle, certaines branches du judaïsme prévoient également un rite de « confirmation », dont le nom est emprunté au christianisme. Au cours de cette cérémonie, les adolescents de quinze à dix-huit ans, plus mûrs encore qu'au moment de la cérémonie de la *bar-mitsvah*, prennent publiquement conscience des devoirs moraux que leur impose leur appartenance au judaïsme.

Jeune fille lisant la Torah pendant la cérémonie de la *bat-mitsvah*

Une fois devenu « fils du commandement », le jeune homme peut participer à la lecture publique de la Loi, voire, pour les plus doués d'entre eux, diriger l'office religieux. Le jeune homme devient responsable de ses actes. Il peut, selon la loi juive, se marier. Il doit également respecter les 613 commandements de la Loi. De ce nombre, certains sont attachés de près aux textes bibliques contenus dans les *tefillin* portés lors de la cérémonie de la *bar-mitsvah*. C'est le cas, par exemple, de l'obligation faite de réciter quotidiennement le *Chema*. Ce texte fondamental pour la foi d'Israël figure également dans la *mezouzah*. La *mezouzah* est une petite capsule dans laquelle se trouvent deux passages de la Bible et que le juif adulte pieux appose sur le montant de la porte de sa maison. D'ailleurs, le mot hébreu *mezouzah* signifie « montant de porte ». De même qu'en certaines occasions, le juif adulte pieux doit porter les *tefillin*, de même, il doit apposer la *mezouzah* sur sa porte.

Voici les deux passages bibliques contenus dans la *mezouzah*.

 Écoute, Israël, l'Éternel notre Dieu, l'Éternel (est) un. Tu aimeras l'Éternel ton Dieu de tout ton coeur, de toute ton âme et de toutes tes facultés ; et que les paroles que je t'ordonne aujourd'hui soient sur ton coeur. Tu les inculqueras à tes enfants, et tu t'en entretiendras, étant assis dans ta maison, marchant sur la route, à ton coucher et à ton lever. Tu les lieras en signe sur tes mains, et ils seront des *totaphot* (fronteaux) entre tes yeux. Tu les écriras sur les poteaux de ta maison et sur tes portes.

Deutéronome 6, 4-9, in *La Bible, Torah, Nevihm, Ketouvim*, traduit de l'hébreu par Samuel CAHEN, Paris, © Les Belles Lettres, 1994

Il arrivera que lorsque vous obéirez à mes commandements que je vous commande aujourd'hui, d'aimer l'Éternel votre Dieu et de le servir de tout votre coeur et de toute votre âme. Je donnerai la pluie de votre pays en son temps ; hâtive et tardive, et tu recueilleras ton blé, ton vin nouveau et ton huile. Je donnerai de l'herbe à ton champ pour ton bétail ; tu mangeras et tu seras rassasié. Prenez garde à vous, de peur que votre coeur de soit séduit, que vous ne vous détourniez pour servir d'autres dieux, et que vous ne vous prosterniez devant eux. La colère de l'Éternel s'enflammerait alors contre vous ; il fermera les cieux, et il n'y aura pas de pluie ; la terre ne donnera pas son produit, et vous disparaîtrez promptement de ce bon pays que l'Éternel votre Dieu vous donne.

Mettez donc ces paroles-là sur votre coeur et sur votre personne, et liez-les pour signe sur vos mains, et qu'elles soient des *totaphoth* (fronteaux) entre vos yeux. Enseignez-les à vos enfants pour s'y entretenir dans ton séjour à la maison, pendant ta marche, en chemin, à ton coucher et à ton lever. Tu les écriras sur les poteaux de ta maison et sur tes portes. Afin que vos jours se multiplient et les jours de vos enfants, sur la terre que l'Éternel a confirmé par serment à vos ancêtres de leur donner, aussi longtemps que le ciel sera sur la terre.

Deutéronome 11, 13-21, in *La Bible, Torah, Nevihm, Ketouvim*, traduit de l'hébreu par Samuel CAHEN, Paris, © Les Belles Lettres, 1994

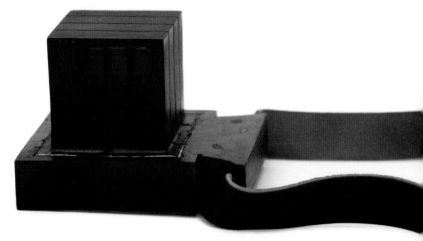

Phylactères ou *tefillin* (détail)

Mezouzah fixée au montant d'une porte

Réflexion faite...

Chez les juifs pratiquants, par quel rite l'entrée dans le monde des adultes est-elle signifiée ? Dans le judaïsme, comment se déroule la cérémonie de la *bar-mitsvah* ? Que t'apprend la lecture des extraits de la Torah ici présentés ? Quels liens fais-tu entre les extraits de la Torah et les rites et les règles du judaïsme ? Quelles sont les règles prescrites par ces textes sacrés ? Y a-t-il des passages, dans les extraits de la Torah que tu viens de lire, qui pourraient justifier l'existence d'un rite d'initiation ? Lesquels ?

Nouveaux rites de passage

La société québécoise est une société pluraliste et laïque. De nombreuses confessions religieuses s'y côtoient, avec des récits, des règles et des rites qui leur sont propres. Mais cette même société compte aussi des gens qui n'adhèrent à aucune religion. D'autres qui ne croient pas en Dieu. D'autres qui sont croyants sans être pratiquants.

Dans une société pluraliste, il n'est donc pas étonnant que cohabitent divers gestes rituels qui marquent le passage à l'âge adulte. Les êtres humains ont besoins de ces signes qui rythment les moments importants de l'existence, lui donnent un sens, tout en témoignant de leur appartenance à un groupe. En étudiant de près ces gestes rituels, il est possible de découvrir leur origine, la manière dont ils se déroulent, les récits qui leur sont associés, voire les règles, souvent non écrites, qui les encadrent ou en découlent.

Parmi ces nouveaux rites de passage, le plus important demeure l'anniversaire de naissance, qui jalonne l'enfance et en mesure la progression. Dans la tradition anglo-saxonne, les filles fêtent souvent

LA LOI QUÉBÉCOISE ET LES DROITS DES JEUNES

La loi québécoise considère qu'en principe, dès l'âge de quatorze ans, les jeunes peuvent consentir seuls à des soins de santé requis par leur état; au même âge, ils sont réputés majeurs pour l'exercice d'une profession, d'un emploi ou d'un art, et peuvent gérer seuls les revenus obtenus dans le cadre de leur travail.

La loi leur donne le droit de détenir un permis de conduire dès l'âge de seize ans.

La loi les considère pleinement majeurs et leur accorde le droit de vote dès l'âge de dix-huit ans.

de façon particulière leur *sweet sixteen* (leurs « doux seize ans »). De même, il existe au Mexique une fête assez semblable, mais qui se tient un an plus tôt: la ***fiesta de quinceañera*** (la « fête de la fille de quinze ans »).

Au nombre des nouveaux rites de passage, dans certains milieux, on compte aussi les voyages à l'étranger. Certains jeunes, après leurs études secondaires ou collégiales, décident de partir en voyage, avec souvent peu de moyens, pour découvrir le monde et se donner un temps de réflexion avant de poursuivre leurs études ou de commencer leur vie professionnelle. Pour certains d'entre eux, c'est aussi l'occasion de se joindre à un organisme de solidarité internationale et de réaliser un voyage d'action humanitaire. Ils souhaitent ainsi découvrir d'autres cultures, s'engager au service d'une cause ou donner un autre sens à leur existence.

Les études sont également un moment important dans le parcours de l'enfant. Il n'est donc pas étonnant que les principaux rites de passage à l'âge adulte soient aujourd'hui associés

*
fiesta de quinceañera : prends note que le *ñ* de l'alphabet espagnol est un *n* surmonté d'un tilde ; on le prononce comme le *gn* en français

Jeune Québécoise séjournant à Sanankoroba, au Mali, en 2006

à la vie scolaire. La fin des études primaires et le passage à l'école secondaire sont de plus en plus soulignés par les familles et les milieux scolaires. Ils sont présentés comme une transition importante et digne de mention. C'est toutefois la fin des études secondaires qui est marquée de rites importants : photos de finissants, bal de graduation, remise des diplômes, fête au sein de la famille. Ce sont là autant d'événements qui font de cette année-là une étape importante dans le parcours des jeunes.

L'entrée à l'université sera pour certains un nouveau passage, marqué souvent dans les différentes facultés par des initiations en tous genres, visant à mettre à l'épreuve les futurs étudiants, à vérifier leur endurance physique et psychologique. De telles pratiques sont en grande partie inspirées d'anciens rites de passage pratiqués dans des tribus amérindiennes ou africaines.

Tous ces nouveaux rites de passage n'excluent pas, pour les jeunes croyants, des gestes à caractère religieux. Dans tous les cas, ces rites de passage se présentent comme autant de façons d'accompagner l'enfant, puis l'adolescent, dans son apprentissage de la liberté et des responsabilités. Ces deux éléments sont au cœur de toute éducation et caractérisent l'âge adulte.

Diplômé portant la toge, coiffé du mortier et tenant son diplôme noué par un ruban

Façade du pavillon principal de l'Université de Montréal

Passage Nord-Sud

Ils en ont fait la promesse. À la fin du secondaire, ils partiront tous les trois au Pérou, en voyage d'aide humanitaire.

Justine, Samir et Marco sont en 3ᵉ secondaire. Amis depuis des années, ils ont décidé de faire partie tous les trois d'un groupe d'élèves engagés dans la préparation d'une mission scolaire à l'étranger.

L'idée a surgi à la fin de la dernière année scolaire, alors que Justine et Samir œuvraient au sein du comité solidarité-monde de l'école. Un jour qu'ils bavardaient avec Marie-Anick, l'animatrice responsable du comité, et que cette dernière leur parlait de son plus récent voyage en Amérique du Sud, Samir s'est écrié : « Pourquoi ne pas partir, nous aussi ? » Le projet venait de naître.

Convaincue que l'initiative était excellente, mais consciente aussi de ce que supposait la réalisation d'un tel voyage, Marie-Anick se chargea d'obtenir l'autorisation préalable des autorités scolaires. Il fut décidé que le voyage se réaliserait deux ans plus tard, au terme de l'année scolaire. Le projet nécessiterait une solide préparation et une grande implication personnelle des élèves décidés à s'engager. Mais ce serait certainement pour eux une expérience inoubliable et une façon magnifique de boucler leur passage au secondaire.

Bien sûr, Samir et Justine avaient tout de suite souhaité faire partie du groupe. Après tout, c'est Samir qui le premier en avait formulé l'idée ! Mais rapidement, ils ont cherché à convaincre Marco, leur ami de toujours, de se joindre à eux. Marco avait envie

de participer au projet, mais se demandait si ses parents seraient d'accord de le laisser s'engager dans ce type de voyage. Il décida de leur en parler. De toute façon, Marie-Anick et le directeur de l'école convoquèrent bientôt les parents de tous les élèves intéressés, pour leur présenter le projet.

Pour les trois amis, la réalisation de ce voyage est devenu un objectif commun, qui les lie jusqu'à la fin de leurs études secondaires. Ils savent qu'il y a beaucoup à faire, que, pendant ces deux années de préparation, ils passeront par des moments de découragement ou de doute, et que l'expérience là-bas pourrait bien ne pas être tous les jours facile. Ils se sont promis encouragement et soutien mutuels.

Ils passeront trois semaines dans un village de montagne, non loin de Lima, la capitale du Pérou. Ils seront logés dans des familles et se retrouveront le jour pour travailler avec un organisme local de développement, chargé de creuser des puits et d'amener de l'eau potable à proximité des villages. Pour Justine et Marco, ce sera une première longue séparation d'avec leurs parents. Samir, qui a l'habitude de passer l'été dans son pays d'origine, sans ses parents, ne s'en inquiète pas, mais craint les conditions de vie difficiles.

Justine a déjà commencé l'apprentissage de l'espagnol. Sa mère, qui se souvient avec joie de son propre voyage de fin d'études, a décidé de s'y mettre elle aussi pour l'encourager. Toutes deux pourront s'exercer à communiquer entre elles dans la langue des Péruviens! Les garçons, quant à eux, s'inscriront au cours optionnel d'espagnol l'an prochain. Samir est un mordu d'histoire. Il a promis aux autres de colliger toute l'information utile sur le Pérou, son histoire, ses habitants et leur mode de vie.

Marco soutient Marie-Anick dans l'organisation du financement. Il a toujours de bonnes idées pour mettre sur pied des activités lucratives et amusantes. Depuis le début de l'année, tous les jeudis, en fin d'après-midi, il transforme l'auditorium de l'école en une salle de cinéma, où sont projetés différents films. L'entrée est payante, mais c'est moins cher qu'au cinéma! Et le public répond présent. L'oncle de Marco, qui est très fier de son neveu, a récemment fait un don au comité pour l'organisation du voyage et encouragé ses nombreux collègues à faire de même.

L'idée, surgie au détour d'une conversation passionnée sur l'engagement communautaire, est devenue un projet d'envergure dont tous sont fiers. Pour la vingtaine de jeunes qui auront eu le désir et le courage de s'impliquer dans sa réalisation, ce voyage deviendra un moment fort de leur parcours scolaire et une expérience unique marquant le passage à une nouvelle étape de leur vie.

Réflexion faite...

Pour quelles raisons ce projet est-il si important aux yeux des trois amis ? Quel est le but premier de ce voyage ? Selon toi, qu'apprendront ces jeunes en participant à un tel projet ? Qu'est-ce qui a déclenché, chez ces trois amis, le désir de participer à une telle aventure ? Qu'est-ce qui fait de ce voyage une sorte de rite de passage ? Ce rite s'inscrit-il dans une tradition ? Suppose-t-il des règles à suivre ? À quelles conditions le projet peut-il se réaliser ? Justifie ta réponse. Aimerais-tu participer à un tel projet ? Pourquoi ?

Allons plus loin

Termine ce chapitre à l'aide d'un exercice qui t'aidera à faire le point sur ce que tu as appris.

Rites religieux à découvrir et à comprendre

◉ Comme tu as pu le constater par les différents exemples proposés, les rites de passage jouent un rôle important dans l'éducation des jeunes, car ils permettent notamment de souligner leur entrée dans le monde des adultes, sur les plans social, politique ou religieux.

◉ Ce chapitre a abordé quelques rites de passage ou rite d'initiation liés à l'adolescence. La plupart des religions comportent de tel rites, dont l'origine, les caractéristiques, les fonctions et les règles en découlant sont diverses. De plus, il existe une grande variété de gestes rituels conçus en dehors de toute appartenance religieuse.

◉ Pour poursuivre ta réflexion, choisis un rite de passage ou un rite initiatique, et présente-le en répondant aux questions suivantes : quel est le nom de ce rite ? quelle est son origine ? quel usage en est-il fait ? ce rite est-il associé à un récit ? si oui, lequel ? des règles sont-elles associées à ce rite ? si oui, lesquelles ?

◉ Tu dois disposer le résultat de tes recherches par écrit, sur une fiche documentaire, qui sera ensuite présentée à la classe.

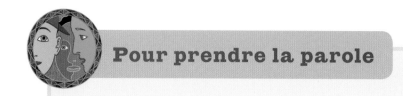

Des formes du dialogue

délibération : examen avec d'autres personnes des différents aspects d'une question (des faits, des intérêts en jeu, des normes et des valeurs, des conséquences probables d'une décision, etc.) pour en arriver à une décision commune

Joël doit-il être sévèrement puni pour le geste qu'il a fait ? Tout le monde n'est pas d'accord. Certains parlent de circonstances atténuantes. Tous les aspects de la question sont abordés. Après délibération, *une réponse commune sera donnée à la question.*

table ronde : rencontre entre quelques personnes choisies pour leurs connaissances sur une question donnée afin d'exposer leurs points de vue respectifs, de dégager une vision d'ensemble et d'échanger avec un auditoire

Réunis en table ronde, *les représentants de chacune des équipes ont fait état de leur recherche sur la situation de l'éducation dans différents pays. Ensemble, ils ont ensuite dressé un portrait de l'éducation dans le monde.*

Découvre d'autres formes du dialogue aux pages 40 et 116.

Des moyens pour élaborer un point de vue

Justification : présentation d'idées et d'arguments logiquement reliés afin de démontrer ou de faire valoir un point de vue ; une justification a pour but de présenter les motifs d'une opinion ou de convaincre les autres du bien-fondé de son point de vue

Il n'est pas facile de définir le bonheur. Après avoir proposé sa propre définition, chacun devra justifier son point de vue en utilisant de bons arguments. Ce procédé porte le nom de justification.

Découvre d'autres moyens pour élaborer un point de vue aux pages 40 et 116.

Des moyens pour interroger un point de vue

Voici quelques procédés qui entravent le dialogue.

La **caricature** consiste à déformer la position ou la pensée de quelqu'un, notamment en la radicalisant ou en la simplifiant, afin de la rendre non crédible.

Maéva se définit elle-même comme une militante de la saine alimentation. Elle mange peu de viande, adore les légumes et fuit les aliments trop gras ou trop sucrés. Parfois, ses camarades

Quelques conditions qui favorisent le dialogue

Pour mieux dialoguer, il faut...

- comprendre dans quelle mesure le dialogue s'inscrit dans la poursuite du bien commun et la reconnaissance de l'autre ;
- distinguer dans les propos des uns et des autres ce qui est communément accepté, ce qui est compris, ce qui crée des tensions ou des conflits et ce qui fait consensus ;
- apporter des nuances à ses propos et reconnaître celles apportées par les autres ;
- etc.

Selon le contexte, tu mettras davantage l'accent sur certaines de ces conditions plutôt que d'autres.

se moquent d'elle. Lorsqu'elle les met en garde contre les effets néfastes de certains aliments, il lui arrive de se faire répondre : « On sait bien… Avec toi, il faudrait arrêter de manger ou se nourrir uniquement de salades ! » Le procédé utilisé à l'encontre de Maéva, par ses camarades, porte le nom de *caricature*.

Le **faux dilemme** consiste à ne présenter que deux possibilités pour faire un choix ; comme l'une est indésirable, l'autre est inévitablement le choix à faire.

Laurent et son jeune frère tournent en rond. Ils s'ennuient. Soudain, l'un s'emporte sur une peccadille, l'autre réagit : dispute instantanée.

– Allez donc dans votre chambre, ordonne leur père qui commence à s'impatienter.

– On n'a pas envie.

– Il y a peut-être quelque chose d'intéressant à la télé ?

– Y a rien.

Le brouhaha continue. Le père s'énerve.

– Ça suffit maintenant : soit vous vous trouvez une activité, soit vous allez vous coucher ! Compris ?

Le père a mis ses fils devant un *faux dilemme*.

La **fausse causalité** consiste en une argumentation qui s'appuie sur un lien douteux de cause à effet entre deux phénomènes.

Entendu à la cafétéria :

– As-tu goûté aux spaghetti ? Ils me semblent moins bons qu'avant.

– Tu as raison. C'était meilleur avant.

Un troisième élève intervient.

– C'est vrai, ça. Depuis que le nouveau directeur est entré en fonction, c'est moins bon à la cafétéria.

Le troisième élève a introduit une *fausse causalité* dans la discussion.

La **fausse analogie** consiste à tenter de justifier une conclusion à l'aide d'une analogie établie entre deux phénomènes qui ne sont pas suffisamment semblables pour justifier ce procédé.

Youcef est en 1ère secondaire. Il vient de rentrer de son entraînement de soccer et essaie d'obtenir la permission de passer la soirée avec ses amis. Sa mère ne veut pas.

– Pas question de sortir. Tu as des devoirs à faire et demain tu vas à l'école.

Omar, son grand frère âgé de vingt ans, lui jette un regard moqueur. Youcef lance à sa mère :

– Omar est sorti hier soir avec ses amis et tu n'as rien dit. Si mon frère a eu le droit de sortir, je dois l'avoir moi aussi.

Youcef défend sa cause à l'aide d'une *fausse analogie*.

La **pente fatale** consiste à affirmer qu'une action entraînera une situation épouvantable en raison d'un enchaînement de causes et d'effets qui, après examen, se révèle douteux, voire impossible.

Nicolas n'est pas encore rentré de l'école. Inquiète, sa mère appelle la mère de Jérôme, pour savoir si par hasard son fils ne serait pas chez elle. Jérôme est seul. Il ignore où se trouve Nicolas. Ce n'est pas la première fois que ça arrive. La mère de Jérôme ne peut s'empêcher de confier à son fils :

– Ça va mal finir, cette histoire. Un jour, Nicolas va faire une vraie fugue et il va se retrouver dans un centre d'accueil !

Le scénario évoqué par la mère de Jérôme renvoie au procédé de la *pente fatale*.

Le **complot** consiste à conclure qu'une personne ou un groupe de personnes qui profitent d'une situation en sont l'origine ou en sont la cause.

Alex et ses copines sont ravis. Pendant la prochaine journée d'activités, il y aura une danse à l'école. Sophie n'aime pas la danse. Elle préférerait regarder un film ou participer à un atelier d'art. Elle a voté contre l'activité de danse, mais la majorité a voté pour. Sophie est certaine qu'Alex et ses amies ont tout fait pour rallier les autres à leur choix. Sophie voit un *complot* dans le comportement des autres élèves.

Découvre d'autres moyens pour interroger un point de vue aux pages 41 et 117.

IV Des **a**spirations

CHAPITRE 8

La liberté et le bonheur

Dans ce chapitre, tu auras l'occasion de réfléchir au sens des mots « liberté » et « bonheur ». Tu feras la connaissance de Joël, qui a été puni pour avoir fait un mauvais choix. Tu liras un extrait d'un poème de Paul Éluard intitulé « Liberté » et qui fut écrit pendant la Seconde Guerre mondiale pour redonner espoir aux résistants français. Tu partiras aussi à la chasse au bonheur avec l'écrivain Jean Giono. Tu découvriras enfin deux conceptions du bonheur inspirées du christianisme et du bouddhisme.

Ce chapitre propose une réflexion sur la **liberté** et ses **limites** : qu'est-ce qu'être libre ? où s'arrête la liberté des uns et celle des autres ? y a-t-il un lien entre liberté et responsabilité ?

La liberté et le bonheur invitent aussi à réfléchir aux notions de **dépendance** et d'**autonomie** : qu'est-ce qu'être heureux ? de quoi le bonheur dépend-il ? le bonheur peut-il être une illusion ? chacun peut-il être libre et heureux ?

Le thème du bonheur permet d'explorer, à travers divers **récits**, certains éléments fondamentaux des religions : quel est le message de Jésus au sujet du bonheur ? quelle fut la vérité révélée au Bouddha ?

Quand je serai grand...

« Quand je serai grand, je serai astronome ! » Danseuse, joueur de hockey, pilote d'avion ou exploratrice, n'as-tu pas, enfant, rêvé ainsi à ton avenir ?

L'enfant grandit quand ses besoins élémentaires sont comblés, quand son intelligence et son imaginaire sont stimulés. Sa quête d'autonomie le conduit à faire les choses par lui-même, sa curiosité et ses désirs stimulent ses capacités. Tout jeune, il est sensible au monde extérieur et soumis aux plus vives émotions. Petit à petit, il apprend à faire des choix, à faire l'apprentissage de la liberté, qui fera de lui

Attention ! Connais-tu toutes les facettes de l'art de dialoguer ? Pour les découvrir, plonge-toi dans la rubrique « Pour prendre la parole » des pages 40-41, 116-117 et 168-169. N'oublie pas : tous les textes de ce chapitre t'aideront à organiser ta pensée, à interagir avec les autres et à élaborer un point de vue étayé.

un individu responsable. Les expériences qu'il vit, les bonheurs et les malheurs qu'il rencontre, sont autant d'occasions de se connaître et de s'affirmer. C'est ainsi qu'en grandissant, il conçoit des rêves, des projets, et s'invente un avenir. Et si le bonheur était le prolongement de nos rêves d'enfance ?

La liberté et ses responsabilités

Tu sais déjà à quel point la liberté et la responsabilité sont importantes pour accéder à l'âge adulte. Car ce qui caractérise le jeune adulte et montre qu'il n'est plus un enfant, c'est sa liberté de choisir et la responsabilité qui en découle. L'enfant qui a atteint l'âge de faire des choix peut être considéré comme responsable de ses actes. Cela étant, qu'est-ce qu'être libre ? Est-on vraiment libre ?

Il est évident que certains aspects de notre vie échappent complètement à notre contrôle. Grandir, vieillir et mourir sont des étapes inévitables de l'existence et vouloir les éviter n'y changera rien. De la même manière, tu ne peux pas te transformer en quelqu'un d'autre ni changer le cours des saisons. Tu n'as pas le choix d'être celui que tu es, garçon ou fille, né dans tel milieu, dans tel pays, de telle nationalité. En ce qui concerne tes origines, tu n'es pas libre, puisque tu n'as pas eu le choix. Ta liberté ne peut s'exercer que lorsqu'un choix est possible.

Tu as déjà eu à faire certains choix et sans doute seras-tu d'accord pour dire qu'il n'est pas toujours facile de choisir. Il existe parfois des raisons très fortes qui nous incitent à faire un choix plutôt qu'un autre. Si tu as le choix entre aller au cinéma ou passer l'après-midi à faire un devoir de maths, il est probable que ton choix se fera aisément. La décision à prendre ne te demande pas beaucoup de réflexion et ses conséquences ne sont pas déterminantes. Par contre, si tu sais que le lendemain tu as un test de maths, ton choix sera peut-être plus difficile à faire, parce qu'il porte davantage à conséquence.

Parfois, devant un choix à faire, ton hésitation est grande, si grande en fait que tu peux être tenté de confier l'issue au hasard : pile, je vais au cinéma ; face, je fais mon devoir de maths ! Il t'est sûrement déjà arrivé aussi d'avoir tellement du mal à te décider que tu aurais voulu que quelqu'un d'autre décide à ta place. Tes temps libres étant comptés, dois-tu participer à l'organisation du spectacle de fin d'année ou continuer de faire partie de l'équipe de soccer, à l'entraînement exigeant ? Aider ta mère à préparer l'anniversaire de

La Québécoise Chantal Petitclerc, quintuple médaillée d'or aux Jeux paralympiques d'été, à Athènes, en 2004, et à Pékin, en 2008

La contralto québécoise Marie-Nicole Lemieux, en 2007

Imaginons un instant

... un monde où il n'y a pas de limite à la liberté individuelle.

Comment s'exprimerait la liberté de chacun ? Quels seraient les problèmes rencontrés ? De quelle façon se régleraient les conflits ? Dans ce contexte, qu'adviendrait-il de la liberté ? À quelle condition peut s'exercer la liberté individuelle ?

ton jeune frère ou passer la soirée avec tes amis ? Chaque fois que tu exerces un choix, tu renonces à quelque chose. Idéalement, tu fais ce choix en ayant examiné toutes les raisons possibles. Par l'exercice de la liberté, tu fais s'épanouir ta personnalité, tu affines ton jugement et affirmes ton identité.

Certains choix peuvent être lourds de conséquences. Si tu choisis d'aller au cinéma plutôt que d'étudier ton test de maths, il se peut que tu échoues. Dans ce cas, tu ne pourras que t'en prendre à toi-même pour avoir pris une mauvaise décision.

Comme tu le sais, les enfants n'ont pas autant de liberté que les adultes. Ils ne portent pas non plus l'entière responsabilité de leurs actes. Sous le regard vigilant de leurs parents, les adolescents font

l'expérience de la liberté. Ils le font de manière progressive, dans le but de pouvoir l'exercer pleinement et de façon mesurée, et ils apprennent à en assumer les conséquences. Souviens-toi de ce que nous avons écrit au sujet de la *bar-mitsvah*, dans le judaïsme. Le jeune garçon devient responsable de ses actes et, du coup, libère son père de cette responsabilité. Mais devient-on jamais complètement libre ?

Être libre ne signifie pas pour autant être autorisé à faire tout ce que tu veux. Si, dans la classe, deux élèves veulent parler en même temps, ou si, dans la salle des étudiants, Élie et Josiane veulent répéter une scène de théâtre, au moment même où Hervé décide de pratiquer son solo de guitare, la liberté des uns nuira forcément à la liberté des autres. On peut être libre, dans la mesure où sa liberté n'entrave pas celle de l'autre.

De la même manière, la nécessité d'obéir à des règles s'accompagne d'un espace de liberté. Par exemple, tu sais que le code de vie de ton école n'autorise pas certains comportements. Tu peux choisir de te soumettre au code de vie de l'école par crainte des sanctions. Tu peux aussi choisir librement de le respecter, parce que tu trouves ces règles sensées et que tu as compris leur raison d'être et qu'elles s'appliquent à tous les élèves.

Certains choix sont guidés par la recherche de plaisir et semblent s'accompagner d'une grande liberté. Il arrive toutefois qu'un choix qui s'est exercé librement une première fois devienne une cause de dépendance et entrave par la suite toute liberté. La première fois que Raphaëlle a fumé un joint, elle était consciente des risques qu'elle prenait. Mais c'est librement qu'elle a choisi de tenter cette nouvelle expérience. Par la suite, Raphaëlle demeurait convaincue d'exercer librement son choix. Au bout d'un certain temps, elle s'est rendu compte qu'elle ne pouvait plus s'en passer : fumer un joint n'était plus un choix.

Inversement, un choix qui semble contraignant à première vue peut se révéler enrichissant et donner accès à des bonheurs qu'on ne soupçonnait pas. Philippe, qui aurait bien aimé participer à l'organisation du spectacle de fin d'année, a finalement décidé de ne pas quitter l'équipe de soccer, dont il faisait partie depuis plusieurs années déjà. Il a participé à tous les entraînements et à tous les tournois. Son équipe s'est classée deuxième, et il était très fier d'avoir contribué à ce succès. Lors du dernier match, son nouvel ami Rodrigo lui a présenté son père, un mordu de technique et de sonorisation, tout comme lui. Philippe lui a parlé avec enthousiasme de sa passion. Quelques jours plus tard, le père de Rodrigo lui a proposé un emploi temporaire durant le festival d'été. Pour Philippe, c'était là une occasion inespérée qu'il n'aurait jamais eue s'il avait cessé de jouer au soccer !

 Réflexion faite...

Est-il facile de faire des choix ? Justifie ta réponse. Qu'est-ce qui rend certains choix plus difficiles à faire ? Donne des exemples. Comment choisir lorsqu'il faut renoncer à quelque chose ? Y a-t-il un lien entre liberté et responsabilité ? Où s'arrête la liberté des uns et celle des autres ? Pourquoi ? Le sentiment de liberté peut-il être trompeur ? Si oui, comment expliquer le phénomène ? D'où vient le désir de liberté des adolescents ?

Le mauvais choix

Joël est allongé sur son lit et fixe le plafond. Il ne parvient pas à oublier ce qui s'est passé ce matin. La journée commençait par un cours d'éducation physique et s'annonçait bien, pourtant. Toute la classe jouait au badminton, le professeur avait formé des équipes et organisé un tournoi. Se sachant assez doué, Joël espérait se retrouver parmi les finalistes. Tout ne s'est pas passé comme prévu. Un événement inattendu a modifié le cours de la matinée.

Lorsque le surveillant, une heure plus tard, est venu le chercher pour le conduire au bureau de la directrice, Joël a compris qu'il avait fait une grosse bêtise. Nerveux, il jurait bien de se défendre et de tout nier. Après tout, qui donc saurait prouver, hors de tout doute, qu'il était impliqué dans l'affaire? Il nierait et trouverait bien par la suite une façon de réparer son geste.

La directrice ne souriait pas, mais paraissait calme. Elle fit entrer Joël dans son bureau et lui intima l'ordre de s'asseoir. Elle prit place derrière son bureau, en silence. Elle le regardait avec attention. Joël jouait nerveusement avec l'ourlet de son chandail, visiblement mal à l'aise. N'en pouvant plus, il s'écria: «Je n'ai rien fait!» Alors, la directrice prit la parole. D'une voix posée, elle relata les faits avec précision et assurance. Joël ne chercha plus à nier.

Il n'avait pas prémédité son geste. Au badminton, furieux d'avoir été éliminé à l'avant-dernier tour, il s'était retrouvé le premier dans

les vestiaires. En voulant récupérer ses affaires, il avait déplacé le pantalon d'un élève. Un billet de dix dollars en était tombé. Joël n'avait pas réfléchi longtemps : il s'était emparé du billet, l'avait glissé dans sa veste et avait remis le pantalon à sa place. Il était certain de ne pas avoir été vu.

Devant Joël, la directrice passa un coup de fil à son père, lui expliqua la situation et lui demanda de venir chercher son fils immédiatement. Au regard que son père lui jeta en arrivant à l'école, Joël comprit qu'il aurait droit à une sévère punition. Il savait maintenant que son geste était inacceptable. Il savait aussi qu'à cause de lui son père avait dû quitter le travail et qu'il avait honte de la conduite de son fils. Tout cela désolait Joël.

Joël sait ce qui l'attend, mais son inquiétude en ce moment porte plutôt sur l'idée qu'on se fait de lui. Lorsqu'il sera autorisé à réintégrer l'école, il devra se présenter avec ses parents, remettre le travail de réflexion exigé, s'engager à ne plus recommencer, rencontrer son camarade de classe en présence de la directrice et lui présenter ses excuses. Mais comment sera-t-il perçu par ses amis ? Comment pourra-t-il de nouveau inspirer de la fierté à son père et regagner la confiance de la directrice ?

Joël ne cesse de repenser à ce que la directrice lui a dit : « Joël, tu es responsable des paroles que tu prononces, comme des gestes que tu fais. Tu t'es retrouvé dans une situation où tu pouvais faire un choix : remettre le billet à sa place ou le garder pour toi. Or, ce billet ne t'appartenait pas et tu savais très bien d'où il venait. Tu as choisi de le voler. Tu dois maintenant assumer les conséquences de ton geste. »

Pourtant, à ce moment-là, Joël n'avait pas conscience de faire un choix. Tout s'était passé si vite. Il n'avait pas réfléchi. Son envie de prendre le billet a été plus forte que tout. Ce n'est que par la suite qu'il avait vraiment pris conscience de ce qu'il venait de faire. Il avait alors éprouvé un certain malaise, ayant le sentiment de ne pas avoir bien agi. Lui-même d'ailleurs n'aurait pas aimé qu'on le vole de la sorte. Mais, alors, il était trop tard pour revenir en arrière et Joël se disait que, de toute façon, personne ne saurait ce qu'il avait fait.

Réflexion faite...

Que penses-tu du geste fait par Joël ? Ce dernier est-il responsable de son geste ? Était-il libre d'agir ainsi ? Joël mérite-t-il d'être sévèrement puni ? Justifie ta réponse. Que penses-tu de sa réaction, lorsqu'il a été conduit au bureau de la directrice ? D'après toi, qu'est-ce qui a convaincu Joël de ne pas mentir ? Comprends-tu les inquiétudes de Joël, maintenant qu'il a reconnu son geste ? Pourquoi ? Joël pourra-t-il minimiser les conséquences de son geste ? Comment ? Penses-tu que Joël refera un tel geste ? Justifie ta réponse. As-tu déjà été soumis à pareille tentation ? Si oui, a-t-il été facile pour toi de faire un choix ?

Vivre libre

Le poète français Paul Éluard

À quelques reprises, dans les chapitres précédents, nous avons évoqué ce terrible moment de l'histoire que fut la Seconde Guerre mondiale. Tu te souviendras que nous avons parlé du mouvement de la Résistance, auquel ont participé un certain nombre de Français, alors que la France était occupée par les troupes allemandes. Parmi ces Français résistants se trouvait un poète appelé Paul Éluard, qui décida de se servir de ses dons littéraires pour militer activement. Né en 1895, Eugène Grindel a décidé d'adopter le nom de sa grand-mère (Éluard) comme pseudonyme, quand il a commencé à publier ses poèmes vers 1914. Pendant la Seconde Guerre mondiale, Paul Éluard a défendu l'idée d'une poésie « engagée », dictée par les événements et mise au service de la Résistance. Il est mort en 1952.

En 1942, Paul Éluard a publié un recueil de poèmes intitulé *Poésie et vérité*, où se trouvait un célèbre poème intitulé « Liberté ». Ce poème se voulait un message d'espoir et d'encouragement lancé à tous les résistants de la France occupée. Il a été imprimé clandestinement, diffusé par radio et parachuté dans les **maquis**, avec des armes et des munitions. À la fin de la guerre, les résistants le connaissaient par cœur.

Tu vas maintenant découvrir un extrait de ce poème et ton enseignant t'en fournira le texte complet. Ce poème a marqué les esprits, aussi bien par sa forme, simple, répétitive, facile à mémoriser, que par son contenu, vibrant appel à la conquête de la liberté perdue.

*
| **maquis** : sous l'occupation allemande, lieux peu accessibles où se regroupaient les résistants

Lorsque la liberté échappe aux êtres humains, elle prend toute sa valeur. En ces temps troublés, Éluard ressent le besoin de s'adresser à la liberté, de la nommer. Il l'évoque dans des lieux tantôt réels, tantôt imaginaires, dans la réalité du monde ou dans l'intimité de l'être. Il veut écrire son nom sur tout ce qu'il aime, sur tout ce qui lui permet de garder espoir.

Si tu lis attentivement l'extrait, tu verras que le poète, dans son énumération, fait allusion aux différents âges de la vie. On ne saurait mieux traduire l'importance de la liberté, fondement même de la vie humaine.

LIBERTÉ

Sur mes cahiers d'écolier
Sur mon pupitre et les arbres
Sur le sable sur la neige
J'écris ton nom

Sur toutes les pages lues
Sur toutes les pages blanches
Pierre sang papier ou cendre
J'écris ton nom [...]

Sur la jungle et le désert
Sur les nids sur les genêts
Sur l'écho de mon enfance
J'écris ton nom [...]

Sur la mousse des nuages
Sur les sueurs de l'orage
Sur la pluie épaisse et fade
J'écris ton nom

Sur les formes scintillantes
Sur les cloches des couleurs
Sur la vérité physique
J'écris ton nom [...]

Sur le fruit coupé en deux
Du miroir et de ma chambre
Sur mon lit coquille vide
J'écris ton nom [...]

Sur mes refuges détruits
Sur mes phares écroulés
Sur les murs de mon ennui
J'écris ton nom

Sur l'absence sans désirs
Sur la solitude nue
Sur les marches de la mort
J'écris ton nom [...]

Et par le pouvoir d'un mot
Je recommence ma vie
Je suis né pour te connaître
Pour te nommer

Liberté.

ÉLUARD, Paul, *Liberté*
© 1945 Les Éditions de Minuit
in *Au rendez-vous allemand*

* | **genêts** : arbrisseaux à fleurs jaunes

Réflexion faite...

Quelle première impression te fait le poème «Liberté»? Quels sont les mots de ce poème qui évoquent l'enfance? Quels sont ceux qui décrivent le monde et ses paysages? Pourquoi écrire partout le mot «liberté»? Relis attentivement la dernière strophe du poème. Quel pouvoir le poète accorde-t-il au mot «liberté»? De quelle sorte de liberté s'agit-il? Quelle est ta définition de la liberté? Y en a-t-il plusieurs?

Bonheur ou malheur

T'es-tu déjà demandé ce qu'est le bonheur? Tu te souviens sans doute de certains moments de ta vie où tu as été vraiment heureux, et d'autres qui t'ont apporté de la tristesse. Mais le bonheur consiste-t-il uniquement à être heureux? Et le malheur, est-ce simplement le contraire du bonheur?

Les notions de bonheur et de malheur ne signifient pas grand-chose pour l'individu dont les besoins les plus élémentaires ne sont pas comblés. Manger à sa faim, avoir un toit, être protégé sont les conditions premières de l'existence humaine. Et il faut bien admettre que, même dans une société riche et développée comme la nôtre, certains n'ont pas ce qu'il faut pour vivre dignement. Et si ces gens connaissent des moments de joie et d'apaisement, le bonheur est un luxe qui n'est pas à leur portée.

Du reste, les gens heureux sont-ils conscients de leur bonheur? Lorsque survient dans notre vie un événement grave, lorsque nous connaissons la souffrance ou lorsque nous vivons un deuil, nous savons que nous sommes malheureux. Lorsque la vie s'écoule paisiblement, qu'aucun heurt ne vient perturber la vie quotidienne, il n'est pas sûr que nous soyons toujours conscients d'être heureux.

Un proverbe dit que les gens heureux n'ont pas d'histoire. Est-ce vrai? L'être humain est manifestement beaucoup plus sensible aux catastrophes qu'aux bonheurs quotidiens. Les bulletins d'information regorgent de mauvaises nouvelles, mais soulignent rarement les bonnes. Peut-être parce que cela ne nous intéresse pas vraiment? Pourtant, nous voulons tous être heureux.

L'être humain cherche le bonheur, sans savoir toujours où le trouver. Tu connais sûrement de ces gens qui ne sont jamais contents de ce qui leur arrive. Tu connais peut-être un camarade qui a reçu en cadeau le vélo de ses rêves, mais qui est déçu de la couleur choisie. Pour sa part, Andréa rêve constamment de posséder des choses inaccessibles ou d'accomplir des choses irréalisables. Du coup, le bonheur lui échappe sans cesse. Le bonheur dépend souvent du regard que nous portons sur le monde qui nous entoure, sur la vie. Être heureux, c'est savoir parfois se satisfaire de ce que l'on a, de ce qui est à sa portée.

D'autre part, on dirait que certaines personnes se laissent happer par le malheur et lui accordent beaucoup de pouvoir sur leur vie. Or la souffrance fait partie de la vie. Un jour ou l'autre, chacun est confronté à la fin d'une étape dans sa vie, au départ d'un ami, à la mort d'un être cher ; chacun vit des ruptures et des abandons, connaît la souffrance physique ou psychologique. Dans de tels moments, nous comptons sur nos vrais amis pour nous aider à surmonter le malheur. Il y a cinq ans, Tom, le frère aîné de Léa, a été victime d'un grave accident de ski. Tom vit normalement, mais il ne peut plus pratiquer les sports qu'il aimait. Léa comprend sa peine, mais elle est exaspérée de le voir se plaindre sans cesse et rechercher la pitié des autres. Léa aimerait tant que Tom mesure sa chance d'être en vie et soit heureux.

Léa a décidé de ne pas attendre le bonheur : elle fait en sorte qu'il se manifeste. Quand Léa a voulu être admise au programme de théâtre de son école, elle a préparé soigneusement son audition. Elle s'est fait aider par son père et a su maîtriser son trac. Et elle a été reçue ! Certes, Léa ne réussit pas chaque fois tout ce qu'elle entreprend,

LE MALHEUR DE DAVID

On dit que le bonheur est relatif ou que le bonheur des uns fait le malheur des autres. La sagesse populaire est riche en expressions de toutes sortes concernant le bonheur et qui ont souvent un fond de vérité. David était fier de montrer à ses amis le nouveau jeu électronique offert par ses parents à son anniversaire. Mais lorsque Jérémy lui a montré sa nouvelle console de jeu, la joie de David est tombée. Soudain, le cadeau de ses parents, si ardemment désiré, lui paraissait moins intéressant. La joie de Jérémy a fait fondre la joie de David. Et son bonheur en est atteint. Le bonheur serait-il soluble dans la jalousie ?

mais quand elle échoue, elle se ressaisit et se remet au travail, ou alors elle comprend qu'il vaut mieux changer ses plans. Que te dire d'autre : Léa est une heureuse nature.

Nous n'avons pas tous la force de caractère de Léa, mais nous pouvons tout de même décider de faire dépendre notre bonheur de nous-mêmes. Il est tentant de penser qu'il existe une recette magique, qui rende heureux. Partout, la publicité promet le bonheur : être plus beau, plus riche, en meilleure forme ; avoir une maison, une auto, des tonnes d'objets utiles et inutiles… La publicité tient-elle ses promesses ? Et ses promesses sont-elles le bonheur ?

Mais alors, qu'est-ce que le bonheur ? Une idée agréable à concevoir, une émotion profonde, un état de bien-être. Oui, mais encore ? Une quête personnelle, empreinte de courage et de confiance, un sentiment qui se nourrit aussi du bonheur des autres.

Peut-on toujours être heureux ? Non, car l'être humain oscille sans cesse entre ses désirs et ses limites, ses espoirs et ses déceptions. En somme, il est toujours à la recherche du bonheur. Si le bonheur absolu lui échappe, nombre de bonheurs plus petits sont à sa portée et peuvent donner un sens à sa vie.

La raison d'être du bonheur et du malheur préoccupe les êtres humains depuis qu'ils se posent des questions. La mythologie, nous l'avons vu, a permis aux anciens Grecs de fournir des réponses à différentes questions sur l'existence ou sur la réalité. Ainsi, à travers le mythe de Pandore, les Grecs ont cherché à expliquer l'origine de la souffrance et de tous les maux qui affligent l'humanité.

 **Réflexion faite…**

Selon toi, qu'est-ce que le bonheur ? Pourquoi, selon certains, le bonheur est-il relatif ? Comment être heureux ? Le bonheur est-il à la portée de tous ? Sommes-nous toujours conscients de notre bonheur ? Le sommes-nous de notre malheur ? D'où vient le malheur ? Pourquoi sommes-nous plus sensibles aux mauvaises nouvelles qu'aux bonnes ? Comment surmonter le malheur ?

LE MYTHE DE PANDORE

Dans la mythologie grecque, le mythe de Pandore appartient aux récits qui traitent de la création de l'humanité. Pour les Grecs de l'Antiquité, il est aussi une réponse possible à des questions qui ont toujours préoccupé les êtres humains : d'où vient le mal ? Pourquoi existe-t-il ?

Selon certains récits mythologiques, la création de l'homme fut confiée à Prométhée, ami de Zeus, lui-même roi de l'Olympe, et à son frère Épiméthée. Les deux frères étaient de la race des Titans. Épiméthée se chargea de doter tous les animaux de la création des meilleurs dons : force, rapidité ou courage, plume, fourrure ou coquille, etc. Lorsque arriva le tour des mortels (ainsi appelait-on les êtres humains), il ne lui restait plus rien à distribuer. Épiméthée appela alors son frère à l'aide.

Prométhée poursuivit le travail de création et fit en sorte d'assurer la supériorité de l'espèce humaine sur les autres espèces animales, en faisant adopter à l'être humain la station debout, à la manière des dieux, et en lui donnant le feu, qu'il avait dérobé dans le monde céleste. Prométhée trompa aussi les dieux pour qu'au moment des sacrifices, les êtres humains, ayant offert aux dieux la graisse et les os, puissent garder la chair des animaux sacrifiés pour eux-mêmes.

De tout cela, Zeus fut très en colère. Aussi décida-t-il de se venger. Comme il n'y avait alors dans l'espèce humaine que des hommes, il fit forger par le dieu des forges, Héphaïstos, la première femme, jolie, douce et charmante, qui allait se révéler une véritable calamité pour les hommes. Les dieux offrirent à la jeune femme une robe blanche magnifique, un voile brodé, des guirlandes de fleurs et une couronne d'or. L'ayant ainsi transformée en une créature superbe, ils l'appelèrent Pandore, qui signifie en grec « don de tout ».

Avant de l'envoyer parmi les mortels, les dieux remirent à Pandore une boîte, dans laquelle chacun avait rangé un malheur destiné à l'humanité, et ils lui recommandèrent bien de ne l'ouvrir sous aucun prétexte. Sur terre, Épiméthée accueillit Pandore. Son frère Prométhée lui avait pourtant

Pandora, peinture d'inspiration victorienne, XIXᵉ siècle

conseillé de ne jamais accepter de cadeaux venant des dieux. Épiméthée ignora ce conseil. Il fut séduit par Pandore et l'épousa.

Pandore était curieuse et elle ne put résister à son envie de plus en plus grande d'ouvrir la boîte que les dieux lui avaient remise. Lorsqu'elle souleva le couvercle, tous les maux qui affligent depuis l'humanité s'échappèrent de la boîte : chagrins, malheurs, crimes, désastres, rien ne fut épargné aux mortels. Réalisant l'ampleur de la catastrophe qu'elle avait provoquée, Pandore rabattit précipitamment le couvercle. Trop tard. Tous les malheurs s'étaient échappés et se répandaient partout. Cependant, la boîte n'était pas entièrement vide. Seule, tout au fond, demeura l'espérance, cadeau d'un dieu, et qui aujourd'hui encore sert de réconfort à l'humanité au milieu de la souffrance.

Selon ce mythe grec, c'est ainsi que les mortels comprirent qu'on ne défie pas impunément les dieux et qu'ils durent apprendre à composer avec le malheur.

Des quêtes de bonheur

L'écrivain Jean Giono est né en 1895, dans le sud-est de la France, à Manosque, village qu'il n'a quitté qu'en de rares occasions et où il est mort en 1970. Fils unique d'une famille modeste, il a dû interrompre ses études à l'âge de seize ans pour aider ses parents. Il poursuivit seul sa formation, au contact notamment des grands textes de la littérature. Le succès connu par *Colline*, son premier roman, lui a permis de vivre de sa plume. Jean Giono a laissé une œuvre riche, empreinte d'humanisme.

Sous le titre *La Chasse au bonheur*, l'éditeur de Jean Giono publia après sa mort, en 1988, un recueil des chroniques que Giono avait écrites pour des journaux, entre 1966 et 1970. Lis-en maintenant un extrait. Tu y trouveras les réflexions d'un homme qui, au terme de sa vie, s'interroge notamment sur le bonheur, les façons de le connaître et d'en profiter.

L'écrivain français Jean Giono, dans les environs de Manosque en 1941

Tout le monde chasse au bonheur.

On peut être heureux partout.

Il y a seulement des endroits où il semble qu'on peut l'être plus facilement qu'à d'autres. Cette facilité n'est qu'illusoire : ces endroits soi-disant privilégiés sont généralement beaux, et il est de fait que le bonheur a besoin de beauté, mais il est souvent le produit d'éléments simples. Celui qui n'est pas capable de faire son bonheur avec la simplicité ne réussira que rarement à le faire, et à le faire durable, avec l'extrême beauté.

On entend souvent dire : « Si j'avais ceci, si j'avais cela, je serais heureux », et l'on prend l'habitude de croire que le bonheur réside dans le futur et ne vit qu'en conditions exceptionnelles. Le bonheur habite le présent, et le plus quotidien des présents. Il faut dire : « J'ai ceci, j'ai cela, je suis heureux. » Et même dire : « Malgré ceci et malgré cela, je suis heureux. »

Les éléments du bonheur sont simples, et ils sont gratuits, pour l'essentiel. Ceux qui ne sont pas gratuits finissent par donner une telle somme de bonheurs différents qu'au bout du compte ils peuvent être considérés comme gratuits. [...]

Il n'est pas de condition humaine, pour humble ou misérable qu'elle soit, qui n'ait quotidiennement la proposition du bonheur : pour l'atteindre, rien n'est nécessaire que soi-même. Ni la **Rolls**, ni le

Champ de lavande en Provence

compte en banque, ni **Megève**, ni **Saint-Tropez** ne sont nécessaires. Au lieu de perdre son temps à gagner de l'argent ou telle situation d'où l'on s'imagine qu'on peut atteindre plus aisément les pommes d'or du **jardin des Hespérides**, il suffit de rester de plain-pied avec les grandes valeurs morales. Il y a un compagnon avec lequel on est tout le temps, c'est soi-même : il faut s'arranger pour que ce soit un compagnon aimable. Qui se méprise ne sera jamais heureux et, cependant, le mépris lui-même est un élément de bonheur : mépris de ce qui est laid, de ce qui est bas, de ce qui est facile, de ce qui est commun, dont on peut sortir quand on veut à l'aide des sens.

Dès que les sens sont suffisamment aiguisés, ils trouvent partout ce qu'il faut pour découper les minces lamelles au microscope du bonheur. Tout est de grande valeur : une foule, un visage, des visages, une démarche, un port de tête, des mains, une main, la solitude, un arbre, des arbres, une lumière, la nuit, des escaliers, des corridors, des bruits de pas, des rues désertes, des fleurs, un fleuve, des plaines, l'eau, le ciel, la terre, le feu, la mer, le battement d'un cœur, la pluie, le vent, le soleil, le chant du monde, le froid, le chaud, boire, manger, dormir, aimer. Haïr est également une source de bonheur, pourvu qu'il ne s'agisse pas d'une haine basse et vulgaire ou méprisable : mais une sainte haine est un brandon de joie. Car le bonheur ne rend pas mou et soumis, comme le croient les impuissants. Il est, au contraire, le constructeur de fortes charpentes, des bonnes révolutions, des progrès de l'âme. Le bonheur est la liberté.

Jean GIONO, *La Chasse au bonheur*, Paris, Gallimard, Folio, 1988, p. 100-103

*

Rolls : diminutif de Rolls-Royce, voiture de grand luxe

Megève : ville des Alpes françaises, station d'hiver très renommée

Saint-Tropez : à l'origine village de pêcheurs sur la Côte d'Azur, l'endroit devient dans les années 1950 un lieu de villégiature à la mode

jardin des Hespérides : dans la mythologie grecque, jardin des dieux, gardé par des nymphes appelées Hespérides, et où poussent des arbres donnant des pommes d'or

Réflexion faite...

D'après toi, que veut dire Jean Giono lorsqu'il affirme que le bonheur a besoin de beauté? Qu'en penses-tu? Quelles sont, selon Giono, les conditions du bonheur? Toujours selon Giono, quel serait donc ton inséparable compagnon? Est-ce toujours facile de s'entendre avec lui? Pourquoi? Parmi toutes les sources de bonheur que nomme Giono, quelles sont celles qui te paraissent étonnantes? Et quelles sont celles que tu reconnais toi aussi comme des sources de bonheur? Si le bonheur est la liberté, quelles en sont les limites?

Jésus guérissant un aveugle, d'El Greco (1577-1578)

Les Béatitudes : le bonheur selon les Évangiles

Du point de vue chrétien, le bonheur est généralement considéré comme un état de perfection divine, un idéal dont l'être humain peut s'approcher, mais auquel il n'accède pas sans l'aide de Dieu.

Selon les Évangiles, au cours de sa vie publique, Jésus a passé l'essentiel de son temps à enseigner et à prêcher, à soigner les malades et les infirmes. Des foules le suivaient. Un jour, Jésus s'est rendu sur une montagne, et là, entouré de ses disciples, il s'est adressé à la foule venue à sa rencontre. Ses propos, rapportés dans l'Évangile selon Matthieu, sont connus sous le nom de « Sermon de la montagne », précédé d'une introduction appelée « Les Béatitudes ». Il s'agit de l'un des textes les plus importants du Nouveau Testament. Jésus y parle, d'une part, de vertus qui feront que l'être humain est béni de Dieu et, d'autre part, d'états difficiles qui seront totalement transformés dans le royaume des cieux.

Dans l'extrait que tu vas lire maintenant, Jésus évoque des qualités humaines, empreintes d'amour et de sollicitude. Sur terre, ces qualités ne sont pas toujours valorisées chez l'être humain, mais elles sont reconnues par Dieu. Dieu promet aux êtres de vertu une joie intérieure que rien ne pourra altérer. Au début de son sermon sur la montagne, Jésus formule aussi des paroles de soutien et d'espoir pour ceux qui vivent des situations difficiles. Le royaume des cieux qu'il annonce fera disparaître toutes ces détresses et amènera un grand bonheur.

Le Sermon sur la montagne, Jean-Baptiste de Champaigne, XVIIᵉ siècle

LES BÉATITUDES OU SERMON SUR LA MONTAGNE

Quand Jésus vit ces foules, il monta sur une montagne et s'assit. Ses disciples vinrent auprès de lui et il se mit à leur donner cet enseignement :

« Heureux ceux qui se savent pauvres en eux-mêmes,
    car le Royaume des cieux est à eux !

Heureux ceux qui pleurent,
    car Dieu les consolera !

Heureux ceux qui sont doux,
    car ils recevront la terre que Dieu a promise !

Heureux ceux qui ont faim et soif de vivre
    comme Dieu le demande,
        car Dieu exaucera leur désir !

Heureux ceux qui ont de la compassion pour autrui,
    car Dieu aura de la compassion pour eux !

Heureux ceux qui ont le cœur pur,
    car ils verront Dieu !

Heureux ceux qui créent la paix autour d'eux,
    car Dieu les appellera ses fils !

Heureux ceux qu'on persécute parce qu'ils agissent
    comme Dieu le demande,
        car le Royaume des cieux est à eux !

Heureux êtes-vous si les hommes vous insultent, vous persécutent et disent faussement toute sorte de mal contre vous parce que vous croyez en moi. Réjouissez-vous, soyez heureux, car une grande récompense vous attend dans les cieux. C'est ainsi, en effet, qu'on a persécuté les prophètes qui ont vécu avant vous. »

Évangile selon Matthieu, 5, 1-12, in La *Bible en français courant*, Montréal, Société biblique française, 1997

La liberté et le bonheur • 187

Le Bouddha ou le bonheur à travers le détachement

Le bouddhisme propose à l'homme d'accéder au repos de l'esprit à travers une attitude de détachement. L'être humain doit apprendre à s'affranchir de ses désirs pour éviter la souffrance, il doit aspirer à un état de sérénité face au bonheur et au malheur.

Le mot *Bouddha* signifie «l'Éveillé» (ou «celui qui s'est éveillé»). Ce nom a été donné à Siddhartha Gautama par ses disciples, qui reconnurent en lui un maître leur enseignant une doctrine nouvelle.

Siddhartha Gautama est né en Inde, au VIe siècle avant l'ère chrétienne. Il appartenait au clan des Shakya, peuple indien peu nombreux. Selon la tradition, Siddhartha était le fils d'un roi et fut élevé au palais de son père. Il épousa une princesse, Yashodara, qui lui donna un fils. Lorsqu'à l'âge de trente ans, voulant découvrir le monde, Siddhartha sortit pour la première fois de l'enceinte du palais familial, il eut la révélation de la douloureuse condition humaine. Sur son chemin, il croisa successivement un vieillard, un malade et un cadavre qui lui firent prendre conscience de la fragilité de la vie, menacée par la vieillesse, la maladie et la mort.

Un autre jour, Siddhartha fut troublé par la rencontre d'un **ascète** itinérant, qui semblait heureux et dont il décida de suivre l'exemple pour se libérer de la souffrance. Les textes bouddhiques racontent que son père voulut l'empêcher de quitter le palais, mais qu'avec la complicité des dieux, qui plongèrent toute la cour dans un profond sommeil, Siddhartha parvint à quitter le nid douillet de son enfance. Il renonça à son statut de prince pour errer à travers le pays.

Il se mit à jeûner, s'imposa de rudes conditions de vie et frôla la mort. Puis il comprit que ce n'était pas la bonne voie. Pour parvenir à se libérer véritablement de la

ascète : qui s'impose, par piété, des privations et une vie austère

Statue repésentant le Bouddha, dans le temple Wat Mahathat, en Thaïlande

LES « QUATRE NOBLES VÉRITÉS »

Peinture murale ornant le temple bouddhique
Bodhnath, au Népal

Le Bouddha s'est éveillé à la connaissance de toutes choses. Il a résumé cette forme de connaissance sous le nom de « Quatre Nobles Vérités » :

la vérité de la souffrance : toute vie implique douleur et insatisfaction (marqués notamment par l'inévitable disparition d'un être cher ou d'un objet, ou par la fin d'une situation) ;

la vérité de l'origine de la souffrance : la souffrance vient du désir et de l'attachement (eux-mêmes causés par une conception fausse de sa propre nature et de celle des choses) ;

la vérité de la cessation de la souffrance : la fin de la souffrance est possible ; la souffrance cesse lorsqu'on renonce au désir ; cette « extinction » des désirs porte le nom de *nirvana*, soit un grand repos, une sorte d'indifférence au bonheur et au malheur ;

la vérité de la Voie : cette voie conduit à la cessation de la souffrance ; elle est le moyen proposé par le Bouddha pour sortir des illusions ; c'est une voie à huit branches, appelée le « noble sentier octuple », dont les éléments reposent sur trois aspects : la conduite éthique, la discipline mentale et la sagesse.

souffrance, il devait éviter les extrêmes : renoncer à une vie de plaisirs, mais aussi à une vie de pénitences. Un jour, près de l'arbre qui devint l'arbre de la *bodhi* ou arbre de « l'Éveil », Siddhartha, après avoir résisté aux tentations du démon Mara, s'éveilla à la connaissance, c'est-à-dire à la connaissance du *dharma* (la « vérité ») de l'existence humaine. Dès lors, il fut considéré comme le Bouddha, l'Éveillé.

Le Bouddha fit part de sa connaissance à quelques disciples, qui formèrent la première communauté bouddhique, puis il parcourut l'Inde pour prêcher le *dharma* à des fidèles de plus en plus nombreux.

Le bouddhisme, né en Inde au VIᵉ siècle avant l'ère chrétienne, se répandit dans l'Asie du Sud-Est, au Tibet, en Chine, en Mongolie, au Japon et en Corée. À partir du XIᵉ siècle toutefois, il fut concurrencé, dans son pays d'origine, par l'hindouisme et par l'islam. L'Inde compte aujourd'hui moins de un pour cent de bouddhistes.

Au cœur des différentes pratiques du bouddhisme, il y a un même besoin fondamental : atteindre une certaine sérénité dans un monde où règne la souffrance et où la vie est éphémère.

Détail d'un monument représentant l'empreinte des pieds du Bouddha, près de Kyoto, au Japon

Allons plus loin

Termine ce chapitre par un exercice qui t'aidera à faire le point sur la notion de bonheur.

À chacun son bonheur

⊙ Il n'est pas facile de définir le bonheur. Mais chacun peut témoigner de ses expériences, heureuses ou malheureuses. Peut-on tirer de toutes ces réflexions quelques conclusions générales sur le bonheur? Que penser de tous ces proverbes qui tentent de résumer ce que sont le bonheur et le malheur?

⊙ Voici quelques proverbes sur le bonheur:

Les gens heureux n'ont pas d'histoire.
Le bonheur des uns fait le malheur des autres.
Le malheur des uns fait le bonheur des autres.
L'argent ne fait pas le bonheur.
À quelque chose malheur est bon.
Un malheur n'arrive jamais seul.
Le mal vient à cheval et le bonheur à pied.
Il n'est point de bonheur sans nuage.
Est heureux qui sait l'être.
Le bonheur va vers ceux qui savent rire.

Prends le temps de réfléchir à la signification de ces proverbes. Qu'en penses-tu: d'accord ou pas d'accord?

⊙ Forme une équipe avec quelques camarades. Ensemble, choisissez l'un de ces proverbes. Prenez le temps de bien comprendre le sens du dicton que vous avez choisi. À quelle définition du bonheur renvoie-t-il? Le bonheur peut-il être défini? Y a-t-il des conditions préalables à son existence? Sont-elles variables selon les individus? Discutez de ces questions, puis décidez si vous êtes d'accord ou non avec le sens du proverbe choisi.

⊙ À la suite de l'ensemble des exposés, les élèves devront établir ensemble des liens entre les divers proverbes et dégager les différentes conceptions du bonheur qui transparaissent dans ces dictons populaires.

CHAPITRE 9

Des rites tout au cours de l'existence

Ce chapitre porte sur quelques rites qui balisent le cours de l'existence, plus particulièrement ceux entourant le mariage et la mort. En le parcourant, tu t'interrogeras sur certains symboles, textes ou rites propres à certaines religions. Ainsi, tu verras comment les couples célèbrent leur union dans différentes religions. Tu apprendras comment ces mêmes religions ont mis au point des rites funéraires spécifiques. Tu liras aussi l'histoire d'un jeune orphelin amérindien qui parvient à communiquer avec le royaume des morts. Enfin, tu feras la connaissance de Julie et de Iliana qui, lors d'une visite au cimetière, découvrent des aspects méconnus des rites entourant la mort.

Ce chapitre permet donc de faire le point sur certains **éléments fondamentaux de quelques religions** : quelle importance revêt le mariage dans ces religions ? comment se déroule la cérémonie ? quelles sont les caractéristiques de certains rites funéraires religieux ? qu'est-ce qui différencie ces rites ? quels sont leurs points communs ?

Il te propose également une réflexion sur les notions de **dépendance** et d'**autonomie** : à quoi les êtres humains aspirent-ils au cours de leur vie ? quelles formes la quête de bonheur des individus peut-elle prendre ? qu'est-ce qui rend possible cette quête de bonheur ? quelles en sont les limites ?

> Attention ! Connais-tu toutes les facettes de l'art de dialoguer ? Pour les découvrir, plonge-toi dans la rubrique « Pour prendre la parole » des pages 40-41, 116-117 et 168-169. N'oublie pas : tous les textes de ce chapitre t'aideront à organiser ta pensée, à interagir avec les autres et à élaborer un point de vue étayé.

Mener sa vie

Pour mener sa vie, l'être humain a besoin d'autonomie, en quoi il voit souvent un moyen d'être heureux. La plupart des gens aspirent au bonheur. Tout comme diffèrent les motifs d'être heureux, le bonheur peut prendre diverses formes.

Pour être heureux, l'être humain cherchera d'abord à satisfaire ses besoins : sécurité, bien-être, affection, épanouissement personnel, etc. Cependant, la réalité s'oppose parfois à ses aspirations. Argent, santé, travail, déménagements, ruptures, départs : ce sont là autant de limites à la liberté et à l'autonomie individuelle. Ce sont des obstacles sur le chemin du bonheur, sans l'empêcher pour autant.

L'amour est la forme de bonheur le plus souvent recherchée par les êtres humains. Nombreux sont les gens qui font d'une relation amoureuse exclusive le pivot de leur existence. S'appuyant sur cette relation, certains décident de franchir une nouvelle étape et de fonder une famille. La vie quotidienne du couple s'en trouvera bouleversée. Ce petit être, dont les parents ont dorénavant la responsabilité, leur donne une confiance et un bonheur nouveaux. Dans cette nouvelle vie qu'entraîne la naissance d'un enfant, l'autonomie, le discernement et le sens des responsabilités sont nécessaires aux parents. La plupart des religions reconnaissent l'importance de l'union et de la procréation en faisant appel à des rites qui symbolisent à la fois l'événement et les changements qu'il entraîne. Religieux ou non, le mariage fait partie de ces rites fondamentaux. Selon les religions, d'autres rites viendront marquer le moment des fiançailles, le départ des futurs époux du toit familial, l'entrée dans leur nouvelle demeure, etc.

Au cours d'une vie, les aspirations au bonheur et le désir d'autonomie subiront les contre-coups des épreuves, de la maladie et, en fin de compte, de la mort. Ces aléas de l'existence donneront sans doute l'occasion de mesurer l'importance de l'autonomie et les effets de son absence. Là encore, pour les croyants, les religions viendront ponctuer ces moments clés de l'existence, en faisant appel à des rites autour de la maladie ou de la mort. En de telles occasions, les rites donnent un sens à l'épreuve individuelle et unissent la communauté autour de gestes spécifiques. C'est souvent dans ces moments de fragilité et de détresse que la présence des autres prend toute sa valeur. Les autres deviennent alors un rempart contre le désespoir. L'être humain a besoin de la solidarité qui le lie à ses semblables et l'aide à surmonter les épreuves. L'autonomie de chacun trouve là aussi à s'exprimer, en résonance avec autrui.

Rites autour du mariage

Parmi les différentes quêtes de bonheur qui agitent les êtres humains, la recherche de l'amour occupe une place importante. L'engagement de deux êtres l'un envers l'autre se fait devant la société et se traduit par l'adoption d'un mode de vie : celui du couple. Cette union s'accompagne souvent d'un rite, religieux ou non.

Toutes les histoires d'amour ne conduisent pas au mariage, et tous les mariages, historiquement, n'ont pas été conclu par amour. En effet, le mariage a longtemps été un contrat établi entre deux familles, entre deux individus, pour assurer leur descendance et préserver le patrimoine familial. De nos jours, dans nos sociétés, le mariage est fondé sur l'amour. Civil ou religieux, le mariage, lorsqu'il est célébré, permet au couple d'officialiser sa relation à travers un rite, de témoigner publiquement de son amour et de son engagement et cela, en règle générale, en vue de fonder une famille.

D'autre part, de nos jours, plusieurs couples ont choisi la vie commune et ont des enfants sans être mariés. La loi les reconnaît comme conjoints de fait et, s'il y a lieu, comme parents. De la même manière, la Loi sur le mariage civil, au Canada, et la Loi instituant l'union civile, au Québec, reconnaissent le mariage civil entre personnes de même sexe, alors que la plupart des religions s'y opposent.

Plusieurs religions ont prévu un rite spécifique à l'union matrimoniale. Dans les pages qui suivent tu trouveras un aperçu des rites de mariage dans le christianisme, le judaïsme, l'islam et l'hindouisme. Il va sans dire qu'à l'intérieur même de ces religions les manières de procéder peuvent varier d'un pays à l'autre. Quoi qu'il en soit, le rite du mariage a une fonction : celle d'officialiser l'union de deux êtres aux yeux de la société. Comme tu le constateras, il tire souvent son origine de textes religieux anciens. Il s'accomplit à travers un certain nombre de gestes caractéristiques et s'accompagne d'exigences qui règlent en partie la vie à deux.

Anneaux de mariage

échange des consentements :
moment de la cérémonie où les fiancés
acceptent de devenir époux et épouse, en
répondant par l'affirmative à la question
qui leur est posée

Le mariage dans le catholicisme

Le mariage est un des sept sacrements du catholicisme. La cérémonie se déroule généralement à l'église, au cours d'une eucharistie. L'union s'exprime avant tout par l'**échange des consentements**, qui se fait devant le prêtre en présence des témoins des futurs époux. Selon la tradition, la mariée est vêtue de blanc et porte un voile. Après la procession inaugurale de la mariée, habituellement accompagnée de son père qui la conduit auprès de son futur époux, le prêtre dit un mot de bienvenue et lit un ou plusieurs passages de la Bible, qu'il peut commenter. Parmi les textes bibliques les plus fréquemment utilisés, il y a ce passage d'une lettre de l'apôtre Paul, passage souvent désigné sous le nom d'« Hymne à la charité ». En voici un extrait.

> Supposons que je parle les langues des hommes et même celles des anges : si je n'ai pas d'amour, je ne suis rien de plus qu'un métal qui résonne ou qu'une cymbale bruyante. Je pourrais transmettre des messages reçus de Dieu, posséder toute la connaissance et comprendre tous les mystères, je pourrais avoir la foi capable de déplacer des montagnes, si je n'ai pas d'amour, je ne suis rien. Je pourrais distribuer tous mes biens aux affamés et même livrer mon corps aux flammes, si je n'ai pas d'amour, cela ne me sert à rien.
>
> Qui aime est patient et bon, il n'est pas envieux, ne se vante pas et n'est pas prétentieux ; qui aime ne fait rien de honteux, n'est pas égoïste, ne s'irrite pas et n'éprouve pas de rancune ; qui aime ne se réjouit pas du mal, il se réjouit de la vérité. Qui aime supporte tout et garde en toute circonstance la foi, l'espérance et la patience. [...]
>
> Maintenant, ces trois choses demeurent : la foi, l'espérance et l'amour ; mais la plus grande des trois est l'amour.

Paul, *Première Lettre aux Corinthiens*, 13, 1-3, in *La Bible en français courant*, Montréal, Société biblique française, 1997

Après la lecture des textes bibliques, il arrive que les futurs époux soient invités à prononcer une profession de foi. Puis le prêtre les invite à échanger leur consentement et les anneaux qui le symbolisent. Voici l'une des formules de consentement les plus communément utilisées dans la cérémonie catholique du mariage.

Le prêtre demande, à tour de rôle, aux futurs époux : « [nom de l'époux], voulez-vous prendre [nom de l'épouse] comme épouse, et promettez-vous de lui rester fidèle, dans le bonheur et dans les épreuves, dans la santé et dans la maladie, pour l'aimer tous les jours de votre vie ? »

Jeunes mariés catholiques

Les futurs époux répondent : « Oui, je le veux. »

Enfin, le pasteur proclame officiellement les époux « mari et femme ». Ces derniers s'embrassent pour sceller leur union.

Le rite catholique du mariage tire ses origines, entre autres sources, des tous premiers textes bibliques. En effet, dans le livre de la Genèse, Dieu affirme « Il n'est pas bon que l'homme soit seul » (Gn 2, 18). Il précise : « Soyez féconds, multipliez-vous, emplissez la terre. » (Gn 1, 28). De plus, pour les catholiques, le mariage est indissoluble, c'est-à-dire qu'il ne peut pas être rompu. Lorsqu'un homme et une femme se marient, c'est pour la vie. Toutefois, dans certaines circonstances exceptionnelles, le mariage peut être annulé et déclaré non valide par un tribunal ecclésiastique. Cette règle qui interdit le divorce chez les catholiques tire son origine d'un texte de l'Évangile selon Matthieu :

Jeunes mariés catholiques

 Quelques Pharisiens s'approchèrent de lui [Jésus] pour lui tendre un piège. Ils lui demandèrent : « Notre loi permet-elle à un homme de renvoyer sa femme pour n'importe quelle raison ? » Jésus répondit : « N'avez-vous pas lu ce que déclare l'Écriture ? "Au commencement, le Créateur les fit homme et femme", puis il dit : C'est pourquoi, l'homme quittera son père et sa mère pour s'attacher à sa femme, et les deux deviendront un seul être. Ainsi, ils ne sont plus deux mais un seul être. Que l'homme ne sépare donc pas ce que Dieu a uni. » Les Pharisiens lui demandèrent : « Pourquoi donc Moïse a-t-il commandé à l'homme de donner une attestation de divorce à sa femme quand il la renvoie ? » Jésus répondit : « Moïse vous a permis de renvoyer vos femmes parce que vous avez le cœur dur. Mais au commencement, il n'en était pas ainsi. Je vous le déclare : si un homme renvoie sa femme, alors qu'elle n'a pas été infidèle, et en épouse une autre, il commet un adultère. »

Évangile selon Matthieu, 19, 3-12, in *La Bible en français courant*, Montréal, Société biblique française, 1997

Le rite de mariage catholique permet l'union entre un catholique et un non-croyant ou entre un catholique et un croyant d'une autre religion. Le rite sera alors légèrement différent, mais les éléments essentiels s'y trouveront. Toutefois, l'Église catholique demande à tout catholique s'unissant à un non-croyant ou à une personne d'une autre religion de s'engager sincèrement à élever dans la foi catholique les enfants issus de cette union.

Le mariage dans le judaïsme

Dans le judaïsme, le rite du mariage célèbre l'union de l'homme et de la femme et rappelle aux époux les obligations qu'ils ont l'un envers l'autre, mais aussi envers le peuple juif. Le rite lui-même s'est grandement transformé et a évolué au fil des siècles, mais le fait d'unir un homme et une femme de manière exclusive remonte à très loin dans le temps. Dans le judaïsme, le rite du mariage prend ses racines dans la Genèse : « C'est pourquoi l'homme quittera père et mère pour s'attacher à sa femme, et ils deviendront tous deux un seul être. » (Genèse 2, 24)

Aujourd'hui, le rite du mariage juif a lieu le plus souvent à la synagogue, mais ce lieu n'est pas obligatoire. L'important est d'y assurer la présence d'une tente symbolique, aussi appelé « dais nuptial », sous lequel les époux sont bénis.

Selon la tradition, le jeune couple est semblable à un roi et à une reine. La fiancée est assise sur une sorte de trône pour accueillir ses invités, tandis que le fiancé est entouré de convives qui chantent et portent un toast en son honneur.

Jeunes mariés juifs sous le dais nuptial

Escorté par la famille et les amis, le fiancé se rend dans la salle où se trouve sa fiancée et pose un voile sur son visage. Le voile évoque la pudeur ; quelle que soit l'apparence physique de l'épouse, l'âme et le caractère sont ce qui importe chez elle. Par ce geste, le fiancé s'engage à protéger sa future épouse.

Les fiancés se tiennent sous le dais avec le rabbin, entourés de leurs plus proches parents. Après la remise de l'alliance à la fiancée, passée à son index droit, le rabbin procède à la lecture de l'acte de mariage, qui énumère les obligations de l'époux envers sa femme : affection, entretien et protection. Le rabbin lit ensuite des passages de la Bible.

À la fin de la cérémonie, le marié fracasse du pied un verre, en souvenir de la destruction du **Temple de Jérusalem**, événement qui ne doit pas être oublié, même dans les plus grandes joies. À ce geste, les invités répondent par *Mazel Tov*, ce qui signifie « Bonne chance ». À noter que, selon la tradition, plus les éclats de verre sont nombreux, plus le couple sera prospère.

Dans le judaïsme, certains accessoires de la cérémonie du mariage, comme le dais représentant symboliquement une tente, trouvent leur origine dans ce passage de la Bible.

*

Temple de Jérusalem : selon la Bible, c'est dans le temple construit en 970 avant l'ère chrétienne, à Jérusalem, qu'était conservée l'arche de l'Alliance, petit coffre en bois, symbole de la présence de Dieu parmi le peuple d'Israël et de son alliance avec lui. Le temple fut saccagé et détruit une première fois en 587 avant l'ère chrétienne, puis reconstruit, avant d'être de nouveau détruit par les Romains en l'an 70 de l'ère chrétienne. De nos jours ne subsistent que quelques vestiges, dont le mur occidental que les chrétiens appellent communément « mur des Lamentations »

Rébecca et ses servantes montèrent sur les chameaux pour suivre le serviteur et ils s'en allèrent ensemble.

Isaac avait quitté le puits de Lahaï-Roï. Il habitait la région du Néguev. Un soir qu'il était sorti se promener dans la campagne, il vit soudain arriver des chameaux. Quand Rébecca aperçut Isaac, elle sauta à bas du chameau et demanda au serviteur : «Qui est cet homme qui vient à notre rencontre dans la campagne?» – «C'est mon maître», répondit le serviteur. Aussitôt elle se couvrit le visage de son voile. Le serviteur raconta à Isaac tout ce qu'il avait fait. Ensuite Isaac emmena Rébecca dans la tente où avait vécu sa mère Sara, et elle devint sa femme; il l'aima […].

Genèse, 24, 61-67, in *La Bible en français courant*, Montréal, Société biblique française, 19976

Dais nuptial dans le judaïsme

Dans le judaïsme, le rite de mariage ne peut être pratiqué qu'entre juifs. Toutefois, certains juifs peuvent choisir de se marier civilement. Dans le cas où une juive épouse civilement un non-juif, les enfants du couple seront juifs. Dans le cas où un juif épouse civilement une non-juive, les enfants ne seront pas juifs. En effet, la judaïté se transmet par la mère.

Le mariage dans l'islam

L'islam n'a pas prévu de rite spécifique pour le mariage. Pour que le mariage soit célébré, certaines conditions doivent cependant être réunies. Il faut d'abord établir un contrat. En effet le mariage musulman est un contrat passé devant Dieu et devant la loi. Le tuteur de l'épouse, habituellement son père, doit être présent. La future épouse doit donner son consentement à l'union. Enfin, un **douaire** doit être donné à la fiancée. De plus, dans plusieurs sociétés musulmanes, il est obligatoire d'offrir un repas de noces.

La cérémonie du mariage a lieu le plus souvent chez les parents de la mariée, en présence de l'**imam** et de plusieurs personnes, des parents et des amis, témoins du mariage. Dans certaines sociétés musulmanes, traditionnellement, la future épouse se fait teindre les mains au **henné**. Seul les femmes assistent à cette cérémonie qui se déroule quelques jours avant le mariage et qui est réputé porter chance à la future épouse. Le jour de la cérémonie, le père de la mariée confie celle-ci à son époux. Les deux hommes se sont entendus au préalable

*

douaire : forme de propriété d'origine matrimoniale ; dans l'islam, somme souvent symbolique versée à l'épouse par le mari au moment du mariage

imam : guide spirituel et membre du clergé dans l'islam

henné : arbuste originaire d'Afrique dont on tire un colorant

Mains d'une fiancée musulmane teintes au henné

sur le montant, souvent symbolique, que l'homme devra donner à sa femme. Par ce douaire, l'homme témoigne de son affection pour la femme qu'il épouse et de son engagement envers elle, de sa volonté de la protéger et de subvenir à ses besoins. Dans certaines cultures, les anneaux échangés jouent le rôle de douaire. L'homme et la femme expriment ensuite, devant parents et témoins, leur désir de vivre ensemble comme mari et femme.

Au nom de Dieu :
Celui qui fait miséricorde,
le Miséricordieux.

Louange à Dieu,
Seigneur des mondes :
celui qui fait miséricorde,
le Miséricordieux,
le Roi du jour du Jugement.
C'est toi que nous adorons,
c'est toi dont nous implorons le secours.

Dirige-nous dans le chemin droit :
le chemin de ceux que tu as comblés de bienfaits ;
non pas le chemin de ceux qui encourent ta colère
ni celui des égarés.

Le Coran, sourate I, traduction de Denise MASSON, Paris, Gallimard, «Bibliothèque de la Pléiade», 1967, p. 3

Jeunes mariés musulmans

L'union avec les femmes croyantes et de bonne condition,
et avec les femmes de bonne condition
faisant partie du peuple auquel le Livre
a été donné avant vous,
vous est permise, si vous leur avez remis leur douaire,
en hommes contractant une union régulière
et non comme des débauchés, ou des amateurs de courtisanes.

Le Coran, sourate v, 5, traduction de Denise MASSON, Paris, Gallimard, «Bibliothèque de la Pléiade», 1967, p. 126

L'imam récite les prières spécifiques au mariage et consacre l'union des deux époux. Il est fréquent que l'imam récite la première sourate du Coran au début de la cérémonie. L'islam reconnaît la polygamie. Dans certains pays musulmans, un homme peut donc avoir plusieurs épouses. En pratique, la polygamie est interdite dans un nombre grandissant de pays sur la planète, tout en demeurant pratiquée dans bon nombre de pays musulmans. De plus, selon l'islam, un musulman peut épouser une juive ou une chrétienne mais pas une non-croyante, alors qu'une musulmane ne peut épouser un homme d'une autre religion que la sienne. Ajoutons que le divorce est permis dans l'islam.

Le mariage dans l'hindouisme

Selon l'hindouisme, le mariage prépare l'homme et la femme à fonder un foyer et à assumer leurs responsabilités sociales et spirituelles dans la société. La cérémonie peut prendre plusieurs formes. Cependant, si les détails varient, les temps forts du rite sont les mêmes.

D'abord, les garçons d'honneur du fiancé présentent la demande en mariage aux parents de la jeune fille. Le mariage proprement dit est célébré lorsque le jeune homme saisit la main de sa fiancée, dans la maison de ses parents. Cette « prise de la main » doit obligatoirement être suivie de l'« enlèvement » en voiture de la jeune femme, conduite de la demeure de ses parents à celle de son époux. Un cortège accompagne alors les nouveaux mariés.

La présence d'un prêtre n'est pas nécessaire, mais le fiancé recourt parfois au service d'un officiant, pour prononcer correctement les formules sacrées des *Veda*. De plus, dans l'hindouisme, tous les sacrements importants liés aux rites de passage se pratiquent en présence d'un feu sacré. Le mariage n'est valable que si le couple échange ses consentements devant ce feu.

Jeunes mariés hindous

Voici quelques extraits de textes sacrés prononcés lors du mariage.

Lorsque le jeune homme saisit avec sa main droite la main droite
de sa fiancée, il dit :

> *Je prends ta main pour l'heureuse fortune !*
>
> *pour qu'avec moi, ton époux, tu vieillisses !*
>
> **Bhaga, Savitar, Aryaman**, *l'Abondance*
>
> *te donnent à moi, pour que tu tiennes la maison.*

Il poursuit à voix basse, puis prononce les formules suivantes :

> *Ce que tu es, moi je le suis !*
>
> *et toi tu es ce que je suis !*
>
> *je suis le Ciel, et toi tu es la Terre !*
>
> *je suis la **Stance**, et toi la Mélodie !*
>
> *suis-moi toujours fidèlement !*
>
> *Marions-nous ici !*
>
> *Engendrons une descendance !*
>
> *Trouvons de nombreux fils ensemble,*
>
> *et qu'ils atteignent la vieillesse !*

Rig Veda, 10.85, cité dans *Le Veda, premier livre sacré de l'Inde*, volume 2,
textes réunis, traduits et présentés par Jean VARENNE, Veviers, Éditions
Gérard & C°, Marabout université, 1967, p. 464-465

*

Bhaga, Savitar, Aryaman :
noms de trois divinités hindoues
notamment associées au mariage

stance : strophe d'un poème

Allons plus loin

Fais maintenant le point sur ce que tu sais du rite du mariage à l'aide de l'exercice suivant.

Un engagement réciproque

- Au cours de leur histoire, toutes les sociétés ont mis au point diverses façons de célébrer l'union de deux êtres. Cependant, ces différents rites de mariage reposent tous sur un engagement des époux l'un envers l'autre et s'accompagnent le plus souvent d'une promesse de fidélité. Dans ce chapitre, tu as eu un aperçu de quelques formes que peut prendre le rituel du mariage dans certaines religions.

- Fais une recherche pour trouver un rituel de mariage associé ou non à une religion.

- Tu dois pouvoir décrire le déroulement de la cérémonie, indiquer la signification des pratiques ou des gestes accomplis, en préciser l'origine, faire des liens avec des textes ou récits sacrés et des règles propres à la tradition choisie. Cette cérémonie ressemble-t-elle à des rites de mariage que tu connais ? Si oui, en quoi ?

- En classe, mettez en commun vos réponses pour enrichir votre réflexion sur le sujet.

Rites autour de la mort

Avec la naissance et le mariage, la mort est sans doute l'une des étapes de l'existence où les rites revêtent toute leur importance. Si la naissance s'accompagne souvent de joie, si le mariage est l'occasion de festivités, la mort, elle, marque le terme d'une vie. La séparation d'avec le défunt est presque toujours un déchirement pour l'être humain, qu'il soit ou non croyant.

Les rites autour de la mort sont appelés rites funéraires. Ils ont pour fonction d'apprivoiser, en quelque sorte, ce qui est le lot de tous les êtres vivants. Ils permettent de créer un espace pour s'approprier l'absence et exprimer la douleur des départs. Les rites, bien souvent, favorisent le processus du deuil.

La condition de l'être humain le condamne à vieillir et à affronter la mort. Certains arrivent au terme de leur vie avec la conviction d'avoir bien vécu, d'avoir accompli, en somme, ce qu'ils voulaient faire, du moins dans la mesure du possible. Ce n'est pas le cas de tous. La mort surprend certains au milieu d'angoisses et les plonge dans de douloureux regrets.

D'autant que la mort frappe parfois sans crier gare, nous privant toujours trop tôt de ceux que nous aimons. Parfois, des êtres s'éteignent avant d'avoir pu réaliser quoi que ce soit; l'existence de ceux qui leur survivent est alors bouleversée par ces morts prématurées. Chaque fois que la mort nous enlève un être cher, elle laisse une absence, souvent cause de souffrance, ce qui montre bien à quel point nous sommes attachés à nos proches. Chacun peut se vouloir autonome et indépendant, la mort d'un ami ou d'un parent traduit, le plus souvent dans la douleur, la réalité d'une séparation définitive.

Couvercle d'une urne funéraire de l'âge du bronze, Danemark

Dolmens devant l'entrée d'une tombe celte, Carnac, Bretagne, 5000-3000 avant l'ère chrétienne

Présentation d'une urne en forme de ballon de soccer dans le cadre d'une foire commerciale sur l'art funéraire, à Paris, en 2005

Mari et femme, détail sculpté d'une tombe romaine intégrée à un église d'époque carolingienne, Greith, Autriche, 700 de l'ère chrétienne

*

sépulture : lieu où est inhumé le défunt suivant des gestes rituels

litière : couche de paille ou de végétaux formant un lit ; également sorte de lit ambulant porté sur un brancard

Cela étant, les êtres humains ont depuis longtemps accordé une grande importance à la façon de disposer des corps après la mort. Certains rites trouvent leur origine dans des récits sacrés ou dans certaines prescriptions religieuses. L'archéologie montre que l'homme de la préhistoire fut le premier à enterrer ses morts. Les plus anciennes **sépultures** retrouvées remontent à 100 000 ans. Les ossements humains, parfois accompagnés de restes d'animaux, reposent sur une **litière** végétale et sont généralement recouverts d'une dalle de pierre.

On ne connaît ni les rites associés à ces pratiques, ni les croyances de ces premiers êtres humains. Mais l'on comprend qu'ils avaient le souci de ne pas laisser à l'abandon les corps de leurs semblables, ni de les laisser dévorer par les animaux. D'un point de vue religieux, offrir une sépulture au corps des défunts est une façon de respecter la vie humaine et de permettre le repos de l'âme, voire d'assurer son passage dans l'au-delà.

Au fil des siècles, dans différentes cultures, les religions ont intégré à leurs rites des pratiques touchant la mort et le passage à une autre vie.

Selon les trois principales religions monothéistes (judaïsme, christianisme et islam), la mort remet les êtres humains entre les mains de Dieu, qui seul donne accès à la vie éternelle. Cette conception de la mort s'appuie sur des croyances et des textes sacrés qui ont à leur tour déterminé en partie les caractéristiques des rites funéraires pratiqués dans chacune de ces religions. Un ensemble de règles en a parfois résulté. C'est aussi le cas, en Amérique du Nord, dans plusieurs formes de spiritualité autochtones. Ainsi, reporte-toi aux pages 156 et 157 de ton manuel et relis le récit « L'enfant venu de sous la terre ». Tu y observeras quelques détails propres aux rites funéraires des micmacs.

Les rites autour de la mort dans le catholicisme

Chez les catholiques, divers rites entourent la réalité de la mort. Il y a d'abord celui de l'onction de malades (autrefois appelé «rite de l'extrême-onction»). Dans la plupart des cas, ce rite est administré au seuil de la mort, mais il peut aussi être administré chaque fois que la maladie menace la vie du croyant. Le rite peut être accompli à l'église, au moment de l'eucharistie, mais aussi à la maison ou à l'hôpital. Essentiellement, le rite consiste en une imposition des mains faite par le prêtre, suivie d'une onction d'huile sur le front et les mains du malade ou du mourant. Des prières accompagnent ces gestes. Le rite de l'onction des malades prend ses origines dans le Nouveau Testament, notamment dans les passages suivants :

 «Ils chassaient beaucoup d'esprits mauvais et guérissaient de nombreux malades après leur avoir versé quelques gouttes d'huile sur la tête. » (Marc 6, 13)

«L'un de vous est-il malade ? Qu'il appelle les anciens de l'Église ; ceux-ci prieront pour lui et verseront quelques gouttes d'huile sur sa tête au nom du Seigneur. Une telle prière, faite avec foi, sauvera le malade : le Seigneur le remettra debout, et les péchés qu'il a commis lui seront pardonnés. » (Jacques 5, 14-15)

Au mourant, le prêtre donne aussi parfois le **viatique**, qui est sa dernière participation à l'eucharistie. Pour les catholiques, cette pratique trouve sa source et sa signification dans les textes des Évangiles, notamment celui-ci : «Celui qui mange ma chair et boit mon sang a la vie éternelle et moi, je le ressusciterai au dernier jour. » (Jean 6, 54)

La Bible en français courant, Montréal, Société biblique française, 1997

Dans de nombreux endroits encore, la paroisse annonce le décès d'un fidèle en faisant sonner le **glas**. Le glas sonne selon un code précis suivant que le défunt est un homme, une femme ou un enfant. Une entreprise funéraire prend soin du corps du défunt : celui-ci est embaumé, déposé dans un cercueil, puis inhumé ou **incinéré**.

Au cours des funérailles, en présence du cercueil ou de l'urne funéraire (si le corps a été incinéré), des cierges sont allumés pour signifier que la lumière du Christ ressuscité est source d'espérance. Le prêtre ou l'officiant fait monter de l'encens autour du cercueil, en signe de respect pour le défunt. L'encens qui monte symbolise également la prière des croyants qui monte vers Dieu. Enfin, le prêtre ou le ministre bénit le cercueil, et cette eau bénite rappelle celle du baptême. Parmi les textes lus au cours de la cérémonie figure souvent cet extrait de l'Évangile selon Jean :

Cercueil couvert de fleurs mortuaires

Car Dieu a tellement aimé le monde qu'il a donné son Fils unique, afin que quiconque croit en lui ne soit pas perdu mais qu'il ait la vie éternelle. Dieu n'a pas envoyé son Fils dans le monde pour condamner le monde, mais pour sauver le monde par lui.

Évangile selon Jean, 3, 16-17, in *La Bible en français courant*, Montréal, Société biblique française, 1997

viatique : communion donnée au mourant ; rite catholique inspiré d'une pratique de l'Antiquité gréco-romaine consistant à placer une pièce de monnaie dans la bouche du défunt afin que celui-ci puisse payer son passage au batelier faisant, selon le mythe, la navette entre les deux rives du fleuve des enfers

glas : tintement lent d'une cloche annonçant un décès ou des funérailles

incinérer : réduire un corps en cendres

Après la cérémonie à l'église, il est d'usage souvent que la famille du défunt se rende au cimetière pour la mise en terre du cercueil ou le dépôt de l'urne. Le prêtre ou l'officiant accompagne les proches et prononce les dernières prières au défunt.

Chez les catholiques, le mois de novembre est souvent appelé le mois des morts. En effet, chaque année, au début de novembre, sont célébrées les fêtes catholiques de la Toussaint et de la Commémoration de tous les fidèles défunts. La Toussaint a lieu le 1er novembre. Elle est soulignée par une messe en l'honneur de tous les saints connus et inconnus de l'Église catholique. Pour les croyants, la Toussaint rappelle que les saints connaissent la vie éternelle auprès de Dieu.

Le lendemain de la Toussaint, soit le 2 novembre, les croyants participent à l'eucharistie où l'assemblée fait mémoire de tous les défunts morts au cours de l'année. La plupart du temps la célébration à l'église est suivie d'une visite au cimetière afin de prier sur la tombe des défunts.

Ces différents rites de préparation, de séparation ou de mémoire entourant la mort ne sont pas d'égale importance pour tous les catholiques. Toutefois, par leur diversité, ils soulignent les différentes étapes entourant la mort et le sens qui lui est donné par les croyants.

Les rites funéraires dans le judaïsme

Selon le judaïsme, nul ne doit mourir seul. Le mourant est donc accompagné par des veilleurs qui s'assurent également de soutenir la famille. Au moment où survient la mort, les veilleurs récitent le *Chema*, mot hébreu signifiant « écoute » et désignant la prière profession de foi dans le judaïsme :

Écoute, peuple d'Israël : Le Seigneur notre Dieu est le seul Seigneur. Tu dois aimer le Seigneur ton Dieu de tout ton coeur, de toute ton âme et de toute ta force.

Deutéronome 6, 4, in La *Bible, Torah, Nevihm, Ketouvim,* traduit de l'hébreu par Samuel CAHEN, Paris, © Les Belles Lettres, 1994

Dès que le **moribond** a rendu son dernier souffle, on lui ferme les yeux et, s'il y a lieu, la bouche. On recouvre immédiatement le corps d'un drap, pour le soustraire aux regards, et on dispose le corps pour que les pieds soient orientés vers la porte. La **crémation** est interdite et l'**inhumation** s'effectue rapidement après le décès.

Affligés, de Ruth Gikow, œuvre exécutée entre 1939 et 1982

*****

moribond : autre nom donné au mourant

crémation : synonyme d'incinération, c'est-à-dire geste qui consiste à brûler le corps pour le réduire en cendres

inhumation : action de mettre en terre le corps d'un défunt ; du latin *humus,* signifiant « terre »

Les rites funéraires dans l'islam

Voyant la fin approcher, l'entourage du moribond s'efforce de lui faire prononcer la *chahada*, soit la prière qui prononce le nom de Dieu. « Dieu » est en effet le premier et le dernier mot de la vie, celui qui est murmuré à l'oreille du nouveau-né et que prononce le mourant. Comme dans d'autres religions, les rites autour de la mort, dans l'islam, sont diversifiés et ont été influencés par des coutumes locales ou des courants spirituels précis.

Une fois le décès constaté, le défunt est lavé et enveloppé dans un linceul ; des prières sont récitées ; le défunt est porté à la mosquée. Dans l'islam, la crémation est interdite et l'inhumation se fait généralement le lendemain du décès. Le corps est enterré dans un cimetière, le visage tourné vers la ville sainte de La Mecque.

Au cours de la cérémonie, les gens présents disent : « Nous te confions à la terre au nom de Dieu et de la religion du prophète... ». Ils ajoutent ces mots, en lieu et place de Dieu : « De la terre nous t'avons créé ; en elle nous te ramenons et d'elle nous te ferons sortir une fois encore. »

Funérailles musulmanes, à Tuzla, en Bosnie-Herzégovine

Les rites funéraires dans l'hindouisme

Dans l'hindouisme, au moment de mourir, le croyant souhaite être à la maison et se trouver le plus près possible du sol, symbole de la terre qui va l'accueillir.

Les symboles d'attachement personnel tels que des bijoux ou des insignes de mariage doivent en principe être laissés sur le corps jusqu'au décès, puis retirés pour faciliter le passage à la prochaine étape de l'existence. La famille lave ensuite le corps du défunt et prend immédiatement des dispositions pour le faire incinérer. L'embaumement et le maquillage du corps sont interdits. La crémation se fait généralement le jour même du décès. Les enfants de moins de deux ans sont le plus souvent inhumés, c'est-à-dire portés en terre. Pour marquer la période de deuil, les hommes s'habillent de blanc pendant deux semaines et laissent pousser leurs cheveux et leur barbe.

La cérémonie du *Sraddha*, qui rend hommage au défunt et facilite sa réincarnation, est célébrée entre le onzième et le trente et unième jour suivant le décès. Les parents, les grands-parents et les arrière-grands-parents du défunt sont également honorés au cours de cette cérémonie.

Bûcher funéraire à Katmandou, au Népal

Voici des extraits de textes sacrés récités, dans l'hindouisme, au moment de l'enfouissement de l'urne funéraire.

 Alors que l'on place l'urne dans la terre, l'officiant dit :

> *Va sous cette Terre, ta mère*
> *aux vastes séjours, aux bonnes faveurs !*
> *douce comme laine à qui sut donner,*
> *qu'elle te garde du Néant !*

L'officiant jette de la terre dans le trou en répétant à deux reprises :

> *Forme voûte pour lui et ne l'écrase point ;*
> *reçois-le Terre, accueille-le !*
> *Couvre-le d'un pan de ta robe*
> *comme une mère protège son fils !*

L'officiant couvre la terre d'un tesson ou d'une pierre tombale en disant :

> *Je soutiens la Terre au-dessus de toi :*
> *Plaçant ceci, puissé-je ne point te blesser !*
> *Puissent les Mânes t'étayer de leurs piliers,*
> *et que Yama, pour toi, construise une demeure !*

Rig Veda, 10.18.10-13, cité dans *Le Veda, premier livre sacré de l'Inde*, volume 2, textes réunis, traduits et présentés par Jean VARENNE, Verviers, Éditions Gérard & C°, Marabout université, 1967, p. 483

Lieu de crémation, le long de la rivière Bagmati, à Katmandou, au Népal

Les rites funéraires dans le bouddhisme

Selon la tradition, c'est après avoir rencontré la vieillesse, la maladie et la mort que le Bouddha a décidé de renoncer au confort de la vie terrestre et a pu accéder à la connaissance. C'est dire l'importance des rites funéraires pour les bouddhistes.

Pour le bouddhiste, la mort est un état intermédiaire. Elle se prépare en accédant à un niveau de conscience supérieur qui permet d'être libéré et de transférer sa conscience dans un nouveau corps. Le *Livre des morts tibétain* est un recueil de textes bouddhiques anciens qui donne en détail cet enseignement. Voilà pourquoi certains **lamas** lisent ce texte au moment de leur propre mort afin d'en mémoriser la teneur et d'agir en conséquence pendant cet état intermédiaire, ce qui leur vaudra d'échapper à une nouvelle réincarnation et d'atteindre la libération.

En principe, la cérémonie funéraire se déroule en trois temps, en présence d'un moine : dans la maison du défunt, pour la veillée et les prières ; au cimetière ou au crématorium, pour l'inhumation ou la crémation du corps ; et à la **pagode**, pour les offrandes et les prières. Le détail de la cérémonie peut varier selon les régions.

En Chine, en Corée et au Japon, les moines et les prêtres sont chargés d'accomplir ces rites. Les familles font des offrandes au temple et prient en souvenir de leurs morts. En Asie du Sud-Est, on organise des funérailles qui comportent des rites d'offrandes et la récitation de **soutras**. Toutes ces cérémonies ont pour but de rendre compte des mérites du défunt et de lui assurer une vie future plus favorable que sa vie passée. En Chine, au moment de la mort, le défunt est élevé au rang d'ancêtre. Chaque maison comporte un autel domestique, sur lequel sont conservées les tablettes des ancêtres, censées contenir l'âme des défunts. L'**autel** délimite un espace privilégié où se rejoignent les vivants et les morts. Plusieurs générations d'ancêtres peuvent se trouver réunies sur l'autel. Les plus anciennes tablettes sont par la suite rassemblées dans une salle des ancêtres commune à plusieurs familles. Un culte est alors rendu collectivement aux ancêtres.

Funérailles bouddhiques au Vietnam

✳ **lama** : nom donné au moine dans le bouddhisme tibétain

pagode : nom donné au temple bouddhique en Birmanie, en Chine, en Inde et au Japon

soutras : formules sanskrites qui expriment un enseignement religieux

autel : table où sont accomplis certains rites religieux ; présent dans plusieurs religions

D'autres gestes autour de la mort

Les funérailles ne sont qu'un aspect des rites funéraires. Le respect dû aux morts, la volonté d'entretenir leur souvenir chez les vivants sont aussi des formes de rites autour de la mort. Ces formes de rites sont variés et tu peux en reconnaître des traces dans un endroit comme un cimetière. Vois comment dans le récit suivant qui pourrait très bien se dérouler près de chez toi...

Julie et Iliana aiment beaucoup se promener au cimetière. C'est un endroit tranquille, avec de grands arbres magnifiques, à l'ombre desquels elles s'installent pour bavarder longuement. Le lieu est paisible. Julie et Iliana s'y sentent bien. Un jour pourtant, surprises par un violent orage, elles ont été saisies par l'air sinistre de ces pierres tombales, battues par le vent et la pluie. Effrayées par la grisaille et la présence de sifflements inquiétants, elles ont quitté le cimetière de manière précipitée. Elles rient en y repensant.

Il y a quelques jours, le beau soleil de mai leur a donné l'envie d'être dehors. Elles ont profité d'un jour de congé scolaire pour se donner rendez-vous à l'entrée du cimetière. La journée était belle, l'air du printemps redonnait à tous force et énergie. Les deux amies s'étaient retrouvées comme prévu et se dirigeaient joyeusement vers leur coin favori, toujours le même, pour mener leurs échanges. Mais au détour d'une allée, Julie et Iliana ont compris que, ce matin, elles n'étaient pas seules au cimetière.

Abritée sous un grand chapeau, une dame assez âgée, à genoux à même le sol, plantait des fleurs sur une tombe, de ces fleurs qu'on a appelées impatientes. Soudain, sentant qu'on la regardait, la dame a relevé la tête. Elle a essuyé la sueur sur son front et, apercevant les jeunes filles, leur a fait un signe de la main. La première, Iliana s'est approchée.

— Bonjour!

— Bonjour! C'est ce beau printemps qui m'a décidée à sortir. Giuseppe aime bien que sa tombe soit fleurie.

Iliana ne savait que répondre.

— Elles sont belles, ces fleurs, dit Julie, qui arriva à son tour.

La dame leur parla alors de son mari, emporté par le cancer plusieurs années auparavant. Il était maçon. Les filles remarquèrent que des briques et une truelle étaient gravées dans le marbre rose de la pierre tombale. Le regard de Julie s'arrêta sur l'inscription des noms et des dates :

> Giuseppe Rossetti 1933 – 2005
> Vittoria D. Rossetti 1940 –

— Pourquoi n'a-t-on pas inscrit la date de la mort de cette Vittoria ?

La dame éclata d'un rire généreux.

— Mais parce que je suis toujours vivante ! C'est moi, Vittoria, l'épouse de Giuseppe, mon tendre ami. Elle ajouta à voix plus basse :

— Ma place est déjà réservée auprès de lui, mais, ne vous inquiétez pas, je ne suis pas pressée !

Les filles, interloquées, restèrent muettes.

— Allez, ne restez pas là, aidez-moi à me relever.

Iliana, soudain émue, se pencha pour aider cette dame si digne à se redresser. La veuve ramassa aussitôt ses outils de jardinage et leur lança :

— Inutile d'arroser, il pleuvra demain. Mes vieux os me le disent…

Elle leur fit un clin d'œil et s'éclipsa.

Les deux jeunes filles traversèrent en silence le cimetière, portant une attention nouvelle à ce qui était inscrit sur les pierres tombales : les dates de naissance et de mort, des images gravées, un hommage au défunt ou un message aux visiteurs. Parfois les tombes étaient

surmontées de croix ou de jolis anges. Les deux amies notèrent la formule « ci-gît... » indiquant que reposait là monsieur Untel, au nom familier ou impossible à prononcer. Ailleurs, Julie remarqua les trois lettres *RIP*, qu'elle avait vues souvent sur des décors d'Halloween, mais dont elle ignorait le sens. Iliana en connaissait la signification par son grand-père. Il s'agit d'une expression latine : *Requiescat in pace*, qui signifie « qu'il repose en paix ».

Au bout d'une allée, Julie et Iliana s'arrêtèrent devant un monument plus imposant que les autres. Elles l'avaient vu des dizaines de fois, mais sans jamais y prêter vraiment attention. Plusieurs noms y étaient gravés : tous des garçons, morts dans la fleur de l'âge. Un texte indiquait que tous ces jeunes hommes étaient morts à la guerre. Ils avaient été envoyés en Normandie pour le grand débarquement de 1944, à la fin de la Seconde Guerre mondiale, et n'étaient jamais revenus. Ce monument leur rendait un hommage **posthume**. Quoi ? Mourir aussi jeune ! Julie ressentit une vive émotion.

Non loin de là, les jeunes filles s'arrêtèrent devant une **stèle**, surmontée d'une statue de femme, drapée dans une longue robe et tenant à la main une **lyre**. Des lettres gravées dans la pierre étaient à moitié effacées. Iliana se pencha et parvint à lire : « Le poète s'en est allé, mais ses mots sont restés. » Des fleurs avaient été déposées sur la dalle.

— Tu crois que cette femme était son amoureuse ? demanda Iliana en désignant la statue.

— Mais non ! C'est la **muse** de la poésie, celle qui donne l'inspiration aux poètes, chuchota instinctivement Julie.

— J'aimerais bien lire ce qu'il a écrit. Tu as vu ? s'écria Iliana devant une nouvelle tombe. Celui-ci est né en 1896 et est mort à l'âge de 101 ans. Il a traversé presque tout le XXe siècle !

Après un moment de réflexion, Julie ajouta :

— Tu te rends compte ! Lorsqu'il est né, on se déplaçait encore en voiture tirée par des chevaux et, à sa mort, on avait réussi à voyager dans l'espace.

Ainsi se poursuivit la promenade au cimetière de Julie et de Iliana. Ce jour-là, le temps était comme suspendu, et malgré tout agissant. Étrange sensation, se dirent plus tard les jeunes filles, en y repensant.

*

posthume : qui a lieu après la mort de quelqu'un

stèle : monument funéraire, fait d'une seule pierre verticale, portant une inscription ou des ornements sculptés

lyre : instrument de musique à cordes, symbole de la poésie

muse : inspiratrice des poètes selon la mythologie grecque ; à l'origine, le mot désigne chacune des neuf déesses qui protègent les arts (histoire, éloquence, tragédie, comédie, musique, danse, élégie, lyrisme et astronomie)

Réflexion faite...

Dans le récit que tu viens de lire, pourquoi Mme Rossetti prend-elle soin de fleurir la tombe de son mari ? Que nous apprennent parfois les pierres tombales au sujet des défunts ? Que penser de l'inscription qui figure sur la tombe du poète évoqué dans ce récit ? Connais-tu différentes manières de préserver la mémoire de quelqu'un ? Dans le récit que tu viens de lire, peux-tu énumérer des gestes accomplis afin d'honorer la mémoire des défunts ?

Allons plus loin

Avec la fin de ce chapitre, le moment est venu de faire la synthèse de ce que tu as appris sur les différents rites entourant le mariage et la mort et d'approfondir tes connaissances. Aide-toi de cet exercice.

Rites : une synthèse

- Pour faire ce travail, tu choisiras de traiter soit des rites du mariage, soit des rites funéraires.

- Dresse d'abord un tableau comparatif des différents rites présentés dans ce chapitre, entourant le mariage ou la mort. N'hésite pas à chercher d'autres renseignements relatifs à ces pratiques religieuses.

- Pour chaque religion, fais ressortir les éléments suivants : les origines du rite, ses caractéristiques, son lien avec des textes sacrés, les règles à observer, les objets utilisés lors de la cérémonie et tout autre détail que tu jugeras approprié.

- Fais ensuite une recherche pour trouver des rites de mariage ou des rites funéraires présents dans d'autres religions, dans d'autres sociétés ou à d'autres époques. Ajoute ces éléments à ton tableau de synthèse.

- Tu peux maintenant déterminer quels sont les points communs et les différences qui existent entre tous ces rites. Y a-t-il un élément commun à tous les rites ? Quels sont les rites qui se ressemblent le plus ? Quelles sont ces ressemblances ? Y a-t-il un rite qui diffère particulièrement des autres ? En quoi est-il différent ?

- Enfin, choisis un rite parmi tous ceux répertoriés. Prépare-toi afin de le présenter de manière détaillée à l'ensemble de la classe.

CHAPITRE 10

Est-ce bien ? est-ce mal ?

Ce chapitre porte sur l'expression du bien et du mal dans certaines religions. Tu y découvriras quelles créatures étaient, pour les croyants, les anges et les démons. Tu verras comment le chien Milou s'est trouvé aux prises avec un choix difficile à faire. Tu feras la connaissance de l'archange Gabriel, à travers des extraits de la Bible et du Coran. Tu liras aussi un extrait du texte de l'Apocalypse de Jean où il est question d'une certaine « Bête ». Tu apprendras comment, traditionnellement, les Iroquois faisaient fuir les Mauvais Esprits. Enfin, tu sauras ce que raconte le diable lorsque le chanteur Jacques Brel lui donne la parole.

Le thème du bien et du mal se prête tout particulièrement à une réflexion sur les **êtres mythiques** et les **êtres surnaturels** : comment le bien est-il personnifié ? comment le mal l'est-il ? quelles sont les caractéristiques des êtres surnaturels ? dans quelles religions sont-ils présents ?

L'étude des êtres surnaturels permet aussi de se familiariser avec certaines **œuvres du patrimoine religieux québécois** : comment les anges et les démons y sont-ils représentés ? sous quelle forme artistiques sont-ils présents ? comment leur influence s'est-elle exercée ?

> Attention ! Connais-tu toutes les facettes de l'art de dialoguer ? Pour les découvrir, plonge-toi dans la rubrique « Pour prendre la parole » des pages 40-41, 116-117 et 168-169. N'oublie pas : tous les textes de ce chapitre t'aideront à organiser ta pensée, à interagir avec les autres et à élaborer un point de vue étayé.

Des valeurs qui changent

Bien ou mal agir renvoient à des notions, le bien et le mal, qui ne sont pas toujours faciles à définir. De plus, ces notions ne sont pas tout à fait les mêmes selon les époques, les sociétés ou les circonstances. Le contexte varie, les mentalités évoluent, les pratiques changent.

Ce qui est admis à une époque ne l'est plus forcément à une autre. Ce qui est interdit dans une société peut être autorisé dans une autre. Ce qui est mal en soi se révèle peut-être nécessaire dans certaines situations. Cependant, de tous temps, un certain nombre de valeurs humaines ont permis de privilégier certaines actions et d'en interdire d'autres. En règle générale, à l'intérieur d'une société donnée, un consensus permet de distinguer ce qui est bien et acceptable de ce qui ne l'est pas.

Démons de pierre ornant la cathédrale d'Orvieto, en Italie

Dans ta vie personnelle, ce système de valeurs t'est communiqué par le biais de l'éducation, celle que te donnent tes parents, tes éducateurs, tous les adultes qui agissent comme des modèles autour de toi. Quand tu as atteint l'âge où tu commences à exercer de véritables choix, tu as déjà intégré une partie de ces valeurs. À mesure que tu grandis et que tu fais l'apprentissage de la liberté, tu sais mieux reconnaître ce qui est bien et ce qui est mal. Tes choix se font alors en toute connaissance de cause.

Tu connais les règles de la vie en société. Sans les comprendre toutes parfaitement, tu sais qu'elles visent à assurer le bien-être de chacun et à faciliter la vie en groupe. Tu es aussi capable, à partir de ta propre expérience, d'évaluer les conséquences de tes choix. Si tu sais déjà que tu n'aimerais pas toi-même subir les conséquences de la décision que tu es sur le point de prendre, il est fort probable que tu t'apprêtes à faire quelque chose de mal. De la même manière, lorsque tu agis mal, tu le sais.

Ange ou démon

Toutes les sociétés se sont intéressées à la question du bien et du mal et ont tenté de définir ce qui relève de l'un et de l'autre. Les religions ont grandement contribué à établir ces définitions et ont élaboré nombre de récits pour les illustrer.

Les anges rebelles chassés du Paradis, gravure de Gustave Doré, XIXᵉ siècle

Les anges rebelles chassés du Paradis, gravure de Gustave Doré, XIXe siècle

Les religions anciennes, **polythéistes**, tentaient de fournir, à travers la présence de nombreuses divinités, une explication aux différents phénomènes que les êtres humains pouvaient expliquer autrement. Les dieux veillaient sur la pluie et le beau temps, sur les moissons, sur la naissance et la mort, puis sur l'amour, sur la guerre, sur tout ce qui constituait la vie quotidienne des êtres humains. Certains de ces dieux représentaient des forces positives, d'autres des forces négatives, plusieurs portaient en eux à la fois le bien et le mal, mais aucun d'entre eux ne dictait aux hommes le comportement à adopter.

La venue des religions monothéistes a établi un nouveau rapport entre les hommes et la divinité. Les croyants de ces religions ne reconnaissent pas l'existence de plusieurs dieux, mais d'un seul. Et ce Dieu unique n'est plus seulement celui par qui tout s'explique, mais aussi celui qui s'intéresse à la vie humaine et cherche à rendre les hommes meilleurs. Il leur demande de croire en lui, d'écouter sa parole et de respecter ses exigences.

Vase en forme de bouquetin, Iran, vers 500 avant l'ère chrétienne

Le judaïsme et le christianisme, puis l'islam, qui sont trois grandes religions monothéistes, ont cherché à représenter ces forces du bien et du mal qui agissent sur nous et influencent le cours de nos vies. Ils en ont donné des images précises. Découvre maintenant la personnification du bien et du mal, sous la forme des anges et des démons. Note que, pour les croyants, ces créatures ne sont pas des images ou des métaphores, mais existent vraiment. Tu verras aussi comment ces figures ont pu s'incarner dans les différentes formes de spiritualité amérindienne. Du coup, tu comprendras mieux comment les anges et les démons ont pu devenir des symboles du bien et du mal dans nos sociétés.

Le *dilemme* de Milou

Tu connais l'album de BD *Tintin au Tibet*? Tu te souviens alors que Milou, chien fidèle du reporter, se voit confier la mission d'aller porter un message aux moines du monastère. Chemin faisant, il tombe sur un os magnifique, qui lui fait vraiment envie. Il sait que s'il s'arrête pour ronger cet os, il perdra la missive que lui a confiée son maître. Milou est aux prises avec un véritable dilemme éthique, que Hergé, auteur de l'album, a illustré en faisant appel à une image religieuse.

HERGÉ, *Tintin au Tibet*, Paris-Tournai, Casterman, 1960, p. 45-46; © Hergé/Moulinsart 2009

Réflexion faite...

Dans l'extrait précédent de l'album de *Tintin au Tibet*, quel est le dilemme de Milou?
Pourquoi, selon toi, l'auteur a-t-il donné à l'ange et au diable l'apparence de Milou?
Comment s'exerce le choix de Milou? Quelle en est la conséquence? Comment
réagit Milou en dernier lieu? Qui, de l'ange ou du diable, l'a emporté dans la
conscience de Milou? Comprends-tu ce qui agite Milou?

Ange...

Les anges occupent une place importante dans notre culture. Avec
leur air doux et serein, ils incarnent les forces du bien. Représentés
dans des contextes divers, ils ont aussi fait leur place dans le langage
courant. De quelqu'un qui veille sur nous, nous guide et nous
protège, nous dirons qu'il est notre bon ange ou notre ange gardien.
Et que disons-nous au sujet d'un enfant tranquille, que rien n'agite?
Qu'il est sage comme un ange. Tu as sûrement déjà entendu
quelqu'un, admiratif devant un joli bébé, s'écrier: «Il est beau
comme un ange!»

Deux chérubins (détail), de Rosso
Fiorentino, vers 1520

Chérubin musicien, de Rosso
Fiorentino, vers 1520

Mais qui sont les anges ? Ils appartiennent d'abord aux religions,
qui les considèrent comme des êtres essentiellement spirituels, mais
pouvant prendre une forme humaine, souvent munis d'ailes. Pour les
croyants, les anges sont des intermédiaires entre Dieu et les hommes,
des envoyés célestes. En effet, Dieu communique avec ses prophètes
soit par l'intermédiaire d'anges, soit par des visions ou des appari-
tions. Par la suite, dans la culture profane, l'ange est devenu une
image incarnant le bien, hors de toute croyance religieuse.

Les anges se divisent en plusieurs catégories : anges, archanges, chérubins, etc. Il existe même une hiérarchie entre eux, car certains sont
plus importants que d'autres. Mais il est une figure céleste bien connue
des trois grandes traditions monothéistes : c'est l'archange Gabriel. Son
nom vient de l'hébreu et signifie « champion de Dieu ». Gabriel est
considéré comme un messager de Dieu dans la Bible et dans le Coran.

Dans la Bible hébraïque comme dans l'Ancien Testament chrétien, l'archange Gabriel révèle une prophétie dans le livre de Daniel,
où il apparaît, conformément à la signification de son nom, sous les
traits d'un homme robuste.

Daniel, le héros de ce récit biblique, reçoit des visions, interprète
des rêves et défend la supériorité de Dieu. Dans l'extrait qui suit, il
a une vision qu'il ne parvient pas à comprendre et que l'ange Gabriel
vient lui expliquer pour l'apaiser.

Ange souriant, sculpture au fronton
de la cathédrale de Reims, 1225-1245

La Vision de Daniel, de Willlem Drost, vers 1650

« Tandis que moi, Daniel, je contemplais cette vision et que j'essayais d'en comprendre la signification, un être qui ressemblait à un homme vint se placer en face de moi. Et j'entendis une voix, venant de la rivière **Oulaï**, lui crier : "Gabriel, explique à cet homme la vision qu'il a eue." Gabriel s'approcha de l'endroit où je me tenais. Terrifié, je me jetai le visage contre terre, mais il me dit : "Toi qui n'es qu'un homme, sache pourtant que cette vision concerne la fin des temps." Pendant qu'il me parlait, j'avais toujours le visage contre terre et je perdis connaissance. Il me toucha et me remit debout, puis il me dit : "Je vais te révéler ce qui arrivera au moment, déjà fixé, où la colère de Dieu prendra fin. Le bélier à deux cornes que tu as vu représente les empires mède et perse. Le bouc, c'est le royaume grec ; la grande corne placée entre ses yeux représente le premier roi. [...]

Voilà l'explication digne de foi de ce que tu as vu au sujet des soirs et des matins. Mais garde cette vision secrète, car elle concerne une époque encore lointaine." À ce moment-là, moi, Daniel, je m'effondrai et je fus ensuite malade pendant quelques jours. Lorsque je fus rétabli, je repris mon service auprès du roi. J'étais encore bouleversé par cette vision, car je ne la comprenais pas. » [...]

Or, tandis que je priais ainsi, l'ange Gabriel, que j'avais vu dans ma vision précédente, s'approcha de moi d'un vol rapide, à l'heure où l'on offre le sacrifice de l'après-midi. Il m'instruisit en me disant : "Daniel, je suis venu maintenant pour éclairer ton intelligence. Dès que tu as commencé de supplier Dieu, un message a été prononcé de sa part, et je suis venu te le communiquer, car Dieu t'aime. Efforce-toi donc de comprendre ce message et de discerner le sens de la vision.

Livre de Daniel, 8, 15-21. 26-27 ; 9, 21-23, in *La Bible en français courant*, Montréal, Société biblique française, 1997

Dans le Nouveau Testament, qui raconte la vie de Jésus et évoque les premiers temps du christianisme, l'archange Gabriel est celui qui annonce à Marie la naissance de Jésus.

Le sixième mois, Dieu envoya l'ange Gabriel dans une ville de Galilée, Nazareth, chez une jeune fille fiancée à un homme appelé Joseph. Celui-ci était un descendant du roi David ; le nom de la jeune fille était Marie. L'ange entra chez elle et lui dit : « Réjouis-toi ! Le Seigneur t'a accordé une grande faveur, il est avec toi. » Marie fut très troublée par ces mots ; elle se demandait ce que pouvait signifier cette salutation.

L'Annonciation, d'Andrea Solario, 1506

L'ange lui dit alors : « N'aie pas peur, Marie, car tu as la faveur de Dieu. Bientôt tu seras enceinte, puis tu mettras au monde un fils que tu nommeras Jésus. Il sera grand et on l'appellera le Fils du Dieu très-haut. Le Seigneur Dieu fera de lui un roi, comme le fut David son ancêtre, et il régnera pour toujours sur le peuple d'Israël, son règne n'aura point de fin. » Marie dit à l'ange : « Comment cela sera-t-il possible, puisque je suis vierge ? » L'ange lui répondit : « Le Saint-Esprit viendra sur toi et la puissance du Dieu très-haut te couvrira comme d'une ombre. C'est pourquoi on appellera saint et Fils de Dieu l'enfant qui doit naître. Élisabeth ta parente attend elle-même un fils, malgré son âge ; elle qu'on disait stérile en est maintenant à son sixième mois. Car rien n'est impossible à Dieu. » Alors Marie dit : « Je suis la servante du Seigneur ; que tout se passe pour moi comme tu l'as dit. » Et l'ange la quitta.

Évangile selon Luc, 1, 26-38, in *La Bible en français courant*, Montréal, Société biblique française, 1997

Quel est le sens de ces expressions ?

– *Être aux anges*
– *Dormir comme un ange*
– *Un ange passe*
– *Cheveux de l'ange*

Dans l'islam, c'est aussi l'archange Gabriel qui fait à Muhammad une série de révélations qui deviendront le Coran. L'archange Gabriel annonce la naissance de Jésus (considéré dans l'islam comme un prophète) à la Vierge Marie, ainsi que les prophéties de Daniel. Voici les deux extraits où il est question de la révélation du Livre et de la naissance de Jésus.

L'Archange Gabriel, détail d'une enluminure arabe, 1375-1425

 Dis :
« Qui est l'ennemi de Gabriel ? »…
– C'est lui qui a fait descendre sur ton cœur
        avec la permission de Dieu
    le Livre qui confirme ce qui était avant lui :
        Direction et bonne nouvelle pour les croyants –
« Celui qui est ennemi de Dieu,
de ses anges, de ses prophètes,
de Gabriel et de Mikaël ».
– Dieu est l'ennemi des incrédules –

(sourate II, 97-98)

Mentionne Marie, dans le Livre.
Elle quitta sa famille
et se retira en un lieu vers l'Orient.
Elle plaça un voile entre elle et les siens.

Nous lui avons envoyé notre Esprit :
il se présenta devant elle
sous la forme d'un homme parfait.

Elle dit :
« Je cherche une protection contre toi,
auprès du Miséricordieux ;
si toutefois tu crains Dieu ! »

Il dit : « Je ne suis que l'envoyé de ton Seigneur
pour te donner un garçon pur ».

Elle dit :
« Comment aurais-je un garçon ?
Aucun mortel ne m'a jamais touchée
et je ne suis pas une prostituée ».

Il dit :
« C'est ainsi :
Ton Seigneur a dit :
"Cela m'est facile".

L'Ascension du prophète Muhammad, enluminure (1577)

Nous ferons de lui
un Signe pour les hommes ;
une miséricorde venue de nous.
Le décret est irrévocable. »

(sourate XIX, 16-21)

Le Coran, sourates II, 97-98 ; XIX, 16-21, traduction de Denise MASSON, Paris, Gallimard, « Bibliothèque de la Pléiade », 1967, p. 687

Moïse et le prophète Muhammad conversant avec l'archange Gabriel, enluminure turque, XVIe siècle

Dans un des passages du Coran, il est fait mention de deux anges qui se tiennent sur les épaules du croyant, prêts à noter les actions, bonnes ou mauvaises, dont ce dernier devra rendre compte devant Dieu au moment de sa mort.

Nous avons créé l'homme ;
nous savons ce que son âme lui suggère ;
nous sommes plus près de lui que la veine de son cou.

Lorsque les deux anges
    envoyés à la rencontre de l'homme
sont assis à sa droite et à sa gauche
et qu'ils recueillent ses propos,
l'homme ne profère aucune parole
sans avoir auprès de lui
un observateur prêt à l'inscrire.

L'ivresse de la mort fait apparaître la Vérité :
Voilà ce dont tu t'écartais !

Le Coran, sourate L, 16-19, traduction de Denise MASSON, Paris, Gallimard, « Bibliothèque de la Pléiade », 1967, p. 644

Ange vêtu à l'arabe, enluminure arabe, XVIe siècle

Réflexion faite...

En tenant compte des renseignements contenus dans ces extraits de la Bible et du Coran, quel portrait fais-tu de l'archange Gabriel ? Trouves-tu que l'archange Gabriel est présenté de la même manière dans chacun des extraits ? Quelles différences observes-tu ? Quel rôle l'ange joue-t-il dans les religions qui affirment son existence ?

Quel est le sens de ces expressions?

– *Vendre son âme au diable*

– *Se faire l'avocat du diable*

– *Se démener comme un diable*

– *Tirer le diable par la queue*

– *Envoyer quelqu'un au diable*

– *À la diable*

... ou démon

Le mot démon, issu du mot grec *daimôn*, signifiant «génie protecteur, dieu», désigne à l'origine un être surnaturel, bon ou mauvais, qui agit comme une inspiration dans la vie des individus.

Dans la tradition religieuse judéo-chrétienne, il devient un ange déchu, révolté contre Dieu et qui incarne l'esprit du mal. Il est alors synonyme de diable.

Le mot diable vient du mot latin chrétien *diabolus*, emprunté au grec *diabolos*, signifiant «qui désunit, qui inspire la haine». Le diable est l'esprit ou le principe du mal selon les religions inspirées de la Bible. Pour le christianisme, il s'agit d'un ange déchu. Le rôle du diable est de mettre à l'épreuve l'être humain, qui peut et doit choisir entre le bien et le mal.

Le diable se présente sous différents aspects. Créature hideuse et repoussante, il a presque toujours la forme combinée d'un homme et d'un animal, réel ou imaginaire (bouc, dragon, rapace, etc.). Son allure rappelle souvent le dieu Pan de la mythologie grecque.

La Chasse-galerie, de Jacques Cournoyer, 2001

Imaginons un instant

... *un monde où le mal n'existe pas.*

À quoi ressemblerait un monde où le mal n'existe pas? La vie y serait-elle plus facile? Le bonheur des humains serait-il assuré? Comment s'exprimerait leur liberté? Y aurait-il du mérite à faire le bien? Les humains pourraient-ils devenir meilleurs? Que serait la vie sans la mort?

LE DIEU PAN

Dans la mythologie grecque, Pan est le dieu des bergers et des troupeaux.

Il a le torse et les bras d'un homme, mais ses membres inférieurs, dont l'extrémité est pourvue d'un sabot fendu, sont ceux d'un bouc. Son corps est velu. Son visage, qui exprime la ruse, est barbu; son menton est saillant et deux cornes se dressent sur son front.

Il est d'une agilité prodigieuse, prompt à grimper dans les rochers et rapide à la course. On le trouve souvent tapi dans les buissons, à guetter les allées et venues des divinités appelées nymphes. On

Le dieu Pan montrant à Daphnis à jouer de la flûte, sculpture romaine, Pompéi, 100 de l'ère chrétienne

raconte qu'il passe beaucoup de temps à les séduire.

Pan aurait été rejeté à sa naissance par sa mère, qui fut effrayée par tant de laideur. L'enfant fut abandonné sur l'Olympe, où le trouvèrent les dieux. Il semble que sa vue les rendit tous joyeux, ce qui explique le nom qu'ils lui donnèrent: Pan, mot grec signifiant «tout».

Pan est souvent présent dans le cortège de Dionysos, dieu de la fête et du vin. On le reconnaît à son **syrinx**, à son bâton de berger ou à la branche de pin qu'il porte à la main ou sur la tête, en couronne.

*
| **syrinx**: flûte de roseau

Le diable et tous les démons qu'on associe à sa personne exercent une grande fascination sur les êtres humains, qui lui ont donné au cours des siècles de nombreux noms. Il est parfois le démon, le malin, le maudit ou le tentateur. On l'appelle aussi Satan, prince des démons, chef des anges révoltés contre Dieu. Ou alors Belzébuth, à moins que ce dernier ne soit considéré comme l'un de ses lieutenants. On connaît Lucifer, ange déchu, qui se confond aussi avec lui.

Cette présence diabolique inspire la peur chez beaucoup de croyants. On craint les manifestations du malin, on se méfie des démons qui assaillent l'âme humaine, on redoute les individus qu'on soupçonne d'avoir vendu leur âme au diable ou d'avoir signé un pacte avec lui. On a cru longtemps que les sorcières étaient à sa solde et que de nombreux esprits s'agitaient en son nom.

Le Sabbat des sorcières (détail), de Francisco de Goya, 1797-1798

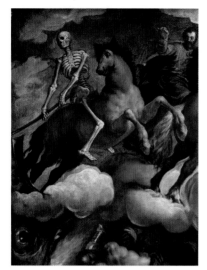

Les Quatre Cavaliers de l'Apocalypse (détail), de Palma le Jeune, XVIᵉ-XVIIᵉ siècles

Plus tôt dans ce livre (chapitre 3), tu as pu lire le texte de la chanson « Babylone » du groupe Dubmatique, laquelle faisait ainsi allusion au diable : « Le 666 n'est-il pas le chiffre du malin ? » Découvre maintenant, dans la Bible, un extrait de l'Apocalypse de Jean, où il est question du chiffre diabolique.

Le livre de l'Apocalypse se présente sous la forme de visions, qui mettent en scène, entre autres choses, la lutte entre le bien et le mal. Après un long combat, le mal est vaincu et le monde de justice voulu par Dieu descend du ciel. Ce livre était de nature à rassurer les premiers chrétiens, qui étaient persécutés par les Romains et qui se demandaient quel sens donner à toutes leurs souffrances. Le triomphe ultime du bien leur fournissait une réponse.

Tu remarqueras que le passage choisi commence par une description de la « bête ».

L'APOCALYPSE DE JEAN

Puis je vis une autre bête ; elle sortait de la terre. Elle avait deux cornes semblables à celles d'un agneau et elle parlait comme un dragon. Elle exerçait tout le pouvoir de la première bête en sa présence. Elle obligeait la terre et ses habitants à adorer la première bête, dont la blessure mortelle avait été guérie. Cette deuxième bête réalisait de grands miracles ; elle faisait même descendre le feu du ciel sur la terre sous les yeux de tous les humains. Elle égarait les habitants de la terre par les miracles qu'elle pouvait réaliser en présence de la première bête. Elle les persuadait de faire une statue en l'honneur de la bête qui, blessée par l'épée, avait repris vie. La deuxième bête reçut le pouvoir d'animer la statue de la première bête, afin que cette statue puisse parler et faire exécuter tous ceux qui ne l'adoreraient pas. La bête obligeait tous les êtres, petits et grands, riches et pauvres, esclaves et libres, à recevoir une marque sur la main droite et sur le front. Personne ne pouvait acheter ou vendre s'il n'avait pas cette marque, c'est-à-dire le nom de la bête ou le chiffre qui correspond à ce nom.

Ici, il faut de la sagesse. Celui qui est intelligent peut trouver le sens du chiffre de la bête, car ce chiffre correspond au nom d'un homme. Ce chiffre est six cent soixante-six.

Jean, *Apocalypse*, 13, 11-18, in *La Bible en français courant*, Montréal, Société biblique française, 1997

Gargouilles, d'Eugène Viollet-le-Duc, Notre-Dame de Paris, vers 1845

666, CHIFFRE DIABOLIQUE

Mais comment calcule-t-on le «chiffre de la bête»? Parmi les diverses méthodes de calcul, il y a celle-ci: en hébreu et en grec, chaque lettre a une valeur numérique; si on prend la valeur numérique de chacune des lettres du nom de César Néron en hébreu, on obtient 666. À l'époque de la rédaction de l'Apocalypse, Néron, premier empereur à persécuter les chrétiens, symbolisait la force obscure et maléfique de l'Empire romain.

Pièce de monnaie à l'effigie de l'empereur Néron, 54-68 de l'ère chrétienne

Pour les chrétiens, le diable est le tentateur, le provocateur, celui qui a essayé de détourner Jésus de sa mission, lorsque après son baptême il s'est retrouvé dans le désert. Jésus, en tant qu'homme, a été soumis à la tentation, mais n'a pas succombé au mal. L'évangéliste Luc raconte ainsi cet épisode de la vie de Jésus:

Jésus, rempli de Saint-Esprit, revint du Jourdain et fut conduit par l'Esprit dans le désert. Il y fut tenté par le diable pendant quarante jours. Il ne mangea rien durant ces jours-là et, quand ils furent passés, il eut faim. Le diable lui dit alors: «Si tu es le Fils de Dieu, ordonne à cette pierre de se changer en pain.» Jésus lui répondit: **«L'Écriture déclare**: "L'homme ne vivra pas de pain seulement."»

Le diable l'emmena plus haut, lui fit voir en un instant tous les royaumes de la terre et lui dit: «Je te donnerai toute cette puissance et la richesse de ces royaumes: tout cela m'a été remis et je peux le donner à qui je veux. Si donc tu te mets à genoux devant moi, tout sera à toi.» Jésus lui répondit: «L'Écriture déclare: "Adore le Seigneur ton Dieu et ne rends de culte qu'à lui seul."»

La Tentation du Christ par Satan, de Francisco de Roias, fin XVe siècle

Le diable le conduisit ensuite à Jérusalem, le plaça au sommet du temple et lui dit: «Si tu es le Fils de Dieu, jette-toi d'ici en bas; car l'Écriture déclare: "Dieu ordonnera à ses anges de te garder." Et encore: "Ils te porteront sur leurs mains pour éviter que ton pied ne heurte une pierre."» Jésus lui répondit: «L'Écriture déclare: "Ne mets pas à l'épreuve le Seigneur ton Dieu."» Après avoir achevé de tenter Jésus de toutes les manières, le diable s'éloigna de lui jusqu'à une autre occasion.

Évangile selon Luc, 4, 1-13, in *La Bible en français courant*, Montréal, Société biblique française, 1997

*
l'Écriture déclare: par cette formule, Jésus introduit un passage de la Bible hébraïque, celle-ci correspondant en grande partie à l'Ancien Testament dans la Bible chrétienne

Réflexion faite...

Après avoir lu l'extrait biblique précédent, que penses-tu de l'emploi du mot « Provocateur » pour désigner le diable ? Quel effet produit-il sur le lecteur ? Comment Jésus réagit-il aux propos du Provocateur ? Y a-t-il une progression dans le texte ? Comment s'exprime-t-elle ? Quelles sont les tactiques utilisées par le Provocateur ? Quel autre personnage, rencontré dans un des chapitres précédents de ce manuel, a dû résister aux assauts de Mara, figure de Satan dans le bouddhisme, avant de s'éveiller à la connaissance de la « vérité » de l'existence humaine ?

Combattre l'esprit du mal

Chez les Amérindiens, les forces du bien et du mal sont très souvent personnifiées par les Bons Esprits et les Mauvais Esprits. Même lorsqu'elles sont sous la protection des Bons Esprits, des tribus peuvent être aux prises avec les Mauvais Esprits, venus semer la discorde au sein du groupe. Le conte qui suit, appartenant à la tradition iroquoise, nous apprend que les Mauvais Esprits fuient la laideur.

COMMENT NAQUIRENT LES FAUSSES-FACES

 Cette affaire eut lieu il y a bien longtemps, en cette partie du cycle de la vie où la nature mue et laisse de mauvaises pensées entrer dans la tête des hommes.

Le Grand-Esprit venait tout juste de terminer le monde. Plaines, rivières, montagnes, forêts recouvraient la terre. Le Grand-Esprit avait aussi créé les hommes, et il se rendait de village en village afin de vérifier s'ils ne manquaient de rien. Pour mieux vaquer à ses occupations, Être-Éternel avait pris l'apparence d'un Indien. Chacun le connaissait et tous le nommaient Celui-qui-Est.

Or un jour, en voulant se rendre chez les **Oneida**, Celui-qui-Est voulut traverser un ruisseau. Sur l'autre rive apparut un monstre. Tout son corps était recouvert de plaques d'écorce, ses cheveux ressemblaient à de la fibre végétale et un long nez déparait son visage.

– Quel est donc cet affreux personnage ? dit Celui-qui-Est sans s'adresser directement à l'étranger pour ne pas lui manquer de respect. Aurais-je créé une chose aussi abominable sans m'en apercevoir ?

* **Fausses-Faces** : aussi appelés « Faux visages »

Oneida : nom anglais des Onneiouts, peuple amérindien faisant partie de la confédération des nations iroquoises et vivant au sud du lac Ontario

– On me nomme Vieille-Souche-Pourrie ! rétorqua l'autre. Aurais-tu une idée pour traverser ce ruisseau sans se mouiller les pieds ?

– J'en ai une, répondit Celui-qui-Est.

Celui-qui-Est avait la force de l'ouragan. Il arracha un grand chêne et le jeta en travers du courant. Vieille-Souche-Pourrie sauta aussitôt sur le tronc.

– C'est parfait ! L'honneur me revient de passer le premier. [...]

Vieille-Souche-Pourrie marcha donc en compagnie de Celui-qui-Est. Ils allèrent durant quatre lunes sans se disputer car le Grand-Esprit avait réellement bon caractère. Ils parvinrent enfin au sommet d'une haute montagne. En bas, dans la vallée, se nichait le village des Oneida. Vieille-Souche-Pourrie contempla les Indiens un court moment, puis déclara sans vergogne :

– Voici ceux que j'ai créés.

– Voici ceux que j'ai créés, ajouta Celui-qui-Est. Je me souviens parfaitement avoir moi-même façonné ces Indiens.

– Je me souviens parfaitement leur avoir communiqué mes plus mauvais instincts, conclut Vieille-Souche-Pourrie.

– Qui es-tu donc ? interrogea le Grand-Esprit.

– Je représente tous les Esprits-de-la-Nuit. Ceux qui mettent de mauvaises choses dans la tête des hommes.

Celui-qui-Est réfléchit un court instant et déclara :

– Un de nous deux est de trop sur cette terre.

– C'est bien mon avis, dit le hideux bonhomme. Battons-nous et le plus fort gardera les êtres humains pour lui.

– Soit. Commençons immédiatement ! répliqua le Grand-Esprit avec un étrange sourire. Peux-tu incendier cette forêt rien qu'avec l'aide de ton long nez ?

– Cela ne devrait pas être trop difficile. J'allumais déjà le feu de cette façon alors que je tétais encore ma mère.

Vieille-Souche-Pourrie respira un grand coup et souffla fortement par son nez en direction de la forêt... Les arbres plièrent sous la violence du vent, mais seules les feuilles furent roussies.

Celui-Qui-Est fit passer la chaleur de son bras dans ses narines et en chassa la tempête... Les troncs s'embrasèrent, craquèrent, et les plaines alentour se couvrirent de cendres. Le rire sarcastique de Vieille-Souche-Pourrie dispersa la fumée.

– Tu as gagné la première manche. Propose une seconde épreuve.

– Pourrais-tu déplacer la montagne que nous voyons là-bas ? demanda Celui-qui-Est.

– Rien de plus facile. Je bousculais de bien plus grosses montagnes lorsque je n'étais qu'un enfant.

L'être malfaisant se concentra si profondément que son horrible visage devint tout noir... La montagne bougea de quelques pas et vint cogner contre une autre.

– Fais mieux si tu en es capable ! ironisa Vieille-Souche-Pourrie. [...]

En un tour de main, Celui-qui-Est modela son visage à l'image de celui de Vieille-Souche-Pourrie et se plaça devant lui pour qu'il le vît bien. Alors, le Mauvais-Esprit poussa un cri strident, sa face se solidifia, tomba à terre, et Vieille-Souche-Pourrie s'enfuit à toutes jambes.

Lorsqu'il ne fut plus qu'un petit point à l'horizon, le Grand-Esprit ramassa le masque et alla l'offrir aux Oneida. Il leur dit :

– Quand vous sentirez les Esprits-de-la-Nuit vous envahir, vous placerez cette Fausse-Face sur votre visage et vous danserez du soir jusqu'à l'aube autour d'un grand feu. Vieille-Souche-Pourrie est parti, mais cet être est si malfaisant qu'il ne manquera pas de revenir.

Depuis ces temps lointains, les Iroquois refirent d'autres masques à l'image de celui que leur avait donné le Grand-Esprit. Et c'est pour cela que les Oneida pratiquent encore la Danse-des-Fausses-Faces. Les mauvais génies sont si effrayés à leur vue qu'ils ne hantent plus les villages de ces Indiens-là.

Mille ans de contes – Indiens d'Amérique du Nord, textes rassemblés et rédigés par KA-BE-MUB-BE/William CAMUS, Paris, Éditions Milan, 1996, p. 42-46

 Réflexion faite...

Quels différents noms portent le Créateur dans ce récit traditionnel ? Quel est le sens de ces différents noms ? Dresse le portrait physique et psychologique de Vieille-Souche-Pourrie. En quoi le Mauvais-Esprit se rapproche-t-il du Diable ? Comment le Grand-Esprit parvient-il à terrasser Vieille-Souche-Pourrie ? Quels sont les pouvoirs attribués au masque dans ce récit ?

Satisfaction diabolique

Jacques Brel, né en 1929, est un chanteur belge francophone qui, après des débuts assez difficiles, a connu une brève carrière sur scène, mais un succès retentissant. Cet auteur-compositeur-interprète a une façon unique de dénoncer la prétention et les défauts des êtres humains, mais aussi de chanter la beauté et l'amitié. Il a quitté la scène en pleine gloire, en 1967, pour faire du cinéma. Puis il a fait, à bord d'un voilier, un tour du monde qui l'a mené aux îles Marquises, un des archipels de la Polynésie française, où il a passé les dernières années de sa vie. Il est mort en 1978. Sa tombe côtoie celle du peintre français Paul Gauguin, mort dans ces mêmes îles, en 1903.

Lis attentivement le texte de l'une de ses premières chansons, intitulée *Le Diable (Ça va)* :

Le chanteur belge Jacques Brel, à Paris, en 1961

LE DIABLE (ÇA VA)

Un jour le Diable vint sur terre, un jour le Diable vint sur terre pour surveiller ses intérêts, il a tout vu le Diable, il a tout entendu et après avoir tout vu, après avoir tout entendu, il est retourné chez lui, là-bas. Et là-bas on avait fait un grand banquet, à la fin du banquet, il s'est levé, le Diable, il a prononcé un discours et en substance il a dit ceci, il a dit :

Il y a toujours un peu partout
Des feux illuminant la terre ça va
Les hommes s'amusent comme des fous
Aux dangereux jeux de la guerre ça va
Les trains déraillent avec fracas
Parce que des gars pleins d'idéal
Mettent des bombes sur les voies
Ça fait des morts originales
Ça fait des morts sans confession
Des confessions sans **rémission** ça va
Rien ne se vend mais tout s'achète
L'honneur et même la sainteté ça va
[...]

On traite les braves de fous
Et les poètes de nigauds
Mais dans les journaux de partout
Tous les salauds ont leur photo
Ça fait mal aux honnêtes gens
Et rire les malhonnêtes gens.
Ça va ça va ça va ça va

Paroles et musique : Jacques Brel – 1953
© Nouvelles Editions musicales Caravelle

rémission : pardon

Réflexion faite...

Pourquoi cette chanson porte-t-elle aussi le titre *Ça va* ? Qu'est-ce qui satisfait le Diable dans tout ce qu'il voit ? Pourquoi ? Quels sont les aspects de la société occidentale que dénonce Brel ? Ce texte a été écrit au milieu du XXe siècle. Est-il encore d'actualité ? Pourquoi ?

Allons plus loin

Termine ce chapitre sur un exercice qui t'aidera à faire le point sur la présence de créatures surnaturelles dans le patrimoine religieux québécois.

Ange ou démon ?

- Ange ou démon ? Pour faire le travail suivant, qui se déroulera en deux temps, tu devras choisir l'une ou l'autre nature.

- Le patrimoine religieux québécois est riche d'un grand nombre de représentations d'anges et de démons. Effectue une recherche pour trouver une œuvre à caractère religieux que tu trouves particulièrement intéressante et qui illustre, d'une façon ou d'une autre, un ange ou un démon.

- Pour présenter l'œuvre choisie et la décrire, tu dois préparer une fiche documentaire, qui accompagnera son illustration ou sa photo. Tu dois préciser l'origine de l'œuvre et sa fonction, nommer celui qui l'a créée et exprimer l'impression qu'elle te fait, les sentiments qu'elle suscite en toi. Tu dois aussi chercher à comprendre ce qui a incité l'artiste à représenter un ange ou un démon : que voulait exprimer l'artiste ? à quel besoin l'œuvre répondait-elle ? la représentation était-elle liée à un texte ou à un rite particuliers ? l'œuvre est-elle représentative de son époque ou d'une certaine tradition artistique ?

- Dans un deuxième temps, avec des coéquipiers, tu chercheras, dans la publicité ou dans un autre domaine non religieux, un exemple d'utilisation de l'image d'un ange ou d'un démon.

- Ensemble, vous décrirez la représentation qui en est faite et indiquerez sa fonction, en tentant de préciser les intentions des concepteurs, qui ont fait le choix d'utiliser l'ange ou le démon pour communiquer leur message.

- Au cours d'une discussion en classe, vous comparerez la représentation des anges et des démons issue du patrimoine religieux à celle produite dans le domaine profane.

- Vous tenterez ensuite de déterminer si l'utilisation de ces images, en dehors du contexte religieux, est de nature à choquer certaines personnes. Vous élaborerez différents points de vue sur la question et, en interrogeant ces points de vue, vous tenterez de déterminer si toutes les représentations d'anges et de démons sont acceptables.

Rendez-vous l'année prochaine, avec Places publiques, *manuel de l'élève B.*

D'ici là, bonnes vacances !

Table des textes

Index des éléments du dialogue

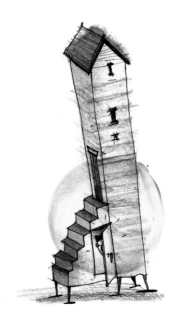